Vincenzo **Jacomuzzi** | Maria Rosaria **Miliani** | Francesca Romana **Sauro**

LEGGERE TRAME

Temi e Intrecci

C

EPICA

Questo volume è disponibile anche in versione digitale.
Per scaricare il **libro digitale interattivo**:
- annota i codici stampati sul bollino argentato presente in questa pagina
- segui le istruzioni sul sito internet www.seieditrice.com/libri-digitali

SOCIETÀ EDITRICE INTERNAZIONALE - TORINO

07357

Coordinamento editoriale: Lia Ferrara
Progetto editoriale: Vania Panfili, Rosalba Maestro
Redazione: Paola Cotto, Rosalba Maestro
Ricerca iconografica: Enrico Badellino
Coordinamento tecnico: Michele Pomponio
Progetto grafico: Sabrina Mossetto
Impaginazione: LIV - Cascine Vica (TO)
Copertina: Piergiuseppe Anselmo

Il percorso *L'eroe dal mito alla tragedia attica*
è a cura di Anna Maria Longobardi

AZIENDA CON SISTEMA DI GESTIONE PER LA QUALITÀ CERTIFICATO DA DNV = UNI EN ISO 9001:2008 =

Prima edizione: 2013

Ristampa
0 1 2 3 4 5 6 7 8 9 10
2013 2014 2015 2016 2017

Stampa: Vincenzo Bona - Torino

Indice generale

sezione III Epica cavalleresca 162

LEGENDA

Nel LABORATORIO:

- I tasselli [Vedi a p. 14] a fianco dei titoletti rimandano alle pagine in cui c'è la trattazione teorica dell'argomento.

- Il simbolo LESSICO indica gli esercizi che sviluppano competenze lessicali.

INTRODUZIONE

L'epica è espressione di una tappa fondamentale nella storia dell'umanità: l'idea di civiltà e le forme in cui essa si sviluppa hanno nell'epica arcaica le loro prime manifestazioni. Dall'antica Grecia ai nostri giorni, i popoli affidano al racconto epico la memoria delle gesta – reali o immaginarie – in cui la comunità si riconosce e trova le sue radici e la narrazione di frammenti di vita quotidiana che costituiscono lo sfondo di ogni evento.

Gli ideali e la cultura del mondo occidentale hanno nell'epica il loro fondamento, ma ciò non basta a spiegare il fascino che questi racconti, dopo centinaia e in qualche caso migliaia di anni, esercitano ancora su di noi.

Il motivo per cui i canti epici ci parlano ancora è che in essi troviamo elementi a noi familiari, che sono comuni a opere per altri versi assai differenti: le battaglie, i duelli, la morte degli eroi, i viaggi, gli inganni di esseri magici, gli incanti di creature misteriose hanno un fascino eterno, che non è intaccato dal trascorrere dei secoli.

Quasi sempre le origini dei racconti epici affondano nella notte dei tempi: si tratta di storie inizialmente tramandate oralmente di generazione in generazione, successivamente trascritte e infine codificate in una forma letteraria che ne stabilisce in modo definitivo regole stilistiche e contenuti, restituendoci i tratti salienti della civiltà in cui esse hanno visto la luce e permettendoci nel contempo un primo e agevole approccio all'universo della narrazione letteraria.

Nel nostro percorso partiremo dal leggendario racconto della guerra tra Achei e Troiani, seguiremo il sagace Odisseo nelle sue peregrinazioni e accompagneremo il pio Enea, destinato a porre le basi della futura fondazione di Roma, nel suo viaggio verso l'Italia, e infine approfondiremo le diverse sfaccettature con cui si presenta la figura dell'*eroe* nell'epica classica e nella tragedia greca.

sezione I

1 Caratteri dei poemi epici

OBIETTIVI

1a Riconoscere gli aspetti strutturali dei poemi epici.

1b Individuare le principali tecniche narrative.

1c Distinguere le diverse tipologie dei personaggi.

1d Distinguere tra *fabula* e intreccio, riconoscendo lo schema narrativo.

1e Percepire le caratteristiche linguistiche, stilistiche e retoriche di un poema epico.

1f Imparare a contestualizzare un poema, riconoscendo il valore particolare dei termini linguistici.

Le tecniche dell'epica

Le rovine di Troia.

IDENTITÀ CULTURALE ED ETNICA

L'**epica** (dal termine greco ἔπος – pronuncia *épos* – che significa parola, racconto) è una forma di **poesia narrativa** presente nel patrimonio culturale di tutti i popoli, che fin dai tempi più antichi hanno tramandato **oralmente** il complesso di racconti in cui riconoscevano la propria identità culturale ed etnica. L'universo di cui narrano i poemi epici è popolato di presenze divine ed eventi soprannaturali: l'epica antica, infatti, è **radicata nel mito** (vedi il *Volume A*), ma mentre quest'ultimo ha lo scopo di fondare le conoscenze e le credenze di una civiltà, l'epica racconta le origini storiche e il sistema di valori civili, politici e culturali su cui essa si fonda.

CELEBRAZIONE DEGLI EROI ED EDUCAZIONE

I poemi epici sono incentrati sulle **figure di eroi a cui le comunità fanno risalire le proprie origini** e che svolgono l'importante funzione di rinsaldare l'unità e il senso di appartenenza dei membri di un gruppo sociale.
Nella narrazione epica la **celebrazione degli eroi del passato** avviene soprattutto attraverso il ricordo delle imprese da loro compiute a difesa della patria e l'esaltazione delle loro qualità eccezionali e del loro coraggio: le straordinarie imprese di questi personaggi non comuni sono ambientate in un remoto passato e innestano elementi fantastici e leggendari su nuclei di verità storica.
Attraverso il racconto delle gesta degli eroi, l'epica svolge anche un ruolo educativo, garantendo la trasmissione di valori condivisi – quali l'onore, la lealtà, il sacrificio per la patria, il rispetto degli dei – e la rappresentazione di modelli di comportamento da seguire nella vita pubblica e privata.

1 Caratteri dei

Non so che viso avesse
neppure come si chiamava
con che voce parlasse
con quale voce poi cantava
quanti anni avesse visto allora
di che colore i suoi capelli
ma nella fantasia ho l'immagine sua
gli eroi sono tutti giovani e belli
gli eroi sono tutti giovani e belli
gli eroi sono tutti giovani e belli.

da F. Guccini, *La locomotiva*

Pietro da Cortona (1596 ca.-1669),
Vittoria di Alessandro su Dario, 1635 ca., particolare.

poemi epici

L'epica si fonda sulle imprese straordinarie di personaggi eroici, i quali divengono gli emblemi dei valori civili, politici, culturali e religiosi di un'intera civiltà. La *Vittoria di Alessandro su Dario*, dipinta da Pietro da Cortona per la Sala dei Trionfi dell'Appartamento dei Conservatori di Palazzo dei Conservatori al Campidoglio in Roma, celebra il valore assoluto della gloria militare, con Alessandro, il mitico conquistatore macedone, che incede con lo scettro in mano nell'infuriare della battaglia di Isso a bordo del suo cocchio d'oro, simile a un dio.

Le tecniche narrative dei poemi epici

EPICA
dal greco *épos*, che significa "parola", "discorso", e, in un'accezione più ampia, "narrazione".

AEDO
dal verbo greco *aéidein*, "cantare".

RAPSODI
composto dal verbo greco *ráptein* "cucire", "mettere insieme", e *odé*, "canto".

ASPETTI STRUTTURALI DEI POEMI ANTICHI

L'origine dell'**epica** affonda le sue radici nell'oralità. Per mezzo della trasmissione orale un vastissimo serbatoio di narrazioni mitiche veniva trasmesso di generazione in generazione, attraverso il canto degli **aedi**, poeti-cantori che recitavano canti composti da loro stessi, o dai **rapsodi**, esecutori di canti già esistenti, che si riorganizzavano in una nuova sequenza narrativa (rapsodo significa in greco "cucitore", nome che allude al compito di assemblamento di sezioni narrative diverse paragonabile al lavoro di un sarto che "cuce" parti diverse di uno stesso abito).

Il **processo di stratificazione e rielaborazione orale** è durato per secoli e ha influito su diversi aspetti strutturali dei poemi epici la cui redazione in forma scritta evidenzia alcune peculiari caratteristiche come

- l'**ampia dimensione** (decine di migliaia di versi per i poemi omerici), dovuta alla sovrapposizione e al progressivo ampliamento dei nuclei narrativi originari;
- la **struttura a blocchi**, conseguenza della primitiva trasmissione orale nella quale ogni nucleo narrativo era collegato al resto del testo ma anche dotato di una propria compiutezza e pertanto si prestava a essere recitato autonomamente da *aedi* e *rapsodi* a seconda delle necessità e delle circostanze.

PROEMIO
dal greco, *pró*, "prima", e *oímos*, "via", "strada", e metaforicamente "racconto", quindi "prima della narrazione".

PROTASI
dal greco *proteíno*, "tendo dinanzi", "protendo".

Una caratteristica formale comune a tutti i poemi epici classici è la presenza in apertura di un ***Proemio*** in cui si accenna brevemente all'argomento dell'opera (**protasi**) e all'eroe protagonista, e di un'**invocazione alla Musa** affinché ispiri il poeta che gli antichi consideravano **mezzo ma non fonte** della poesia: in questo modo veniva salvaguardato il carattere sacro della narrazione che, derivando da una divinità, non era vincolata alla volontà e alla capacità creatrice dello scrittore.

IL NARRATORE

La narrazione epica è sempre effettuata da un **narratore esterno onnisciente**, cioè da una voce narrante estranea alle vicende che racconta in **terza persona** gli sviluppi della storia e mostra di conoscere l'animo dei personaggi. Vediamo un **esempio**:

AD ESEMPIO:

Disse così il Pelide e scagliò in terra lo scettro
disseminato di chiodi d'oro. Poi egli sedette.
Dall'altra parte l'Atride era furioso. [...]

Omero, *Iliade*, I, vv. 245-247, trad. R. Calzecchi Onesti, Einaudi, Torino 1990

A questa impostazione fa quasi sempre eccezione il *Proemio*, nel quale il narratore compare in prima persona a dichiarare l'argomento o a invocare la Musa perché lo ispiri nella presentazione della materia che sta per esporre, come nell'**esempio** che segue:

AD ESEMPIO:

L'uomo ricco d'astuzie raccontami, o Musa [...]
Omero, *Iliade*, I, v. 1, trad. R. Calzecchi Onesti, Einaudi, Torino 1990

Un altro caso particolare è quello dell'**apostrofe**, in cui il narratore si rivolge direttamente a un personaggio utilizzando la seconda persona e presupponendo quindi la presenza di un io narrante. Ecco un **esempio**:

AD ESEMPIO:

Ma quando alla quarta balzò, che un nume pareva,
allora, **Patroclo**, apparve la fine della **tua** vita.
Omero, *Iliade*, XVI, vv. 786-787, trad. R. Calzecchi Onesti, Einaudi, Torino 1990

L'ultima situazione in cui la parola non spetta al narratore esterno si verifica quando episodi di una certa ampiezza vengono riferiti da un **narratore di secondo grado interno**, che parla in **prima persona**: si tratta di racconti di fatti passati proposti da un personaggio, come accade nell'*Odissea* dove tre libri sono occupati dalla narrazione che, in prima persona, il protagonista Odisseo fa dei suoi viaggi per il Mediterraneo.

Il narratore dà la parola ai personaggi

Per presentare i discorsi o i pensieri dei personaggi, il più delle volte la voce narrante cede loro la parola con la tecnica del **discorso diretto legato**, che consiste nel riportare fedelmente le frasi pronunciate dal personaggio introducendole mediante un verbo dichiarativo (*disse*, *rispose*) che garantisce la massima oggettività.

AD ESEMPIO:

Allora ***gli disse*** *la dea Atena occhio azzurro:*
"Telemaco, qualcosa penserai tu nel tuo animo,
qualcosa un nume suggerirà: perché non credo
che a dispetto dei numi tu sia nato e cresciuto."
Omero, *Odissea*, III, vv. 25-28, trad. R. Calzecchi Onesti, Einaudi, Torino 1990

Questa tecnica riduce al minimo la presenza del narratore e di conseguenza diminuisce notevolmente **la distanza tra il lettore e la vicenda narrata**.

Combattimento di opliti a file compatte, frammento di vaso in terracotta, 640-630 a.C., particolare.

I personaggi e la loro caratterizzazione

PERSONAGGIO
il termine deriva dal latino *persona*, la maschera di legno indossata dagli attori teatrali nell'antichità in Grecia e in Italia.

PROTAGONISTA
dal greco *prótos*, "primo", e *agón*, "lottatore".

I poemi epici sono solitamente popolati da un numero elevato di **personaggi** che possiamo suddividere secondo un criterio già individuato per la narrazione in prosa (vedi il *Volume A*):

- **personaggi principali**, tra i quali troviamo i **protagonisti** su cui sono incentrate le vicende;
- **personaggi secondari**, ai quali frequentemente appartengono le figure femminili;
- **comparse**, ossia figure prive di specifiche connotazioni che nella storia ricoprono un ruolo marginale.

EROE
dal greco *héros*, individuo nato dall'unione di una divinità con un mortale, dotato di virtù eccezionali.

Nei poemi epici arcaici dei vari personaggi – principali o secondari – veniva fornita una rappresentazione piuttosto essenziale che coincideva strettamente con la loro funzione narrativa: in queste opere non troviamo perciò ritratti psicologici complessi e la personalità delle figure rappresentate non è tratteggiata in modo dettagliato. Non fanno eccezione nemmeno i protagonisti di questi testi, gli **eroi**, individui straordinari costruiti come puri contenitori di sentimenti, passioni e valori culturali e spinti all'azione dall'unico impulso da cui sono dominati.
Questo tipo di **personaggi**, tratteggiati in modo semplice e schematico e senza alcuna indagine interiore, possono essere definiti **statici** e solo attraverso le loro azioni è possibile ricostruire i modelli di comportamento e la tipologia di valori da essi incarnati.

Giorgio de Chirico (1888-1978), *Il ritorno di Ulisse*, 1960.

IL PIANO DELLA STORIA: *FABULA* E INTRECCIO

Molto spesso nei poemi epici la narrazione delle vicende non avviene nell'ordine in cui queste si sono effettivamente svolte: ciò significa che **nella poesia epica** la ***fabula***, ossia la presentazione degli eventi secondo una successione logica e cronologica e l'**intreccio**, cioè la successione con cui i fatti vengono esposti nel testo, **non coincidono quasi mai**.
L'alterazione dell'ordine causa-effetto / prima-dopo tipico della *fabula* si realizza mediante due particolari tecniche narrative largamente utilizzate nella poesia epica, l'**analessi** e la **prolessi**.

ANALESSI
dal greco *aná*, "nuovo" e *lépsis*, "il prendere", quindi il termine equivale a "ripresa".

FLASH-BACK
letteralmente "lampo all'indietro".

L'**analessi** (*flash-back*) consiste nel riportare vicende ed eventi anteriori alla situazione presente mediante digressioni – anche piuttosto lunghe – realizzate dalle parole di un personaggio, come nel caso del lungo racconto di Odisseo ad Alcínoo. L'**esempio** riporta l'inizio e la fine dell'analessi, che occupa nel poema ben quattro libri:

AD ESEMPIO:

"Ma le mie tristi sventure s'è volto il tuo cuore
a chiedere, perché io soffra e singhiozzi di più.
E quale per prima e quale per ultima dico?"

[A questo punto Odisseo inizia a narrare le proprie peregrinazioni.]

Così narrava: *e tutti rimasero muti, in silenzio,*
erano vinti dal fascino nella sala ombrosa.
Omero, *Odissea*, IX, vv. 12-14; XIII, vv. 1-2, trad. R. Calzecchi Onesti, Einaudi, Torino 1990

PROLESSI
Dal greco *prólepsis*, derivato da *prolambáno*, "prendo prima".

FLASH-FUTURE
letteralmente "lampo in avanti".

La **prolessi** (*flash-future*) è l'anticipazione di fatti che avverranno in futuro e può essere realizzata mediante profezie e vaticini di varia natura, come accade nell'*Iliade*, quando Patroclo, in punto di morte, si rivolge ad Ettore con le parole dell'**esempio**:

AD ESEMPIO:

"Sì, Ettore, adesso vàntati:
a te hanno dato vittoria Zeus Cronide e Apollo, che m'abbatterono
facilmente: essi l'armi dalle spalle mi tolsero.
Se anche venti guerrieri come te m'assalivano,
tutti perivano qui, vinti dalla mia lancia;
me uccise destino fatale e il figliuolo di Latona,
e tra gli uomini Euforbo: tu m'uccidi per terzo.
Altro ti voglio dire e tienilo in mente:
davvero tu non andrai molto lontano, ma ecco
ti s'appressa la morte e il destino invincibile:
cadrai per mano d'Achille, dell'Eacide perfetto".
Omero, *Iliade*, XVI, vv. 844-854, trad. R. Calzecchi Onesti, Einaudi, Torino 1990

LA LINGUA E LO STILE

ESAMETRO
dal greco, composto da *hexa*, "sei", e *métron*, "misura".

Il **metro** adoperato nei componimenti epici classici è l'**esametro dattilico**, un verso composto da sei gruppi di sillabe, detti *piedi dattilici*, l'ultimo dei quali è più breve di una sillaba.

–́∪∪ –́∪∪ –́∪∪ –́∪∪ –́∪∪ –́∪

Questo schema metrico conferisce al testo un andamento fluido ed è adatto a una declamazione solenne.

PARATASSI
dal greco, composto dalla particella *pará* e *táxis*, "disposizione". È il procedimento sintattico col quale si pongono una accanto all'altra due proposizioni, lasciandole autonome.

La **struttura sintattica** del poema epico si presenta semplice ed elementare, con una netta prevalenza della **paratassi**, vale a dire con periodi formati soprattutto da proposizioni coordinate.

E lui pure dormì nell'interno dell'alto palazzo:
a lui la sposa e regina preparò letto e giaciglio.
Omero, *Odissea*, III, vv. 402-403, trad. R. Calzecchi Onesti, Einaudi, Torino 1990

Lo stile formulare

EPITETO
dal greco *epítheton*, composto da *epí*, "sopra", e *thetón*, "posto"; aggettivo quasi sovrapposto al nome per qualificarlo.

Si è già detto che la stesura dei testi epici è successiva a una tradizione orale dei canti; ciò è visibile soprattutto attraverso la permanenza nel testo scritto di tecniche usate dagli aedi per formulare il verso e il canto epico. Un esempio tipico di questo fenomeno è dato dalla presenza di **epiteti** ed **episodi formulari**, al punto che si dice che la cellula costitutiva della poesia epica non è la singola parola, ma è la **formula**.

- Lo schema più caratteristico del linguaggio formulare è la connessione **nome + epiteto**, come ad **esempio**:

AD ESEMPIO:

Le navi **nere**
Ilio **alte mura**
Elena **bianche braccia**
Achille **piede veloce**

PATRONIMICO
dal greco *patrós*, "padre", e *ónoma*, "nome". È un appellativo derivato da quello del padre.

- Talvolta l'epiteto è costituito dai **patronimici**, cioè da aggettivi che riportano il nome del padre di un personaggio. Ad **esempio**:

AD ESEMPIO:

Pelide Achille (Achille figlio di Peleo)
Atride Agamennone (Agamennnone figlio di Atreo).

Attraverso l'uso di questi epiteti formulari il poeta aveva parte del verso già strutturata ed era facilitato nell'invenzione successiva; il pubblico da parte sua riconosceva più facilmente situazioni e personaggi attraverso la ripetizione degli epiteti.

- Nei due **esempi** seguenti vediamo che talvolta la formularità si estendeva a **interi versi**:

AD ESEMPIO:

Quando apparve la figlia della luce, l'Aurora dalle dita di rosa

O a **gruppi di versi**:

Mentre diceva così, l'avvolse la morte:
la vita volò via dalle membra e scese nell'Ade,
piangendo il suo destino, lasciando la giovinezza e il vigore
Omero, *Iliade*, XXII, vv. 361-363, trad. R. Calzecchi Onesti, Einaudi, Torino 1990

Oppure ancora riguardava interi **episodi**, quando nel poema si ripetevano scene che, pressappoco con identiche espressioni, ricorrevano in più occasioni. Sono scene formulari quelle della vestizione dell'eroe prima della battaglia, dell'accoglienza di un ospite presso una casa straniera, del banchetto, della comunicazione dei messaggeri e altre ancora.
Anche in quest'ultimo caso la struttura formulare costituisce un modello narrativo fisso, che facilita l'opera del poeta nella sua *performance* quando si esprime davanti al suo pubblico, ripetendo un identico quadro.

RETORICO
dal greco *rhethorikós*, da *retor*, a sua volta da *érein*, "parlare". Presso i greci antichi il *retor* è colui che parla o colui che insegna l'arte di ben parlare. Poi, dall'abuso dell'arte, la parola passò a significare un modo di parlare artificioso, pieno di ornamenti e luoghi comuni.

Le figure retoriche

La lingua e lo stile dei poemi epici sono in genere elevati e piuttosto ricchi di **figure retoriche**. Anche questa scelta è frutto della cultura orale in cui ha origine l'epica in quanto la necessità del cantore di **memorizzare i testi** e le caratteristiche intrinseche dello stile formulare favorivano l'utilizzo di espressioni collaudate, basate sulla **ripetizione** e sulla **sovrabbondanza**; inoltre la trasmissione orale, facendo appello alla capacità immaginativa degli ascoltatori, mirava a rendere più espressivo il racconto mediante l'uso figurato della lingua.
Queste sono le figure retoriche maggiormente presenti nei poemi epici classici.

RIDONDANZA
dal latino *redundantia*, sovrabbondanza, eccesso.

Ridondanza: consiste nell'utilizzare parole che, anche se omesse, non determinano una sostanziale perdita del significato complessivo:

Finché fu mattina e il giorno **sacro** cresceva.
Omero, *Odissea*, IX, v. 56, trad. R. Calzecchi Onesti, Einaudi, Torino 1990

ITERAZIONE
dal latino *iterum*, "di nuovo", "un'altra volta". Ripetizione.

Iterazione o ripetizione: è la riproposizione delle stesse parole o frasi allo scopo di conferire al testo maggiore intensità espressiva.

Subito andando, si mescolarono fra i **mangiatori di loto**,
e i **mangiatori di loto** non meditarono la morte ai compagni
nostri, anzi, diedero loro del **loto a mangiare**.
Ma chi di loro **mangiò del loto** il dolcissimo frutto,
non voleva portar notizie indietro e tornare,
ma volevano là, tra i **mangiatori di loto**,
a **pascer loto** restare e scordare il ritorno.
Omero, *Odissea*, IX, vv. 91-97, trad. R. Calzecchi Onesti, Einaudi, Torino 1990

Rilievo arcaico con una scena di combattimento, VI secolo a.C.

PERIFRASI
dal greco, composto da *perí*, "intorno" e *phrázein*, "dire", "manifestare". Insieme: detto con giri di parole.

Perifrasi: consiste nell'introdurre un nome, un'idea, un concetto mediante un ampio giro di parole.

E ormai sano e salvo giungevo alla **terra dei padri**
Omero, *Odissea*, IX, v. 79, trad. R. Calzecchi Onesti, Einaudi, Torino 1990

ANAFORA
dal greco *anaphorá*, "ripetizione".

Anafora: è la ripetizione di una o più parole all'inizio di due o più versi successivi.

Quelli che odiarono, mentr'erano in vita, i fratelli,
che respinsero il padre, inganni tramarono al povero,
quelli che per sé soli scoperte ricchezze covarono
né ai loro ne fecero parte (e questa è gran turba!)
quelli che furono uccisi per adulterio, armi empie seguirono
Virgilio, *Eneide*, VI, vv. 608-612, trad. R. Calzecchi Onesti, Einaudi, Torino 1989

CHIASMO
dal greco *chiasmós*, che deriva dal nome della lettera greca χ (da leggere *chi*) per la sua forma a croce.

Chiasmo: consiste nella disposizione di due espressioni in modo che l'ordine sintattico della prima sia inverso rispetto a quello della seconda. Nell'esempio, il verbo e il complemento oggetto nel primo e nel secondo verso sono disposti a X:

Tu, dunque, **ponile** accanto i bei **doni** ospitali,
io **mantici e attrezzi** **metterò** tutti in ordine
Omero, *Iliade*, XVIII, vv. 408-409, trad. R. Calzecchi Onesti, Einaudi, Torino 1990

Inversione: è il sovvertimento dell'ordine sintattico usato convenzionalmente nella prosa. Può assumere due forme.

ANASTROFE
dal verbo greco *anastréphein*, "invertire".

– **Anastrofe**, che è l'inversione di due o più termini, ad esempio soggetto e predicato:

Lo **ricambiò** allora il sire d'eroi **Agamennone**
Omero, *Iliade*, I, v. 172, trad. R. Calzecchi Onesti, Einaudi, Torino 1990

IPERBATO
dal greco *hypérbaton*, che significa "trasposizione".

– **Iperbato**, che si ottiene frapponendo uno o più termini tra parole che sintatticamente dovrebbero essere contigue:

e subito Ettore illustre si tolse **l'elmo** di testa,
e lo posò **scintillante** per terra
Omero, *Iliade*, VI, vv. 72-73, trad. R. Calzecchi Onesti, Einaudi, Torino 1990

Sulla parte esterna di questa coppa del V secolo a C., il pittore Douris ha raffigurato una scena ispirata al settimo libro dell'Iliade: a sinistra Atena, con elmo e lancia, trattiene Aiace Telamonio che sta per lanciarsi su Ettore caduto sul ginocchio sinistro, mentre a destra Apollo, con arco e faretra, fa un solenne gesto di protezione.

SIMILITUDINE
dal latino *similitudinem*, da *similis*, "simile".

Similitudine: è la figura retorica maggiormente presente nei poemi epici e si basa su un paragone tra due immagini, generalmente introdotto dai **nessi logici** *così... come*; *tanto... quanto*; *tale*; *simile a*; *come*; *quanto* ecc.:

quale oscuro vapore si vede uscir dalle nubi,
quando per la calura si leva bufera orrenda,
tale Ares di bronzo a Diomede Timide
parve, al cielo vasto con le nubi salendo.

Omero, *Iliade*, V, vv. 864-867, trad. R. Calzecchi Onesti, Einaudi, Torino 1990

METAFORA
dal greco, composto da *metá*, "oltre" e *phoréo*, "portare". Quindi, portare oltre il significato.

Metafora: segue lo stesso principio della similitudine in quanto si fonda anch'essa su un paragone, ma i nessi logici che collegano i concetti non vengono esplicitati e dalla relazione di somiglianza esistente tra due elementi appartenenti a campi semantici differenti scaturisce un'espressione nuova, il cui significato include i caratteri comuni ai due termini originari.

Ma quando al Ciclope intorno al cuore fu sceso,
allora io parlai con **parole di miele**

Omero, *Odissea*, IX, vv. 362-363, trad. R. Calzecchi Onesti, Einaudi, Torino 1990

METONIMIA
dal greco, composto da *metá*, "invece" e *ónoma*, "nome". Quindi indica il nome al posto di un altro.

Metonimia: consiste nella sostituzione di un termine con un altro appartenente ad un campo semantico contiguo, sulla base della relazione **contenente/contenuto**; **astratto/concreto** e viceversa; **causa/effetto** e viceversa; **materia/oggetto**; **autore/opera**:

Ettore, come vide il magnanimo Patroclo
tirarsi indietro, ferito dal **bronzo** puntuto

Omero, *Iliade*, XVI, vv. 818-819, trad. R. Calzecchi Onesti, Einaudi, Torino 1990

Nell'esempio l'espressione *bronzo* è una metonimia poiché si nomina il materiale di cui l'oggetto è fatto ma non l'oggetto, che è l'*arma*.

SINEDDOCHE
dal greco, composto di *syn*, "con", "insieme" e *ekdéchomai*, "prendo".

Sineddoche: è una derivazione della metonimia in quanto si fonda anch'essa sulla sostituzione, ma è basata su rapporti di estensione del tipo **singolare/plurale** e viceversa; **parte/tutto**; **generale/particolare**:

e mosse verso la stanza ornata, in cui una fanciulla
dormiva, alle **immortali** simile per aspetto e bellezza,
Nausicaa, la figlia del magnanimo Alcinoo

Omero, *Odissea*, VI, vv. 15-17, trad. R. Calzecchi Onesti, Einaudi, Torino 1990

In questi versi le *dee*, cui l'autore si riferisce, non sono nominate direttamente ma vengono sostituite dalla categoria generale delle *immortali* alla quale appartengono.

ANTITESI
dal greco *antí*, "contro", e *thésis*, "posizione".

Antitesi: consiste nell'accostamento e nella contrapposizione di due parole o frasi di senso opposto mediante specifici costrutti sintattici, come il parallelismo:

Di qui vien che **temono** e **bramano**, **soffrono** e **godono**, e mai
distinguon lo spirito, chiuse nel buio d'un carcere cieco.

Virgilio, *Eneide*, VI, vv. 733-734, trad. R. Calzecchi Onesti, Einaudi 1989

IPERBOLE
dal greco, composto da *hypér*, "sopra" e *bállein*, gettare. Insieme: "eccesso", "sovrabbondanza".

Iperbole: esprime un concetto usando espressioni esagerate sia per eccesso che per difetto:

Ah, davvero **mille** cose belle ha fatto Odisseo
Omero, *Iliade*, II, v. 272, trad. R. Calzecchi Onesti, Einaudi, Torino 1990

ENUMERAZIONE
dal latino *emuneratio*, "enumerazione".

Enumerazione: è un'elencazione di parole legate da congiunzioni (**polisindeto**) o separate da segni di punteggiatura (**asindeto**).

e portò premi fuor dalle navi, **lebeti e tripodi,**
cavalli e mule e forti teste di bovi
e donne bella cintura e ferro canuto
Omero, *Iliade*, XXII, vv. 259-261, trad. R. Calzecchi Onesti, Einaudi, Torino 1990

CLIMAX
dal greco *klímax*, "scala".

Climax: è una successione di termini o espressioni posti in ordine di intensità espressiva. La gradazione può essere:
- **ascendente**, dal termine meno intenso/espressivo al più intenso/espressivo:

Se dea tu sei di quelli che il vasto cielo possiedono,
Artemide, certo, la figlia del massimo Zeus,
per **bellezza, grandezza e figura** mi sembri.
Omero, *Odissea*, VI, vv. 150-152, trad. R. Calzecchi Onesti, Einaudi, Torino 1990

- **discendente**, dal termine più intenso/espressivo al meno intenso/espressivo:

da allora **oscilla, scivola, sempre più indietro**
va la speranza dei Dànai, infrante le forze, nemica la dea.
Virgilio, *Eneide*, II, vv. 169-170, trad. R. Calzecchi Onesti, Einaudi 1989

APOSTROFE
dal greco, composto da *apó*, "giù", "verso" e *strépho*, "volgo".

Apostrofe: si ha quando la voce narrante si rivolge direttamente a un personaggio, animale, oggetto o idea astratta usando la seconda persona.

O patria, o dimora dei numi, Ilio, o inclite in guerra
mura dei Dardani! Quattro volte, lì sulla soglia,
inciampò, quattro volte nel ventre s'udì suono d'armi
Virgilio, *Eneide*, II, vv. 241-243, trad. R. Calzecchi Onesti, Einaudi, Torino 1989

PROSOPOPEA
dal greco, composto da *prosópon*, "viso", e *poiéo*, faccio: personificare.

Personificazione o prosopopea: consiste nel presentare come se fossero vive e presenti o animate, persone morte o lontane, o cose inanimate o astratte.

Ma come, **figlia di luce**, brillò **l'Aurora dita rosate**
allora, fatta adunanza, parlai in mezzo a tutti.
Omero, *Odissea*, IX, vv. 170-171, trad. R. Calzecchi Onesti, Einaudi, Torino 1990

La lingua dei poemi: le parole chiave

Quando ci inoltriamo nella lettura di un antico poema epico, è necessario tener presente che ne leggiamo una traduzione che cerca di rendere, in una lingua il più possibile vicina alla nostra, **una storia narrata a uomini molto diversi da noi**, con usanze, credenze, abitudini, paure, sogni e desideri sorti all'interno di una cultura lontana nello spazio e nel tempo della quale queste opere consentono di recuperare alcune tracce.
Per questo motivo occorre rivolgere una particolare attenzione allo specifico significato dei termini usati nel poema: la comprensione del **significato effettivo che una parola assume all'interno del** proprio **contesto linguistico e culturale** costituisce la chiave per giungere, a distanza di secoli, a una **corretta interpretazione del contenuto**.

Ovviamente non è possibile dedicare la stessa attenzione a tutte le espressioni, ma è necessario soffermarsi su quei termini – che convenzionalmente definiamo **parole chiave** – dei quali è indispensabile comprendere il significato se si vuole accedere al senso autentico dell'opera. Questo vale sia per i termini attualmente caduti in disuso sia per quelli che a causa del trascorrere del tempo sono stati progressivamente svuotati del loro significato originario.
La **parola *dono***, ad esempio, ha per l'uomo greco un significato preciso, fortemente legato alla sfera del sacro e infatti nella mitologia greca viene chiamata Pandora – che in greco significa *tutti i doni* (vedi il *Volume A*) – la prima donna mortale, cui gli dei attribuirono qualità di origine divina.
Pertanto, quando all'interno di un poema epico troviamo la parola *dono*, è importante ricordare che questo termine evoca la presenza della divinità e non è quindi corretto intenderlo nell'accezione che ci è abituale, come un sinonimo di *regalo*.

Nicolas Poussin (1594-1665), *Il ratto delle Sabine*, 1637 ca., particolare.

sezione II

1 L'epica greca

2 L'epica latina

OBIETTIVI

- **1a** Acquisire informazioni essenziali sulla questione omerica: formazione e prime redazioni scritte dell'*Iliade* e dell'*Odissea.*
- **1b** Approfondire la conoscenza dell'*Iliade*, imparare a interpretare e a contestualizzare i testi, attraverso la lettura di alcuni brani significativi.
- **1c** Approfondire la conoscenza dell'*Odissea*, imparare a interpretare e a contestualizzare i testi, attraverso la lettura di alcuni brani significativi.
- **2a** Conoscere Virgilio e la sua epoca.
- **2b** Contestualizzare l'*Eneide*, riconoscendone i significati e i valori.
- **2c** Approfondire la conoscenza dell'Eneide, imparare a interpretare il testo attraverso la lettura di alcuni brani significativi.

Epica antica

Giorgio De Chirico (1888-1978), *Ritratto di Guillaume Apollinaire*, 1914, particolare. De Chirico raffigura il poeta Guillaume Apollinaire con due impenetrabili occhiali da sole che evocano l'immagine della cecità, come cieco era, secondo la tradizione, lo stesso Omero. Il poeta, dunque, non guarda con gli occhi del corpo, bensì con quelli della mente e del cuore, è, ieri come oggi, il "visionario" per eccellenza.

Parlando di epica antica si pensa a Omero e Virgilio, uno per la cultura greca, l'altro per quella latina, ma niente di più distante può esserci tra i mondi dell'uno e dell'altro, sotto ogni profilo.

OMERO

Diceva René Char, poeta francese del XX secolo: "Omero, dio plurale, aveva operato senza cancellature, a monte e a valle, facendoci vedere l'intero paese degli uomini e degli dei". Omero infatti – bisogna rassegnarsi – non esiste, è un nome cui si allaccia una lunga tradizione di aedi che, nel corso dei secoli, all'origine della cultura greca, hanno raccolto e tramandato "senza cancellature", ovvero senza scrittura, l'intero mondo degli dèi e degli uomini. Nei poemi dell'***Iliade*** e dell'***Odissea*** si ritrovano storie avvincenti e una costellazione di personaggi che costituiscono un modello di comportamento per re e regine, guerrieri e naviganti, figli e padri, uomini e donne comuni. **Prima tramandati dalla bocca all'orecchio e poi scritti in versi** in quella forma che è giunta fino a noi, ricostruiscono un mondo e al tempo stesso lo fondano, costituendo **un riferimento di identità** senza il quale un greco non poteva esser greco.

VIRGILIO

L'***Eneide***, invece, nata nel cuore della storia latina, per opera di un uomo, un raffinato intellettuale, Virgilio, fu **scritta dietro ordine di un principe**, Ottaviano Augusto. Contiene la complessa vicenda dell'eroe fondatore della stirpe latina, per indicare a tutti **chi fosse un Romano**. Non si trattò di un canto nato da secoli di tradizioni, ma l'opera di un poeta che, consapevolmente, scrisse per i suoi contemporanei e per i posteri. Eppure, anche così diversi, i poemi di Omero e Virgilio sono questo: un mondo intero, un universo complesso, perché i loro rispettivi popoli ritrovassero in essi la loro identità, attraverso una e mille storie.

1 L'epica

Non sarà il canto delle sirene
che ci innamorerà,
noi lo conosciamo bene, l'abbiamo sentito già,
e nemmeno la mano affilata, di un uomo o di una divinità.
Non sarà il canto delle sirene in una notte senza lume,
a riportarci sulle nostre tracce, dove l'oceano risale il fiume,
dove si calmano le onde, dove si spegne il rumore.

da F. De Gregori, *Il canto delle sirene*

Arnold Böcklin (1827-1901), *Odisseo e Calipso*, 1883, particolare.

greca

ESPANSIONI

- **Omero**, *Il duello tra Achille ed Ettore* (poema epico)
- **Omero**, *La maga Circe* (poema epico)

I grandi poemi non cessano di esercitare la loro suggestione anche a distanza di secoli o millenni. Così, alla fine dell'Ottocento, il pittore simbolista svizzero tedesco Arnold Böcklin trae spunto dall'episodio di Ulisse e Calipso per quest'opera enigmatica e di intensa suggestione. L'eroe omerico, visto di spalle, ammantato di nero, appare più granitico e impenetrabile delle rocce che lo circondano, tra le quali la ninfa Calipso, con la fragranza del suo incarnato sottolineata dal drappo scarlatto, appare incastonata come una gemma preziosa.

Omero

OMERO SECONDO LA TRADIZIONE

L'autore dell'***Iliade*** e dell'***Odissea*** per gli antichi era un poeta di nome **Omero**, a cui venivano attribuite anche diverse altre opere (gli *Inni*, gli *Epigrammi*, la *Batracomiomachia*, il *Margite* e poemi del *Ciclo troiano* e del *Ciclo tebano*).

Gli antichi non conoscevano notizie precise su di lui, si chiedevano quale fosse la sua patria e quanti dei poemi che circolavano a suo nome fossero effettivamente suoi. Varie città avevano rivendicato di essere luogo di origine del poeta, Smirne, Pilo, Chio, Colofone, Argo, Itaca, Atene. Più delle altre insisteva Chio, perché in quella città si trovava una scuola di aedi chiamati Omeridi, che si trasmettevano tecniche e conoscenze di padre in figlio. Il nome, evidentemente, non era garanzia che fossero tutti "figli" di Omero, ma solo che si fossero ispirati in origine al suo nome.

Busto di Omero rinvenuto a Roma, inizi I secolo a.C.

Sappiamo che Esiodo, poeta vissuto circa nel 750 a.C., citava già Omero, mentre Erodoto, storico del V secolo a.C., situava Omero ed Esiodo 400 anni prima di lui, collocandoli quindi intorno all'850 a.C. Anche le immagini dipinte sui vasi datati alla metà dell'VIII secolo a.C. si rifanno nei soggetti dipinti a episodi dei poemi (per esempio l'accecamento di Polifemo) e quindi aiutano a immaginare già ampiamente diffusa e circolante a quell'epoca una loro versione.

Possiamo quindi pensare che i poemi che portavano il nome di Omero fossero stati composti intorno all'850 a.C., ma non possiamo aggiungere a questo dato una sola notizia a riguardo del loro autore.

Il poeta cieco

Di Omero si diceva che fosse **cieco** e **girovago**, ma queste due caratteristiche hanno più un valore simbolico che reale. La cecità nel mondo greco arcaico si riferiva alla conoscenza. Il poeta infatti sapeva molto più di un uomo comune; il suo canto "conteneva" la memoria dell'intero patrimonio di conoscenze del popolo cui apparteneva intorno ad argomenti molto diversi: gli dei, il mondo, gli uomini e il loro comportamento, gli eroi, le tecniche (per costruire una nave, una casa, le mura di una città ecc.), lo scorrere del tempo e così via. Questa conoscenza gli era possibile, nella pratica, per una lenta e lunga acquisizione dei canti da altri aedi oppure, secondo il mito, per intervento della dea Mnemosine (Memoria) e delle sue figlie, le Muse, che, conoscendo "ciò che è stato, è e sarà", lasciavano al poeta la possibilità di accedere almeno a una parte dell'intera sapienza, in particolare a ciò che "è stato". Vedere ciò che non è permesso agli uomini ma solo agli dèi oscurava gli occhi che guardavano il mondo reale e apriva altri occhi che potevano conoscere cose più alte. Omero, primo fra tutti i poeti, è quindi cieco, secondo la tradizione, per marcare la diversità della sua conoscenza, veridica e complessiva, a differenza di quella parziale e minuta degli uomini comuni. Il suo canto si diffondeva di corte in corte, spostandosi senza patria, davanti a uomini diversi, cui egli insegnava la storia del mondo e degli dei.

LA FORMAZIONE DEI DUE POEMI

L'*Iliade* e l'*Odissea* sono due poemi legati rispettivamente al **ciclo troiano** e a quello dei **ritorni degli eroi dalla guerra** (i *nóstoi*, "ritorni"), entrambi fondati sulle più antiche saghe del mondo ellenico. Un enorme repertorio di canti epici su questo argomento veniva eseguito oralmente, nelle corti signorili o nelle piazze, dagli *aedi* e dai rapsodi. Non essendo fissato in un testo scritto, questo patrimonio mitico poteva essere rimaneggiato e rielaborato incessantemente e in questo modo si trasmise per secoli subendo continue trasformazioni legate all'evolversi e al mutare delle condizioni storico-sociali.
Nel materiale epico in circolazione nell'VIII a.C., gli episodi legati al ciclo troiano e ai *nóstoi* erano numerosissimi e durante le loro *performance* gli aedi operavano una selezione scegliendone alcuni e tralasciandone altri a seconda del pubblico davanti al quale recitavano. Per tutte queste ragioni a riguardo dei poemi omerici si parla di "stratificazione epica", perché questo tipo di composizione inglobava materiali più antichi insieme ad altri più recenti, amalgamandoli insieme; si trovavano così a convivere nello stesso testo dati relativi all'epoca micenea (tarda età del bronzo), con altri dell'età arcaica.

Le prime redazioni scritte di *Iliade* e *Odissea*

Dal momento in cui nacquero le prime *pòleis* in Grecia, nello spazio delle feste cittadine vennero organizzate gare fra poeti, con tanto di premi per i vincitori. Si pensa che proprio a partire da queste occasioni sia iniziata la stesura per iscritto di alcuni canti epici, che erano ritenuti più famosi. Si sa, infatti, che Pisistrato, tiranno di Atene del VI secolo a.C., dispose di procedere alla stesura dei poemi omerici, per istituire un modello al quale i poeti avrebbero potuto attenersi per prepararsi alla competizione.
La versione commissionata da Pisistrato pervenne tre secoli più tardi (nel III secolo a.C.) ai **filologi** alessandrini – così detti perché operarono nella Biblioteca promossa da Alessandro Magno ad Alessandria d'Egitto – che ne fecero una redazione tesa principalmente a eliminare i versi considerati spuri. A loro si deve la **divisione dei due poemi in ventiquattro libri ciascuno**.

FILOLOGO
termine greco composto da *phílos*, "amico", e lógos, "parola", "discorso". Colui che si occupa della scienza della lingua.

Se il lavoro dei filologi alessandrini fu fondamentale per la trasmissione dei due poemi, esso contribuì indirettamente a far perdere le tracce dei testi originali. Oggi non possediamo neanche più la versione elaborata dagli studiosi di Alessandria e i più antichi manoscritti giunti sino a noi risalgono per l'*Iliade* al X e per l'*Odissea* all'XI secolo. È evidente dunque che, attraversando i secoli, i due poemi abbiano subito tali e tante interpolazioni da rendere pressoché impossibile una ricostruzione attendibile della loro struttura narrativa originaria.

La questione omerica

- Già ad Alessandria, nel III secolo a.C., i filologi della Biblioteca si erano resi conto che nei poemi omerici erano presenti molte incongruenze e contraddizioni. Avevano così elaborato due teorie differenti. Secondo quella dei "**separatisti**" l'*Iliade* e l'*Odissea* avevano tali e tante differenze di stile, di contenuto, di qualità poetica da non potere appartenere alla produzione di uno stesso autore, ma di due differenti. Ci fu anche chi ritenne (il cosiddetto Anonimo del *Sublime*) che i due poemi rispecchiassero due momenti diversi della vita di Omero, l'*Iliade* la giovinezza, l'*Odissea* la vecchiaia, per via dei contenuti: uno centrato sulla forza dell'eroismo, l'altro sull'intelligenza e la riflessione. Gli "**unitari**", a differenza dei separatisti, cercarono di sostenere l'unità dei poemi, togliendo le contraddizioni che ritenevano non essere autentiche di Omero, ma piuttosto interpolazioni successive di altri poeti. La polemica tra le due scuole non si risolse, ma si inabissò per secoli, lungo l'età medievale e rinascimentale.
- Si ritornò sulla questione solo nel 1664, quando **François Hédelin, abate d'Aubignac** (1604-1676) riprese la critica ai poemi omerici, negando l'esistenza di Omero e affermando che l'*Iliade* era il risultato di un maldestro lavoro di ricucitura di canti anonimi. A lui si oppose il filosofo napoletano **Giambattista Vico** (1668-1744), che sosteneva la bellezza artistica dei poemi, pur ammettendo che Omero non era esistito e che si dovevano ritenere i poemi prodotto di un'arte collettiva del popolo greco. Le teorie dei due autori valgono in realtà più perché ripresero la questione omerica, che per una credibilità scientifica delle argomentazioni.

  Un'analisi più puntuale dei poemi, invece, prese le mosse nell'Ottocento a partire dall'opera del filologo tedesco **Friedrich August Wolf** (1759-1824) il quale, usando un metodo scientificamente rigoroso, sosteneva che Omero doveva situarsi all'origine di una lunga tradizione epica orale che sarebbe stata fissata per iscritto solo in un tempo successivo. Dunque i poemi sarebbero stati il risultato dell'unione di unità minori. A seguito di Wolf, molti altri filologi studiarono nel dettaglio quanti e quali dovevano essere, secondo loro, i nuclei che componevano i poemi, individuandone con precisione un certo numero per ognuno.

  A questa "corrente" critica si oppose **Wolfgang Schadewaldt** (1900-1974), filologo tedesco, all'inizio del Novecento, sostenendo che, nonostante le incongruenze – che si potevano trovare però anche in opere moderne – i poemi omerici avevano una loro architettura talmente complessa e ricca di rimandi da non poter essere ritenuta un assemblamento di canti diversi: dovevano essere poemi unitari fin dalle origini. Dunque, di nuovo, unitari e separatisti, seppure con argomentazioni ben più fondate e complesse, tra le quali l'individuazione della presenza di canti o nuclei di canti tra loro connessi nella composizione del poema.
- Una radicale svolta nella questione omerica fu data dall'opera di **Milman Parry** (1902-1935), filologo e antropologo statunitense che, negli anni Trenta, sulla base degli studi che l'antropologia compiva sui popoli che non possedevano la scrittura, arrivò a definire che cosa si poteva ritenere "composizione orale" all'interno di questi gruppi umani. In particolare, individuò le tecniche proprie della tradizione orale, come quella della **formularità** del **verso** poetico, così come delle **scene** (vedi a pp. 10-11). Attraverso il suo lavoro,

compiuto su società a lui contemporanee, si poté chiarire come anche nell'*Iliade* e nell'*Odissea* fossero presenti i tratti propri della tradizione orale riscontrata in popoli attuali. Si dissolveva così per sempre l'idea di *un* autore dei poemi omerici e anche l'idea di opera così come noi oggi potremmo concepirla. I canti si sarebbero infatti formati a partire da miti, formule, scene tipiche, rimodellati continuamente dai poeti con le loro *performance* e trasferiti a un pubblico sempre diverso. Questa sarebbe l'origine dei poemi, per cui si rende del tutto superata la ricerca dell'identità di Omero e l'opera risulta il prodotto di un'intera collettività.

- Il lavoro di Parry venne a sua volta criticato, ma non superato, sicché potremmo dire che la **questione omerica è ancora aperta** e probabilmente rimarrà irrisolta, nonostante porti sempre nuovi elementi che chiariscono ogni volta di più il quadro da cui i poemi sono nati. Diceva **Giovanni Tarditi** (1923-1996), grecista italiano: "Non c'è più Omero, rimangono l'*Iliade* e l'*Odissea*" in una "registrazione" che dall'antichità a oggi riporta un frammento di antiche storie e del modello che per secoli le produsse e le ascoltò.

TEMPO DI OMERO E TEMPO DEI POEMI

Nell'affrontare l'analisi dei due poemi occorre tenere presente una duplice dimensione cronologica: quella del **tempo** in cui le vicende sono collocate e quella del tempo in cui vive il **narratore**.

Infatti, mentre le vicende narrate nell'*Iliade* e nell'*Odissea* si possono collocare intorno al 1200 a.C., la voce narrante che le riferisce appartiene a un'epoca notevolmente successiva, come dimostra il fatto che i numerosi rimandi a oggetti, usanze, rapporti sociali del periodo miceneo sono spesso mescolati ad altri ascrivibili a una fase successiva. In altre parole, il narratore arcaicizza di proposito la sua narrazione, dimostrando però di avere un'idea vaga e imprecisa dei caratteri della società più antica, soprattutto quando inserisce inconsapevolmente elementi culturali propri della sua età, ad esempio la pratica della cremazione dei cadaveri sconosciuta in epoca micenea.

Quindi, che sia o meno Omero l'autore dell'*Iliade* e dell'*Odissea*, la composizione dei due poemi rivela una **stratificazione nel tempo** che, nella sua organica compattezza, non ha eliminato del tutto le tracce della concezione del mondo e della cultura materiale delle età precedenti.

Resti di mura e di edifici di uno dei nove livelli sovrapposti nel corso di molti secoli sul sito di Troia. La città venne riscoperta nel 1872 da Heinrich Schliemann. Il sito archeologico di Troia è stato proclamato patrimonio dell'umanità dall'UNESCO nel 1998.

SIGNIFICATO E PERSISTENZA DEI POEMI OMERICI

Grande è l'importanza dei poemi omerici, che rappresentano **i più antichi testi della letteratura occidentale**. Qualunque sia la risposta definitiva alla cosiddetta "questione omerica", è indubbio che sin dall'antichità i filologi li studiarono, i letterati li imitarono, gli uomini comuni li considerarono un modello insuperabile per la lingua, per le immagini poetiche, per i valori religiosi e morali. Infatti Omero entrò ben presto a far parte del patrimonio culturale dei Greci, costituendo un punto di riferimento nella formazione scolastica dei giovani e, soprattutto, nello sviluppo della loro coscienza nazionale, di cui incarnava i valori ideali.
Non dimentichiamo, infine, che attraverso l'imitazione dei latini, i poemi omerici diventeranno un modello anche per i Romani: **la nostra storia culturale affonda quindi le sue radici nella letteratura greca delle origini**.

LE TRADUZIONI ITALIANE DELL'*ILIADE* E DELL'*ODISSEA*

I due poemi, oltre a essere studiati per secoli, sono stati anche oggetto di traduzione e di rielaborazione da parte di autori italiani e stranieri.
La prima traduzione italiana dell'*Iliade* – realizzata da **Vincenzo Monti** (1754-1828) all'inizio dell'Ottocento in versi endecasillabi sciolti – si presentava piuttosto complessa sotto il profilo sintattico e lessicale, così come la versione italiana dell'*Odissea* di **Ippolito Pindemonte** (1753-1828), anch'essa in endecasillabi e di difficile lettura e interpretazione, entrambe lette e studiate nelle scuole fino alla prima metà del Novecento. La difficoltà di lettura di queste versioni era data dal fatto che volevano riprodurre lo stile e il linguaggio tipico delle opere epiche del Cinquecento, divenendo perciò molto distanti dall'originale greco e molto diverse anche dalla lingua italiana loro contemporanea.
Altrettanto famosa, ma incompleta, è la traduzione dell'*Iliade* di **Ugo Foscolo** (1778-1827); incomplete ma di grande prestigio anche quelle di entrambi i poemi realizzate da **Giovanni Pascoli** (1855-1912) e da **Salvatore Quasimodo** (1901-1968): quest'ultima, in versi liberi, è più vicina a noi per la maggiore semplicità di struttura e di linguaggio.
Nel corso del Novecento sono state redatte numerose traduzioni dei due poemi, tutte in versi liberi, allo scopo di rendere le opere più aderenti all'originale greco e al tempo stesso più fruibili al lettore moderno. Ricordiamo in particolare la traduzione di **Rosa Calzecchi Onesti** (che ebbe la revisione di **Cesare Pavese**) e di **Maria Grazia Ciani**, che decide di sciogliere il verso usando la scrittura continua. Nel nostro percorso antologico faremo riferimento alle traduzioni di Rosa Calzecchi Onesti.

Su questa coppa attica, databile intorno all'ultimo decennio del VI secolo a.C., il pittore Oltos ha raffigurato Ares e Afrodite; la dea ha abito e cuffia all'orientale e tiene in mano una colomba, mentre il dio stringe a sé un elmo corinzio e una lancia.

L'*Iliade*

IL POEMA DELLA GUERRA

ILIADE
"poema di Ilio".

L'***Iliade*** è un poema epico la cui stesura in forma scritta risale al IX-VIII secolo a.C. Il titolo deriva da Ilio, antico nome di Troia, città dell'Asia Minore contro la quale, secondo il racconto mitico, sarebbe stata condotta una guerra decennale da parte dell'esercito dei Greci (o Achei), comandato da Agamennone.

Il poema ha per oggetto proprio l'ultimo anno di guerra tra Achei e Troiani. Argomento centrale della narrazione è l'**ira di Achille**, il più forte campione dei Greci, il quale, adirato con il re Agamennone, si allontana dalla battaglia, provocando così un cambiamento nelle sorti della guerra a svantaggio degli Achei. Dopo una lunga assenza Achille ritorna in guerra per vendicare la morte dell'amico Patroclo e uccide Ettore, il più valido difensore dei Troiani e principe della città.

Vaso corinzio, risalente al VI secolo a.C., decorato con una scena di guerra tratta dalla saga omerica.

Il poema, che presenta accanto ai personaggi di Achille e di Ettore altre mitiche figure eroiche, contiene prevalentemente **scene di assedi e battaglie**, consigli dei condottieri e assemblee di eserciti, rassegne delle forze in campo e duelli individuali.

Rari sono i momenti di riflessione e di espressione di sentimenti privati, poiché erano ancora assenti nella concezione dell'uomo in quel momento storico della civiltà greca.

I **valori esaltati** nell'*Iliade* sono quelli di una **società guerriera e aristocratica**, quindi in primo luogo il coraggio, il valore in guerra, la fiducia orgogliosa nella propria forza, il sacrificio dei propri sentimenti privati all'onore e alla fama presso i posteri.

La guerra è lo scenario nel quale **si manifesta la natura eroica dei guerrieri** e anche se nel poema la morte di questi è cantata talvolta con accenti di pena – soprattutto quando lo sguardo del narratore si rivolge all'universo degli affetti familiari – essa è il terreno nel quale nascono e si sviluppano gli ideali della società greca.

FONDAMENTO STORICO DELL'*ILIADE*

Nel secolo XIX le ricerche archeologiche di **Heinrich Schliemann** (1822-1890) sulla costa nord-occidentale dell'attuale Turchia portarono alla luce i resti di una città più volte rasa al suolo e ricostruita, nei quali era possibile individuare nove strati di edificazioni succedutesi nel tempo. Schliemann identificò il secondo strato a partire dal basso con la Troia omerica; questa ipotesi si rivelò errata quando furono individuati nel settimo strato del sito archeologico i resti di una città distrutta da una spedizione militare tra la fine del XIII secolo e l'inizio del XII a.C., periodo coincidente con l'ambientazione dei poemi omerici.

Troia, ricca e potente città della Frigia, era collocata allo sbocco dello stretto dei Dardanelli, in una posizione strategica per il controllo dei traffici con il Mar Nero. È verosimile, pertanto, ipotizzare che essa abbia costituito un ostacolo alla libera navigazione di quelle popolazioni greche che, nel II millennio a.C., cercavano di espandersi sulle coste della vicina Asia Minore per ampliare i propri commerci e che per questo sia stata assediata e distrutta.

L'ANTEFATTO DELLA GUERRA DI TROIA SECONDO IL MITO

Secondo il mito, l'origine della guerra di Troia sarebbe da ricercare in una **contesa che oppone tra loro tre dee dell'Olimpo**. Durante il banchetto per le nozze di Peleo, re di Ftia in Tessaglia, e Teti, ninfa marina, la dea Eris (la Discordia), non essendo stata invitata, scaglia sulla tavola imbandita un pomo d'oro con la scritta: "Alla più bella".
A causa della controversia sorta tra **Era**, **Atena** e **Afrodite** per aggiudicarsi il pomo, Zeus le manda sul monte Ida a rimettersi al giudizio del primo uomo che vi incontreranno. Esse s'imbattono in **Paride**, figlio di Priamo, re di Troia, che dopo essere stato abbandonato alla nascita a causa di un infausto presagio, è stato allevato dai pastori.
Paride assegna il pomo ad Afrodite, che gli ha promesso l'amore della donna più bella della terra. Così Era e Atena diventano nemiche dei Troiani, mentre Afrodite fa sì che **Elena**, moglie del re di Sparta Menelao e considerata la più bella di tutte le donne, s'innamori di Paride, il quale nel frattempo è stato riconosciuto come figlio dal re Priamo e inviato a Sparta presso Menelao con un'ambasceria da parte dei Troiani.
Quando Paride rapisce Elena e la porta con sé in patria, per vendicare l'offesa di Menelao il fratello Agamennone, re di Micene, e molti altri re della Grecia si mobilitano contro Troia, ma la loro flotta non riesce salpare fino a quando Agamennone, comandante supremo dei Greci, non offre in sacrificio la figlia Ifigenia e placa la dea della caccia Artemide, irata contro di lui per l'uccisione di una cerva sacra.
Solo allora inizia una guerra destinata a durare dieci anni.

Jean-Auguste-Dominique Ingres (1780-1867), *Gli inviati di Agamennone*, 1801, particolare.

LA STRUTTURA E LA VICENDA

L'*Iliade* è composta di 15.693 versi che i filologi alessandrini divisero in ventiquattro libri. Le **vicende**, ambientate in uno spazio ristretto, limitato alla città di Troia e alla pianura tra questa e il lido, **si svolgono in soli cinquantuno giorni**. L'antefatto, con il giudizio di Paride e il rapimento di Elena, e la conclusione, con la morte di Achille e la caduta della città grazie all'inganno del cavallo, sono solo implicitamente richiamati e non narrati nel poema.
Questa scelta si basa sul presupposto che il pubblico conosca già questi eventi grazie a una consolidata tradizione orale e si rivela felice dal punto di vista narrativo poiché consente al poeta di concentrarsi sull'evento più significativo, l'**ira di Achille**, che **imprime una svolta decisiva alla guerra**, provocando la morte di Patroclo e di conseguenza quella di Ettore, che segna l'inizio della fine per i Troiani.
La narrazione inizia "*in medias res*", cioè nel cuore degli avvenimenti: l'assedio intorno a Troia dura ormai da nove anni, quando scoppia un aspro litigio fra Achille e Agamennone.

L'ira di Achille (I)

Il dio Febo, o Apollo, adirato con Agamennone che ha fatto schiava Criseide, figlia del sacerdote Crise, e rifiuta di restituirla al padre che ne ha chiesto il riscatto, diffonde nel campo greco una terribile pestilenza. Conosciuta la causa del male grazie all'indovino Calcante, nell'assemblea dei Greci Achille attacca apertamente Agamennone e fa pressioni su di lui perché restituisca Criseide; Agamennone cede, ma solo a patto di ottenere in cambio Briseide, schiava di Achille. Offeso, questi abbandona l'esercito greco ritirandosi in disparte con i Mirmidoni (abitanti della Tessaglia che combattono al suo seguito) e chiede alla madre Teti di ottenere soddisfazione. Teti si reca allora da Zeus invocandolo di infliggere ai Greci sconfitte tali da indurre Agamennone al pentimento e il padre degli dei acconsente.

I Troiani hanno la meglio (II-XV)

Agamennone mette alla prova l'animo dei suoi con esiti disastrosi e solo l'intervento di Odisseo, signore di Itaca, riaccende la volontà di combattere. Dopo una tregua, si svolge un duello tra Menelao e Paride, durante il quale quest'ultimo viene posto in salvo da Afrodite che poi invita Elena a consolarlo. Per volontà degli dei, che si schierano dall'una o dall'altra parte, la battaglia si riaccende. Ettore sfida a duello i principali eroi greci ed è designato a sorte Aiace Telamonio, ma lo scontro si conclude al sopraggiungere della notte senza un vincitore. Due giorni di tregua consentono ad ambedue gli schieramenti di raccogliere e cremare i morti e agli Achei di costruire un muro a protezione delle navi. Nel frattempo Zeus proibisce a tutti gli dèi di intervenire nella guerra e – pesate le sorti dei due schieramenti – decide di aiutare i Troiani.
Per indurre Achille a tornare a combattere, Agamennone gli invia un'ambasceria composta da Odisseo, Aiace e Fenice con proposte di pace e ricchi doni, ma l'eroe si mostra inflessibile.
Con l'inganno Era consente a Poseidone di risollevare le sorti degli Achei, che respingono i Troiani, ma quando Zeus se ne accorge le impone di ristabilire l'ordine: i nuovi interventi determinano la ripresa dei Troiani, che si avvicinano col fuoco alle navi greche.

Morte di Patroclo (XVI-XVII)

Patroclo, l'amico più caro di Achille, soffre per la disfatta dei Greci e implora l'eroe di intervenire, o almeno di lasciare che combatta lui con una schiera di Mirmidoni, indossando le sue armi.
Achille acconsente, ma raccomanda all'amico di limitarsi a respingere l'assalto dei Troiani alle navi e di non inoltrarsi nella pianura. I Troiani, credendo di trovarsi di fronte ad Achille, sono disorientati; Patroclo combatte valorosamente, uccidendo in duello Sarpedonte, figlio di Zeus e, imbaldanzito, si spinge fino alle mura di Troia. Lì lo affronta Ettore, che lo uccide con l'aiuto del dio Febo; in punto di morte Patroclo profetizza la morte del suo uccisore per mano di Achille.

Ritorno di Achille in battaglia (XVIII-XX)

Informato della morte dell'amico, Achille è così disperato che la madre accorre dalle profondità marine per consolarlo; nel suo dolore, l'eroe dimentica l'ira contro Agamennone e decide di riprendere a combattere per vendicare Patroclo, il cui corpo è definitivamente recuperato grazie alle sue urla spaventose. Teti si reca dal dio del fuoco Efesto perché forgi nuove armi per il figlio: tra esse c'è un grande scudo in cui sono raffigurati tutti gli aspetti della vita. Achille, ricevute le armi dalla madre, si riconcilia con Agamennone, che gli restituisce Briseide, e si appresta a combattere. Con il permesso di Zeus, alla battaglia finale partecipano anche gli dei. Achille fa strage di nemici e sta per uccidere anche Enea, ma Zeus lo fa porre in salvo dal dio Poseidone perché l'eroe è destinato a rifondare in altri luoghi la stirpe troiana.

Morte di Ettore (XXI-XXIV)

I Troiani sono messi in fuga da Achille fino alle mura della città dove si rifugiano. Solo Ettore rimane fuori, deciso ad affrontare Achille, ma durante lo scontro viene ferito a morte e profetizza ad Achille la morte imminente per mano di Paride. Ucciso Ettore, Achille ne strazia il corpo, trascinandolo col carro intorno alle mura di Troia, sotto gli occhi dei genitori, della moglie Andromaca e delle altre donne troiane in lacrime. Dopo i solenni funerali di Patroclo, Achille riprende a infierire sul cadavere di Ettore. A questo punto gli dei intervengono: Teti è mandata da Achille per indurlo a restituire il corpo del principe troiano, mentre Iride spinge Priamo a chiederne il riscatto.
Il re si reca con ricchi doni alla tenda di Achille, che si commuove alla vista del vecchio, tanto simile a suo padre, e acconsente alla restituzione del cadavere e a una tregua di undici giorni per consentirgli di tributare al figlio onori funebri. Il poema si conclude quindi con i solenni funerali di Ettore.

Felice Giani (1758-1823), *Iride spinge Priamo a chiedere il corpo di Ettore ad Achille*, 1810 ca., particolare.

I PERSONAGGI

Nell'*Iliade* troviamo una folla di personaggi che, con peso diverso, contribuiscono allo sviluppo della vicenda.
Tra i personaggi di primo piano troviamo i **protagonisti** intorno ai quali è incentrata la vicenda della guerra, cioè gli **eroici guerrieri** di entrambi gli schieramenti: di questi, che rappresentano il **tipo** dell'eroe e incarnano modelli standardizzati di comportamento, non vengono approfonditi personalità, carattere e psicologia.
Accanto a loro agisce un'altra particolare categoria di personaggi principali, gli **dei**, la cui funzione è quella di fare evolvere le vicende parteggiando per l'uno o per l'altro schieramento.
Tra i **personaggi di secondo piano**, un ruolo interessante è ricoperto dalle **figure femminili**, principalmente mogli e schiave, che incarnano il lato in ombra di tutta la vicenda della guerra, cioè gli affetti umani e familiari.
Infine, numerosissimi sono i personaggi che fungono da semplici **comparse** e contribuiscono a popolare lo scenario della guerra.

Gli eroi greci

Achille, l'invincibile e feroce protagonista del poema, è figlio di Peleo, re dei Mirmidoni, e della ninfa Teti, dea del mare. Nasce a Ftia, in Tessaglia; quando la madre, nel tentativo di renderlo invulnerabile, lo immerge nelle acque infernali del fiume Scamandro, lo trattiene per il tallone che rimarrà l'unico punto debole del suo corpo.
Poiché un oracolo predice a Teti che Achille sarebbe morto nella guerra che si sarebbe combattuta a Troia, essa lo nasconde alla corte di Sciro, vestito da donna, fra le figlie del re Licomede. Lo stratagemma è vano perché l'indovino Calcante incita i Greci a ricercare Achille, senza il quale Troia non sarebbe mai stata sconfitta e rivela loro il suo nascondiglio. Lì viene trovato e smascherato con l'astuzia da Odisseo, incaricato di condurre l'eroe a Troia. Il decimo anno di assedio, a causa di una controversia sorta fra i Greci, Achille si ritira dal combattimento e torna sul campo solo per vendicare la morte dell'amico Patroclo. Uccide in un duello Ettore e viene ucciso a sua volta da Paride, che lo colpisce nel suo unico punto vulnerabile, il tallone.
Agamennone, figlio di Atreo, re di Argo e di Micene, e fratello di Menelao, è il comandante supremo dell'esercito degli Achei nella guerra contro Troia. Sacrifica la figlia Ifigenia per favorire la partenza delle navi achee e per questo motivo, al suo ritorno da Troia, viene ucciso a tradimento dalla moglie Clitemnestra.
Menelao è figlio di Atreo e fratello minore di Agamennone, marito di Elena e re di Sparta. Durante la sua assenza per un viaggio a Creta, Paride, figlio di Priamo, accolto ospitalmente alla corte di Sparta, rapisce Elena con la sua ricca dote e la conduce con sé a Troia. Menelao chiede la restituzione dell'una e dell'altra ma non avendole ottenute comincia a preparare la guerra contro Troia nel corso della quale si copre di gloria.
Patroclo, figlio di Menèzio, è compagno d'armi e fraterno amico di Achille, insieme al quale è cresciuto a Ftia. Presso le mura di Troia si scontra con il più forte fra i guerrieri troiani, Ettore, che con l'aiuto di Apollo lo vince e lo uccide.
Odisseo (o **Ulisse**), figlio di Laerte e di Anticlea, re di Itaca, è un valido combattente, famoso soprattutto per la sua astuzia. A lui si deve, infatti, l'idea della

costruzione del grande cavallo di legno che, nascondendo al suo interno un gruppo di guerrieri, consentirà agli Achei di penetrare nella città di Troia e distruggerla.
Aiace Telamonio, l'eroe di Salamina, è figlio del re Telamone. È uno dei più valorosi guerrieri achei partecipanti alla spedizione contro Troia, durante la quale si distingue per forza e coraggio.

Gli eroi troiani

Ettore è il figlio maggiore di Priamo e di Ecuba, marito di Andromaca e padre di Astianatte. Grazie al suo coraggio Troia resiste per dieci anni all'attacco greco. Uccide Patroclo in un duello e ciò causa la sua morte, perché Achille ritorna in battaglia per vendicare l'amico e lo uccide. Dopo di che fa scempio del suo corpo trafiggendogli i calcagni, legandolo al cocchio e trascinandolo nella polvere. Solo dopo dodici giorni il cadavere di Ettore sarà restituito a Priamo e i troiani gli dedicheranno onori funebri per undici giorni.
Paride è uno dei figli di Priamo ed Ecuba, dotato di straordinaria bellezza. Prima della sua nascita la madre sogna profeticamente che egli sarà la causa della distruzione di Troia e per questo viene affidato a un pastore perché lo allevi sul monte Ida.
Nonostante ciò la profezia si avvera perché Paride rapisce Elena, moglie del re di Sparta e la conduce a Troia, causando il conflitto che avrebbe distrutto la città.
Priamo, re di Troia, è marito di Ecuba e padre di numerosissimi figli, tra i quali Paride, che causa la distruzione della città, ed Ettore, che invano la difende eroicamente. Nell'*Iliade* appare molto anziano e mostra di aver ceduto gran parte del suo potere al figlio Ettore. Il destino lo condanna ad assistere alla morte di tutti i suoi figli maschi nella guerra contro gli Achei.
Enea è il figlio di Anchise e Afrodite (o Venere). Nell'*Iliade* è protetto dagli dèi e, durante lo scontro con Achille, Poseidone lo allontana dal duello perché è destinato a fondare una città che darà continuità alla stirpe troiana. Ritroveremo infatti questo personaggio nell'epica latina, come protagonista dell'*Eneide* di Virgilio (vedi a p. 106).

Gli dèi

ANTROPOMORFISMO termine greco composto da *ánthropos*, "uomo", e *morphé*, "forma", "figura".

La concezione religiosa dell'antica Grecia è definita **antropomorfismo** poiché le divinità appaiono molto simili all'uomo sia nel loro aspetto esteriore sia perché sono dotate di vizi e virtù tipicamente umani. Dagli uomini gli dèi si distinguono perché sono più potenti (anche se non infinitamente potenti) e soprattutto perché sono immortali. Essi partecipano con fervore alle vicende umane e nel corso della guerra di Troia si schierano con l'uno o con l'altro eroe seguendo le proprie passioni.
▸ A protezione dei Greci sono schierati:
Era è sorella e moglie di Zeus. Prima della guerra di Troia si sottopone con Afrodite e Atena al giudizio del troiano Paride che riconosce ad Afrodite la palma della bellezza. Da ciò nasce l'ira inestinguibile di Era nei confronti dei Troiani, ira che durante il conflitto è all'origine di molteplici litigi con il marito Zeus.
Atena, figlia prediletta di Zeus, nata dalla sua testa, è la dea dell'intelligenza e della guerra e protegge soprattutto Odisseo e Achille.

Poseidone, figlio di Crono e Rea, fratello di Zeus, è dio del mare, ma anche dei terremoti e di tutti i fenomeni sismici. Nell'*Iliade* è il fedele collaboratore di Agamennone e degli altri eroi, interviene a rincuorarli e li guida negli attacchi.
Efesto è figlio di Zeus e di Era, dio del fuoco. Di aspetto sgradevole, zoppo e deforme, secondo la mitologia è stato scagliato giù dall'Olimpo per la sua bruttezza o per un litigio con Zeus. Caduto in mare viene allevato da Teti e vive in una grotta sottomarina nella quale apprende la lavorazione dei metalli. Regna sui vulcani, che sono le sue officine. È unito in matrimonio ad Afrodite. Nell'*Iliade* costruisce nuove armi per Achille.

- A protezione dei Troiani:

Zeus, figlio del titano Crono e di Rea, è la massima divinità dell'Olimpo, padre degli dèi e degli uomini. Spodestato il padre con l'aiuto dei fratelli Poseidone e Ade, divide il dominio del mondo con loro: Poseidone è il dio delle acque, Ade è il dio dell'oltretomba e Zeus regna sui cieli e sulla terra. Nell'*Iliade*, nonostante il popolo troiano sia a lui caro, promette a Era la distruzione di Troia, peraltro già decretata dal Fato (Moira), una forza a cui neppure Zeus può opporsi.
Afrodite, dea dell'amore e della bellezza, è nata dalla schiuma del mare. Si unisce sia con le divinità sia con i mortali; proprio dall'unione con un uomo, Anchise, nasce Enea. Nell'*Iliade* parteggia per i Troiani perché Paride le ha assegnato il pomo d'oro per la sua bellezza.
Apollo, figlio di Zeus e Latona, presiede a molte attività, tra le quali il sorgere del sole, la divinazione, la malattia e la medicina, la musica e la poesia e incarna e simboleggia gli ideali di bellezza e armonia.
Nell'*Iliade* invia pestilenze al campo greco e vendica le offese fatte dagli Achei ai suoi sacerdoti. Protegge Ettore, ma nel duello finale lo abbandona al suo destino, ormai deciso dal Fato.
Ares, dio della guerra, parteggia per i Troiani ma con scarso successo e verrà addirittura ferito dal greco Diomede.

Al di sopra degli schieramenti delle divinità si pone la **Moira**, ossia il Destino, il Fato a cui nessuno, neppure Zeus può opporsi.

Vincenzo Camuccini (1771-1844), *Paride fanciullo viene affidato al pastore Agelao*, 1796 ca., particolare.

Omero
Il *Proemio*

genere
poema epico

tratto da
Iliade
(libro I, vv. 1-52)

anno
IX-VIII secolo a.C.

luogo
Grecia

IL BRANO

Il poema inizia con il *Proemio*, che presenta uno schema che sarà imitato nelle successive composizioni epiche. Si articola in due parti: l'invocazione alla Musa, in cui il poeta chiede di essere aiutato nella sua impresa di narrazione dei fatti, e la protasi, in cui espone il tema centrale dell'opera.

Canta, o dea,[1] l'ira d'Achille Pelide,[2]
rovinosa,[3] che infiniti dolori inflisse agli Achei,[4]
gettò in preda all'Ade[5] molte vite gagliarde
d'eroi, ne fece il bottino dei cani,
di tutti gli uccelli – consiglio[6] di Zeus si compiva –
da quando prima si divisero contendendo
l'Atride[7] signore d'eroi[8] e Achille glorioso.
Ma chi fra gli dèi li fece lottare in contesa?
Il figlio di Zeus e Latona;[9] egli, irato col re,
mala peste fe' nascer nel campo, la gente moriva,
perché Crise[10] l'Atride trattò malamente,
il sacerdote; costui venne alle navi rapide degli Achei
per liberare la figlia, con riscatto infinito,
avendo tra mano le bende d'Apollo[11] che lungi saetta,[12]
intorno allo scettro d'oro,[13] e pregava tutti gli Achei
ma sopra tutto i due Atridi, ordinatori d'eserciti:
«Atridi, e voi tutti, Achei schinieri[14] robusti,
a voi diano gli dei, che hanno le case d'Olimpo,[15]
d'abbattere la città di Priamo, di ben tornare in patria;
e voi liberate la mia creatura, accettate il riscatto,
venerando il figlio di Zeus, Apollo che lungi saetta».
Allora gli altri Achei tutti acclamarono,

---

1. dea: probabilmente, più che la Musa ispiratrice della poesia epica, Calliope, qui si invoca genericamente una Musa unica, figlia di Zeus e Mnemosine, dea della memoria, dato che non era ancora canonizzata la distinzione più tarda fra nove Muse, che presiedevano alle attività artistiche e letterarie con diverse attribuzioni.
2. Pelide: figlio di Peleo.
3. rovinosa: apportatrice di morte.
4. Achei: propriamente gli abitanti dell'Acaia, regione del Peloponneso, qui per estensione i Greci.
5. Ade: il regno dell'oltretomba.
6. consiglio: la suprema volontà.
7. Atride: il figlio di Atreo, Agamennone.
8. signore d'eroi: condottiero dei valorosi (Greci).
9. figlio ... Latona: il dio Apollo.
10. Crise: sacerdote di Apollo.
11. bende d'Apollo: è una delle insegne sacre di Apollo. Le bende erano delle fasce bianche con cui i sacerdoti si avvolgevano il capo durante i riti.
12. lungi saetta: indica l'abilità di Apollo nello scagliare lontano le frecce.
13. scettro d'oro: Crise, in atto di supplica, avvolge intorno al bastone d'oro le bende bianche per sottolineare la sacralità del suo ruolo di sacerdote.
14. schinieri: parte dell'armatura che proteggeva le gambe.
15. Olimpo: era la dimora degli dèi della mitologia greca. Nella realtà corrisponde al monte Olimpo, il più alto monte della Grecia, situato in Tessaglia.

fosse onorato quel sacerdote, accolto quel ricco riscatto.
Ma non piaceva in cuore al figlio d'Atreo, Agamennone,
e lo cacciò malamente, aggiunse comando brutale:
«Mai te colga, vecchio, presso le navi concave,[16]
non adesso a indugiare, non in futuro a tornare,
che non dovesse servirti piú nulla lo scettro, la benda del dio!
Io non la libererò: prima la coglierà vecchiaia
nella mia casa, in Argo,[17] lontano dalla patria,
mentre va e viene al telaio e accorre al mio letto.
Ma vattene, non m'irritare, perché sano e salvo tu parta».
Disse cosí, tremò il vecchio, obbedí al comando,
e si avviò in silenzio lungo la riva del mare urlante;
ma poi, venuto in disparte, molto il vegliardo pregò
il sire Apollo, che partorí Latona bella chioma:
«Ascoltami, Arco d'argento,[18] che Crisa proteggi,
e Cilla divina, e regni sovrano sul Tènedo,[19]
Sminteo,[20] se mai qualche volta un tempio gradito t'ho eretto,[21]
e se mai t'ho bruciato[22] cosce pingui
di tori o capre, compimi questo voto:
paghino i Danai[23] le lacrime mie coi tuoi dardi».
Disse cosí pregando: e Febo Apollo[24] l'udí,
e scese giú dalle cime d'Olimpo, irato in cuore,
l'arco avendo a spalla, e la faretra chiusa sopra e sotto:
le frecce sonavano sulle spalle dell'irato
al suo muoversi; egli scendeva come la notte.
Si postò dunque lontano dalle navi, lanciò una freccia,
e fu pauroso il ronzío dell'arco d'argento.
I muli colpiva in principio e i cani veloci,
ma poi mirando sugli uomini la freccia acuta
lanciava; e di continuo le pire dei morti ardevano, fitte.

da Omero, *Iliade*, traduzione di R. Calzecchi Onesti, Einaudi, Torino 1990

Andrea Appiani (1754-1817), *Apollo e le Muse*, 1811.

16. navi concave: navi cave, vuote.
17. Argo: città della Laconia, regione dell'antica Grecia che si può collocare nell'attuale Peloponneso.
18. Arco d'argento: epiteto riferito ad Apollo, dio della bellezza, della luce e della poesia.
19. Crisa ... Tènedo: sono i luoghi in cui sorgono i templi dedicati al culto di Apollo. Crisa e Cilla sono città che si trovano nei dintorni di Troia: Tenedo è una piccola isola di fronte a Troia.
20. Sminteo: epiteto di Apollo che nella Troade e nelle isole era onorato come sterminatore di topi.
21. eretto: innalzato, costruito.
22. bruciato: sacrificato.
23. Danai: altro nome dei Greci, con allusione al mito delle Danaidi, figlie di Danao re di Argo.
24. Febo Apollo: Apollo è detto anche Febo (raggiante, luminoso).

STRUMENTI DI LETTURA

Le parole chiave

Ira: è l'ira il motore di tutto il poema, essendo il fattore scatenante di tutti gli eventi: è l'ira di Apollo a scatenare la peste nel campo greco, è l'ira di Achille a permettere stragi tra i Greci lasciando indifeso il campo, e sarà ancora l'ira a riportare Achille in guerra nel corso del poema.

Ira è anche la prima parola che compare nel poema nella versione originale greca, ponendo in primo piano questo sentimento che tutto sembra muovere.

In effetti sono le passioni degli uomini, ma anche quelle degli dei, le assolute protagoniste del poema. Tutta la guerra infatti è concepita come regolamento di conti tra orgogli feriti. Oltraggi da pagare, vendette da compiere, furia da sfogare sono gli elementi conduttori.

Se l'ira, l'orgoglio e le passioni in generale sono i motori profondi di tutta l'azione degli uomini (ma anche degli dei), possiamo già individuare queste passioni nei personaggi che qui compaiono: la devozione di Crise si trasforma in un sentimento vendicativo, così come lo stesso Apollo è incline a infliggere un castigo. Ma è in Agamennone che emerge da subito una caratteristica dominante del suo temperamento: la tracotanza, cioè l'atteggiamento di arrogante superbia (in greco questo atteggiamento, che era concepito come peccato di oltraggio agli dei, era definito col termine *ubris*).

Gustave Moreau (1826-1898), *Apollo e le nove Muse*, 1856.

L'invocazione alla Musa

L'invocazione alla Musa, con cui si apre il *Proemio*, mette in luce l'origine divina della poesia nella concezione della cultura greca antica: è la Musa che parla (*canta*) per bocca del poeta.

La posizione del narratore qui è particolare, infatti egli è presente in quanto si pone all'interno della narrazione, per il solo primo verso, come strumento attraverso il quale il racconto prenderà forma, allo stesso tempo però mostra da subito la propria posizione di narratore onnisciente, dando informazioni su eventi che coprono tempi passati e futuri.

Il poeta qui chiede aiuto alla Musa per poter richiamare alla mente quelle vicende del mito che fanno parte di un patrimonio consolidato, dà quindi per scontato che gli ascoltatori conoscano le cause della guerra, le origini degli eroi, lo schieramento degli dei.

Fabula e intreccio

La protasi: dopo l'invocazione troviamo la protasi, che anticipando brevemente l'argomento centrale del poema, costituisce una prolessi, quindi una costruzione dell'intreccio che viola quello della *fabula*. L'ira di Achille contro Agamennone è scatenata dal rifiuto di questi di restituire Criseide al padre Crise, sacerdote d'Apollo. Per vendicare il suo sacerdote il dio scatena così la peste nel campo acheo, facendo sì che Achille, devoto ad Apollo, si ponga in contrasto con Agamennone e si allontani dal campo.

Subito dopo si trova un'analessi, nella quale vengono narrate le cause che scatenarono l'ira di Achille contro Agamennone. Si tratta, in termini più moderni, di un vero e proprio *flash-back*, che serve a fornire le motivazioni dell'azione di Achille e del suo assentarsi dalla guerra, fornirci insomma l'antefatto.

La lingua e lo stile

Fin dal primo verso possiamo notare la massiccia presenza dello stile formulare, con epiteti (*Achille glorioso*, *navi rapide*, *Apollo che lungi saetta*) e patronimici (*Achille Pelide*, *l'Atride*).

Troviamo inoltre molte figure retoriche, come iperboli (*infiniti dolori*), perifrasi (*l'Atride signore d'eroi* sta per Agamennone), chiasmi (*le lacrime mie coi tuoi dardi*) e similitudini (*scendeva come la notte*).

Laboratorio

LABORATORIO

Comprensione

difficoltà

1 Di quale schieramento è campione Achille?

2 Qual è la causa dell'ira di Achille?

3 Quali sono le conseguenze?

4 Con quale personaggio Achille entra in contesa?

5 Quale dio ha messo in contrasto Achille e Agamennone e perché?

6 Che cosa ha scatenato il dio nell'accampamento greco?

Analisi

difficoltà

Il narratore Vedi a pp. 6-7

7 Il *Proemio* presenta un narratore che parla:
- ☐ in prima persona
- ☐ in terza persona

8 Il narratore ha partecipato ai fatti che narra?

9 In che modo sono riportate le parole dei personaggi?
- ☐ Discorso diretto ☐ libero
- ☐ legato ☐ Discorso indiretto

Fabula e intreccio Vedi a p. 9

10 Evidenzia la prolessi.

11 Segna qual è il verso che dà avvio all'analessi.

12 Il testo può essere diviso in sei sequenze. Attribuisci a ciascuna sequenza un titolo e compila la seguente tabella.

Sequenza	*Fabula*	Intreccio
vv. 1-7	....	....
vv. 8-10	....	....
vv. 11-23	....	....
vv. 24-32	....	....
vv. 33-42	....	....
vv. 43-52	....	....

Laboratorio

I personaggi Vedi a p. 8

13 Rintraccia nelle parole di Agamennone i passaggi che maggiormente denotano l'atteggiamento della tracotanza.

La lingua e lo stile Vedi a p. 10 e 12

14 Sottolinea tutti gli epiteti nel testo e trascrivili sul tuo quaderno compilando un elenco.

15 Esegui la stessa operazione con i patronimici.

16 Trova nel testo tutti i casi di anastrofe e iperbato.

Produzione

difficoltà

17 Scrivi la parafrasi del testo.

18 Trasforma i discorsi diretti dei personaggi in discorsi indiretti.

19 Riscrivi sinteticamente il testo ricostruendo l'ordine della *fabula*.

Jean-Auguste-Dominique Ingres (1780-1867), *L'Apoteosi di Omero*, 1827.

Omero

La lite tra Achille e Agamennone

genere **poema epico**

tratto da **Iliade** *(libro I, vv. 101-247)*

anno **IX-VIII secolo a.C.**

luogo **Grecia**

IL BRANO

Siamo agli inizi del poema: l'indovino Calcante, interrogato sui motivi della pestilenza che infuria nel campo greco, ha rivelato che essa è stata mandata dal dio Apollo, irato per l'offesa fatta al suo sacerdote Crise: questi, recatosi da Agamennone con ricchi doni per riscattare la figlia Criseide, fatta da lui schiava, era stato malamente respinto. Il supremo comandante dapprima si oppone con violenza alla restituzione, poi si rassegna, ma pretende in cambio la schiava di Achille, Briseide: ecco il motivo dell'ira dell'eroe.

Cosí detto, sedette;[1] s'alzò fra loro
l'eroe figlio d'Atreo, il molto potente Agamennone,
infuriato; d'ira tremendamente i neri precordi[2]
erano gonfi, gli occhi parevano fuoco lampeggiante;
subito guardando male Calcante gridò:
«Indovino di mali, mai per me il buon augurio tu dici,
sempre malanni t'è caro al cuore predire,
buona parola mai dici, mai la compisci!
E adesso in mezzo ai Danai[3] annunci profetando
che proprio per questo dà loro malanni il dio che saetta,[4]
perch'io della giovane Criseide[5] il ricco riscatto[6]
non ho voluto accettare: molto io desidero
averla in casa, la preferisco a Clitemnestra[7] davvero,
benché sposa legittima, ché in nulla è vinta da lei,
non di corpo, non di figura, non di mente, non d'opere.
Ma anche cosí consento a renderla, se questo è meglio;
io voglio sano l'esercito, e non che perisca.
Però un dono subito, preparate per me; non io solo
degli Argivi[8] resti indonato,[9] non è conveniente.[10]
Dunque guardate tutti quale altro dono mi tocchi».

---

1. sedette: soggetto è l'indovino Calcante, che ha rivelato ad Agamennone la causa dell'ira del dio Apollo.
2. i neri precordi: i precordi sono nella concezione arcaica le zone vicine al cuore, sede dei sentimenti; qui sono detti "neri" perché ottenebrati dall'ira.
3. Danai: altro nome dei Greci, con allusione al mito delle Danaidi, figlie di Danao re di Argo.
4. il dio che saetta: Apollo, rappresentato con arco e frecce.
5. Criseide: la schiava di Agamennone, figlia del sacerdote Crise.
6. il ricco riscatto: quello offerto da Crise per la restituzione della figlia.
7. Clitemnestra: la moglie di Agamennone.
8. Argivi: altro nome dei Greci, dalla città di Argo nel Peloponneso, da cui proviene Agamennone.
9. indonato: privo di doni.
10. non è conveniente: non è opportuno (in relazione al mio ruolo).

Lo ricambiò[11] allora Achille divino[12] piede rapido:
«Gloriosissimo Atride,[13] avidissimo sopra tutti,
come ti daranno un dono i magnanimi[14] Achei?[15]
In nessun luogo vediamo ricchi tesori comuni;
quelli delle città che bruciammo, quelli son stati divisi.
Non va che i guerrieri li mettano di nuovo in comune.
Ma tu ora cedi al dio[16] questa;[17] poi noi Achei
tre volte, quattro volte la riscatteremo, se Zeus
ci dia[18] d'abbatter la rocca di Troia mura robuste».
Ma ricambiandolo disse il potente Agamennone:
«Ah no, per quanto tu valga, o Achille pari agli dei,
non coprire il pensiero,[19] perché non mi sfuggi né puoi persuadermi.
Dunque pretendi — e intanto il tuo dono tu l'hai — che cosí
io me ne lasci privare, e vuoi farmi rendere questa?
Ma se mi daranno un dono i magnanimi Achei,
adattandolo al mio desiderio, che faccia compenso, sta bene;
se non lo daranno, io stesso verrò
a prendere il tuo, o il dono d'Aiace,[20] o quel d'Odisseo[21]
prenderò, me lo porterò via: ah s'infurierà chi raggiungo.
Ma via, queste cose potremo trattare anche dopo:
ora, presto, una nave nera[22] spingiamo nel mare divino,[23]
raccogliamovi rematori in numero giusto, qui l'ecatombe[24]
imbarchiamo, la figlia di Crise guancia graziosa
facciamo salire; uno dei capi consiglieri la guidi,
o Aiace, o Idomeneo,[25] oppure Odisseo luminoso,
anche tu, Pelide,[26] il piú tremendo di tutti gli eroi,
che tu ci renda benigno, compiendo il rito, il Liberatore».[27]
Ma guardandolo bieco[28] Achille piede rapido disse:
«Ah vestito di spudoratezza,[29] avido di guadagno,
come può volentieri obbedirti un Acheo,
o marciando o battendosi contro guerrieri con forza?
Davvero non pei[30] Troiani bellicosi io sono venuto
a combattere qui, non contro di me son colpevoli:
mai le mie vacche han rapito o i cavalli,
mai a Ftia[31] dai bei campi, nutrice d'eroi,
han distrutto il raccolto, poiché molti e molti nel mezzo
ci sono monti ombrosi e il mare sonante.[32]
Ma te, o del tutto sfrontato, seguimmo, perché tu gioissi,
cercando soddisfazione per Menelao,[33] per te, brutto cane,[34]
da parte dei Teucri;[35] e tu questo non pensi, non ti preoccupi,
anzi, minacci che verrai a togliermi il dono
pel[36] quale ho molto sudato, i figli degli Achei me l'han dato.
Però un dono pari a te[37] non ricevo, quando gli Achei
gettano a terra un borgo[38] ben popolato dei Teucri;
ma il più[39] della guerra tumultuosa
le mani mie lo governano;[40] se poi si venga alle parti[41]
a te spetta il dono più grosso. Io un dono piccolo e caro[42]

11. Lo ricambiò: gli rispose.
12. Achille divino: divino, perché è il figlio della ninfa marina Teti, e anche perché in genere questo appellativo è usato per gli eroi.
13. Atride: figlio di Atreo.
14. magnanimi: generosi.
15. Achei: propriamente gli abitanti dell'Acaia, regione del Peloponneso, qui per estensione i Greci.
16. cedi al dio: rinuncia per placare l'ira del dio.
17. questa: questa schiava, Criseide.
18. ci dia: ci concederà.
19. non ... pensiero: non nascondere ciò che realmente pensi.
20. Aiace: nome di due eroi presenti nel campo greco, Aiace Telamonio e Aiace Oileo.
21. Odisseo: l'eroe dell'Odissea, re di Itaca, l'ideatore dello stratagemma del cavallo di legno.
22. nave nera: la nave è nera perché ricoperta con pece.
23. divino: sede di divinità marine.
24. ecatombe: sacrificio di animali (alla lettera "sacrificio di cento buoi").
25. Idomeneo: re di Creta nipote di Minosse e figlio di Deucalione.
26. Pelide: figlio di Peleo.
27. il Liberatore: epiteto di Apollo che liberava gli uomini dalle malattie.
28. bieco: torvo, minaccioso.
29. vestito di spudoratezza: privo di pudore, di vergogna.
30. pei: per i.
31. Ftia: la città della Tessaglia su cui regna Achille.
32. sonante: fragoroso.
33. Menelao: il fratello di Agamennone, per la cui moglie Elena si è fatta la guerra.
34. brutto cane: questo animale era per i Greci simbolo di sfrontatezza.
35. Teucri: altro nome dei Troiani, dal mitico progenitore Teucro, primo re della città dei Troia.
36. pel: per il.

mi porto indietro alle navi, dopo che peno[43] a combattere.
Ma ora andrò a Ftia, perché certo è molto meglio
andarsene in patria sopra le concave navi. Io non intendo per te,
restando qui umiliato, raccoglier beni e ricchezze».
Lo ricambiò allora il sire d'eroi[44] Agamennone:
«Vattene, se il cuore ti spinge; io davvero
non ti pregherò di restare con me, con me ci son altri
che mi faranno onore, soprattutto c'è il saggio Zeus.[45]
Ma tu sei il piú odioso per me tra i re alunni[46] di Zeus:
contesa sempre t'è cara, e guerre e battaglie:
se tu sei tanto forte, questo un dio te l'ha dato![47]
Vattene a casa, con le tue navi, coi tuoi compagni,
regna sopra i Mirmidoni:[48] di te non mi preoccupo,
non ti temo adirato; anzi, questo dichiaro:
poi che Criseide mi porta via Febo Apollo,[49]
io lei con la mia nave e con i miei compagni
rimanderò; ma mi prendo Briseide[50] guancia graziosa,
andando io stesso alla tenda, il tuo dono, sí, che tu sappia
quanto son piú forte di te, e tremi anche un altro
di parlarmi alla pari, o di levarmisi a fronte».[51]
Disse cosí; al Pelide venne dolore, il suo cuore
nel petto peloso fu incerto tra due:[52]
e, sfilando la daga[53] acuta via dalla coscia,[54]
facesse alzare gli altri, ammazzasse l'Atride,
o se calmasse l'ira e contenesse il cuore.[55]
E mentre questo agitava nell'anima e in cuore
e sfilava dal fodero la grande spada, venne Atena[56]
dal cielo; l'inviò la dea Era[57] braccio bianco,
amando ugualmente di cuore ambedue[58] e avendone cura;
gli stette dietro, per la chioma bionda prese il Pelide,
a lui solo visibile; degli altri nessuno la vide.
Restò senza fiato Achille, si volse, conobbe subito
Pallade[59] Atena: terribilmente gli lampeggiarono gli occhi
e volgendosi a lei parlò parole fugaci:[60]
«Perché sei venuta, figlia di Zeus egìoco,[61]

Achille, immagine dipinta su un vaso greco, V secolo a.C.

37. pari a te: dello stesso valore di quello che ricevi tu.
38. gettano ... borgo: abbattono una città.
39. il più: la parte più pesante.
40. le mani ... governano: la combatto io.
41. se poi ... parti: quando poi si giunge alla divisione del bottino.
42. caro: prezioso perché faticosamente meritato.
43. peno: mi impegno duramente.
44. sire d'eroi: condottiero dei valorosi.
45. Zeus: il sovrano degli dei.
46. alunni: si riteneva che i re ricevessero il potere e l'autorità regale da Zeus.
47. un dio ... dato: la madre Teti l'aveva immerso nello Stige rendendolo invulnerabile (tranne che nel tallone).
48. Mirmidoni: i guerrieri della Tessaglia che combattono al seguito di Achille.
49. Febo Apollo: Apollo, figlio di Zeus e di Latona, è detto anche Febo (raggiante, luminoso).
50. Briseide: la schiava di Achille, figlia di Briseo.
51. levarmisi a fronte: ergersi di fronte a me con arroganza.
52. tra due: sottinteso: alternative.
53. daga: spada.
54. dalla coscia: dal fodero posto sulla coscia.
55. contenesse il cuore: non desse libero sfogo ai suoi sentimenti.
56. Atena: la dea figlia di Giove, che nacque armata dalla sua testa.
57. Era: la consorte di Zeus.
58. ambedue: Achille e Agamennone.
59. Pallade: è un epiteto di Atena e significa "colei che scaglia l'asta".
60. fugaci: veloci.
61. egìoco: portatore dell'egida, lo scudo fabbricato da Efesto che Zeus scuote con il braccio sinistro, mentre il destro scaglia il fulmine.

forse a veder la violenza d'Agamennone Atride?
Ma io ti dichiaro, e so che questo avrà compimento:
per i suoi atti arroganti perderà presto la vita!»
E gli parlò la dea Atena occhio azzurro:
«Io venni a calmar la tua ira, se tu mi obbedisci,
dal cielo: m'inviò la dea Era braccio bianco,
ch'entrambi ugualmente ama di cuore e cura.
Su, smetti il litigio, non tirar con la mano la spada:
ma ingiuria con parole, dicendo come sarà:
così ti dico infatti, e questo avrà compimento:
tre volte tanto splendidi doni a te s'offriranno un giorno
per questa violenza; trattieniti, dunque, e obbedisci».
E disse ricambiandola Achille piede rapido:
«Bisogna una vostra parola, o dea, rispettarla,
anche chi molto è irato in cuore; cosí è meglio,
chi obbedisce agli dei, molto essi l'ascoltano».
Cosí sull'elsa[62] d'argento trattenne la mano pesante,
spinse indietro nel fodero la grande spada, non disobbedí
alla parola d'Atena; ella verso l'Olimpo[63] se n'era andata,
verso la casa di Zeus egioco, con gli altri numi.
Di nuovo allora il Pelide con parole ingiuriose
investí l'Atride e non trattenne il corruccio:[64]
«Ubriacone, occhi di cane, cuore di cervo,[65]
mai vestir corazza con l'esercito in guerra
né andare all'agguato coi piú forti degli Achei
osa il tuo cuore: questo ti sembra morte.
E certo è molto più facile nel largo campo degli Achei
strappare i doni a chi a faccia a faccia ti parla,
re mangiatore[66] del popolo, perché a buoni a niente[67] comandi;
se no davvero, Atride, ora per l'ultima volta offendevi!
Ma io ti dico e giuro gran giuramento:
sí, per questo scettro,[68] che mai piú foglie o rami
metterà, poi che ha lasciato il tronco sui monti,
mai fiorirà, ché intorno ad esso il bronzo ha strappato
foglie e corteccia: e ora i figli degli Achei
che fanno giustizia lo portano in mano: essi le leggi
in nome di Zeus mantengono salde. Questo sarà il giuramento:
certo un giorno rimpianto d'Achille prenderà i figli degli Achei,
tutti quanti, e allora tu in nulla potrai, benché afflitto,
aiutarli, quando molti per mano d'Ettore massacratore[69]
cadranno morenti; e tu dentro lacererai il cuore,
rabbioso che non ripagasti il più forte degli Achei».
Disse cosí il Pelide e scagliò in terra lo scettro
disseminato di chiodi d'oro. Poi egli sedette.
Dall'altra parte l'Atride era furioso.

da Omero, *Iliade*, traduzione di R. Calzecchi Onesti, Einaudi, Torino 1990

62. elsa: impugnatura della spada.
63. Olimpo: il monte della Tessaglia considerato sede degli dei.
64. corruccio: risentimento.
65. cuore di cervo: pauroso.
66. mangiatore: sfruttatore.
67. buoni a niente: persone che non reagiscono di fronte alla prepotenza.
68. scettro: il bastone simbolo del potere tenuto da chi aveva la parola nell'assemblea.
69. massacratore: uccisore di uomini.

STRUMENTI DI LETTURA

Le parole chiave

Il dono: in questo brano compare con frequenza la parola "dono". Sono infatti i doni l'oggetto del contendere: prima Criseide, figlia del sacerdote di Apollo, che fa parte come schiava del bottino di guerra di Agamennone, e poi Briseide, che è invece il bottino di Achille, e che Agamennone pretende da lui in cambio della restituzione di Criseide. Per capire questa dinamica bisogna considerare il fatto che questo genere di doni era il segno dell'onore che un guerriero si era guadagnato in battaglia. Agamennone, come capo dei Greci, non vuole essere privato delle sue onorificenze, e pretende quindi che siano gli altri guerrieri greci a compensare la sua rinuncia a Criseide. Achille non accetta l'avidità di Agamennone e non vuole subire l'umiliazione di privarsi della propria schiava.

L'ira: anche in questo brano, come nel *Proemio*, l'ira costituisce la passione dominante che mette in moto le azioni degli uomini e degli dei: nella prima parte è protagonista l'ira di Agamennone, mentre nella seconda parte domina l'ira di Achille, a placare la quale giunge la stessa dea Atena, per scongiurare il pericolo che Achille possa prendere la spada contro Agamennone e che il campo dei Greci divenga teatro di una guerra intestina.

I personaggi

Nell'epica antica i personaggi si caratterizzano in base alle passioni che li dominano. Si delineano qui le passioni che animano Agamennone: l'orgoglio, la superbia, l'avidità, il desiderio di potere. Achille a sua volta, dominato com'è dal desiderio di avere giustizia, non è da meno nel porgere con fierezza le proprie ragioni: egli, consapevole del proprio valore di guerriero, non ammette di cedere il passo al capo supremo e di rimettersi alla sua volontà. Nella dinamica dello scontro tra i due emerge certamente la positività dei valori portati da Achille contro la negatività di quelli di Agamennone.

Il narratore

In questo brano il narratore delega ai personaggi la narrazione, prevalgono infatti le parti dialogate, che sottolineano la drammaticità della vicenda e pongono in particolare evidenza lo stato d'animo dei due protagonisti: Achille e Agamennone. Il narratore assume una posizione distaccata e non esprime una valutazione su quanto accade, non si schiera, infatti, per l'uno o per l'altro personaggio.

Giambattista Tiepolo (1696-1770), *Euribate e Taltibio conducono Briseide presso Agamennone*, 1757, particolare.

Laboratorio

LABORATORIO

Comprensione

difficoltà

1 Perché Agamennone è adirato con Calcante?

2 Che cosa chiede Agamennone ai suoi in cambio della restituzione di Criseide?

3 Che cosa obietta Achille a questa proposta?

4 Per quale motivo è stata fatta la guerra secondo le parole di Achille?

5 Chi interviene a fermare Achille?

6 Da chi è mandata Atena?

7 Che cosa dice Atena ad Achille?

8 Quale previsione formula la dea?

Analisi

difficoltà

Il narratore

Vedi a p. 6

9 Di quale tecnica narrativa si serve il narratore? Rispondi portando un esempio a sostegno di quanto affermi.

I personaggi

Vedi a p. 8

10 A chi dei due personaggi attribuiresti il ruolo di eroe protagonista e a chi quello di antagonista?

LESSICO

11 Ti forniamo una serie di sostantivi che indicano i sentimenti che dominano l'agire dei due personaggi: ponili opportunamente nelle due colonne della tabella sottostante:

arroganza, avidità, coraggio, devozione, ingratitudine, lealtà, prepotenza, valore, vigliaccheria

Achille	Agamennone
....	....
....	....
....	....
....	....
....	....
....	....

Laboratorio

La lingua e lo stile Vedi a p. 10

12 **Sottolinea tutti gli epiteti nel testo e trascrivili sul tuo quaderno compilando un elenco.**

13 **Esegui la stessa operazione con i patronimici.**

Fabula e intreccio Vedi a p. 9

14 **Nel testo si trova una prolessi, cioè un'anticipazione di quanto avverrà in futuro. Trovala e sottolineala.**

Produzione

difficoltà

15 **Riassumi il brano riportando i discorsi dei personaggi secondo la tecnica del discorso indiretto legato. Ti forniamo come esempio l'inizio del brano:**

[...]; s'alzò fra loro
l'eroe figlio d'Atreo, il molto potente Agamennone,
infuriato; d'ira tremendamente i neri precordi
erano gonfi, gli occhi parevano fuoco lampeggiante;
subito guardando male Calcante gridò:
"Indovino di mali, mai per me il buon augurio tu dici,
sempre malanni t'è caro al cuore predire,
buona parola mai dici, mai la compisci!"

Agamennone, visibilmente infuriato, s'alzò e accusò Calcante di volergli predire solo mali e mai dei buoni auguri.

genere
poema epico

tratto da
Iliade
(libro VI, vv. 404-502)

anno
IX-VIII secolo a.C.

luogo
Grecia

Omero

L'addio di Ettore ad Andromaca

IL BRANO

Ettore, in assenza di Achille, fa strage dei Greci. In una pausa, rientra in città e cerca la moglie Andromaca, ma non la trova in casa, perché si è recata sulle mura di Troia per seguire lo svolgersi della battaglia. Ettore la incontra alle porte Scee con la nutrice che porta il piccolo figlio Astianatte. Il colloquio tra i due sposi è una delle pagine più commoventi del poema e mostra un eroe dell'*Iliade* diverso dal protagonista: tremendo in battaglia, è capace di teneri affetti, ma al di sopra di tutto domina il sentimento dell'onore e del dovere verso la patria.

Egli, guardando il bambino, sorrise in silenzio:
ma Andromaca gli si fece vicino piangendo,
e gli prese la mano, disse parole, parlò cosí:
«Misero, il tuo coraggio t'ucciderà, tu non hai compassione
del figlio cosí piccino, di me sciagurata, che vedova presto
sarò, presto t'uccideranno gli Achei,[1]
balzandoti contro tutti: oh, meglio per me
scendere sotto terra, priva di te; perché nessun'altra
dolcezza, se tu soccombi al destino, avrò mai,
solo pene! Il padre non l'ho, non ho la nobile madre.
Il padre mio Achille glorioso l'ha ucciso,
e la città ben fatta dei Cilici[2] ha atterrato,
Tebe alte porte;[3] egli uccise Eezìone,[4]
ma non lo spogliò,[5] ché n'ebbe tema in cuore;[6]
e lo fece bruciare con le sue armi belle,
e gli versò la terra del tumulo sopra; piantarono olmi intorno
le ninfe montane,[7] figlie di Zeus egìoco.[8]
Erano sette i miei fratelli dentro il palazzo:
ed essi tutti in un giorno scesero all'Ade di freccia,[9]
tutti li uccise Achille glorioso rapido piede,
accanto ai buoi gambe storte, alle pecore candide.
La madre – che regnava sotto il Placo selvoso[10] –
poi che qui la condusse con tutte le ricchezze,
la liberò, accettando infinito riscatto,
ma là in casa del padre, la colpí Artemide arciera.[11]
Ettore, tu sei per me padre e nobile madre

1. **Achei**: propriamente gli abitanti dell'Acaia, regione del Peloponneso. Qui, per estensione, i Greci.
2. **Cilici**: popolo dell'Asia minore, alleato dei Troiani.
3. **Tebe**: città della Misia in Asia Minore.
4. **Eezìone**: il re di Tebe nella Misia, padre di Andromaca.
5. **ma non lo spogliò**: gli antichi usavano spogliare delle armi i nemici sconfitti.
6. **ché ... in cuore**: poiché ne ebbe timore.
7. **ninfe montane**: divinità minori protettrici di elementi della natura (acque, boschi...).
8. **egìoco**: portatore dell'egida, lo scudo fabbricato da Efesto che Zeus scuote con il braccio sinistro, mentre il destro scaglia il fulmine.
9. **tutti ... di freccia**: morirono tutti trafitti dalle frecce e scesero nell'Ade, il regno dei morti.
10. **Placo selvoso**: monte coperto di boschi della Misia, regione confinante con la Cilicia, ai cui piedi era Tebe.
11. **la colpí Artemide arciera**: morì all'improvviso colpita da Artemide, la dea della caccia, che portava l'arco. Quando qualcuno moriva improvvisamente, si pensava che fosse stato colpito da una freccia di Artemide se di sesso femminile, di Apollo se maschile.

e fratello, tu sei il mio sposo fiorente;[12]
ah, dunque, abbi pietà, rimani qui sulla torre,
non fare orfano il figlio, vedova la sposa;
ferma l'esercito presso il caprifico,[13] là dove è molto
facile assalir la città, piú accessibile il muro;
per tre volte venendo in questo luogo l'hanno tentato i migliori
compagni dei due Aiaci,[14] di Idomeneo[15] famoso,
compagni degli Atridi,[16] del forte figlio di Tideo:[17]
o l'abbia detto loro chi ben conosce i responsi,[18]
oppure ve li spinga l'animo[19] stesso e li guidi!»
E allora Ettore grande, elmo abbagliante, le disse:
«Donna, anch'io, sí penso a tutto questo; ma ho troppo
rossore dei Teucri,[20] delle Troiane lungo peplo,[21]
se resto come un vile lontano dalla guerra.
Né lo vuole il mio cuore, perché ho appreso a esser forte
sempre, a combattere in mezzo ai primi Troiani,
al padre procurando grande gloria e a me stesso.
Io lo so bene questo dentro l'anima e il cuore:
giorno verrà che Ilio sacra[22] perisca,
e Priamo,[23] e la gente di Priamo buona lancia:[24]
ma non tanto dolore io ne avrò per i Teucri,
non per la stessa Ecuba,[25] non per il sire Priamo,
e non per i fratelli, che molti e gagliardi
cadranno nella polvere per mano dei nemici,
quanto per te, che qualche acheo chitone di bronzo,[26]

Gaspare Landi (1756-1830), *L'incontro di Ettore e Andromaca*, 1795, particolare.

12. fiorente: nel fiore degli anni.
13. caprifico: fico selvatico, alimento di cui si nutrivano le capre.
14. i due Aiaci: nome di due eroi presenti nel campo greco, Aiace Telamonio e Aiace Oileo.
15. Idomeneo: re di Creta nipote di Minosse e figlio di Deucalione.
16. Atridi: Agamennone e Menelao, figli di Atreo.
17. figlio di Tideo: Diomede.
18. responsi: le profezie degli oracoli. Gli indovini, nella Grecia antica, interpretavano i messaggi degli dei, la cui volontà veniva interpellata prima di intraprendere missioni importanti.
19. animo: coraggio.
20. ho troppo rossore dei Teucri: provo molta vergogna dei Troiani.
21. peplo: lunga veste stretta in vita da una cintura.
22. Ilio sacra: l'antico nome di Troia dal nome del fondatore Ilo. Troia era considerata sacra perché, secondo il mito, le sue mura erano state edificate dalla collaborazione tra Apollo e Poseidone.
23. Priamo: il re di Troia.
24. buona lancia: abile nell'uso della lancia.
25. Ecuba: moglie del re Priamo e madre di Ettore.
26. chitone di bronzo: qui significa armatura; propriamente il chitone era una tunica di lana o di lino, cucita su un fianco e allacciata sulle spalle.

trascinerà via piangente, libero giorno togliendoti:[27]
allora, vivendo in Argo,[28] dovrai per altra[29] tessere tela,
e portar acqua di Messeíde o Iperea,[30]
costretta a tutto: grave destino sarà su di te.
E dirà qualcuno che ti vedrà lacrimosa:
"Ecco la sposa d'Ettore, ch'era il piú forte a combattere
fra i Troiani domatori di cavalli,[31] quando lottavan per Ilio!"
Cosí dirà allora qualcuno; sarà strazio nuovo per te,
priva dell'uomo che schiavo giorno[32] avrebbe potuto tenerti lontano.
Morto, però, m'imprigioni la terra su me riversata,
prima ch'io le tue grida, il tuo rapimento conosca!»
E dicendo cosí, tese al figlio le braccia Ettore illustre:
ma indietro il bambino, sul petto della balia bella cintura[33]
si piegò con un grido, atterrito all'aspetto del padre,
spaventato dal bronzo e dal cimiero chiomato,[34]
che vedeva ondeggiare terribile in cima all'elmo.
Sorrise il caro padre, e la nobile madre,
e subito Ettore illustre si tolse l'elmo di testa,
e lo posò scintillante per terra;
e poi baciò il caro figlio, lo sollevò fra le braccia,
e disse, supplicando a Zeus e agli altri numi:[35]
«Zeus, e voi numi tutti, fate che cresca questo
mio figlio, cosí come io sono, distinto[36] fra i Teucri,
cosí gagliardo di forze, e regni su Ilio sovrano;
e un giorno dica qualcuno: "È molto piú forte del padre!",
quando verrà dalla lotta. Porti egli le spoglie cruente[37]
del nemico abbattuto, goda in cuore la madre!»
Dopo che disse cosí, mise in braccio alla sposa
il figlio suo; ed ella lo strinse al seno odoroso,
sorridendo fra il pianto; s'intenerí lo sposo a guardarla,
l'accarezzò con la mano, le disse parole, parlò cosí:
«Misera, non t'affliggere troppo nel cuore!
nessuno contro il destino potrà gettarmi nell'Ade;[38]
ma la Moira,[39] ti dico, non c'è uomo che possa evitarla,
sia valoroso o vile, dal momento ch'è nato.
Su, torna a casa, e pensa all'opere tue,
telaio, e fuso; e alle ancelle comanda
di badare al lavoro; alla guerra penseran gli uomini
tutti e io sopra tutti, quanti nacquero ad Ilio».
Parlando cosí, Ettore illustre riprese l'elmo
chiomato; si mosse la sposa sua verso casa,
ma voltandosi indietro, versando molte lacrime;
e quando giunse alla comoda casa
d'Ettore massacratore,[40] trovò dentro le molte
ancelle, e ad esse tutte provocò il pianto:
piangevano Ettore ancor vivo nella sua casa,
non speravano piú che indietro dalla battaglia
sarebbe tornato, sfuggendo alle mani, al furore dei Danai.[41]

da Omero, *Iliade*, traduzione di R. Calzecchi Onesti, Einaudi, Torino 1990

27. libero giorno togliendoti: togliendoti la libertà e rendendoti sua schiava.
28. Argo: città della Laconia, regione dell'antica Grecia che si può collocare nell'attuale Peloponneso.
29. per altra: per un'altra donna.
30. Messeíde o Iperea: fonti d'acqua rispettivamente della Laconia, dove regnava Menelao, e della Tessaglia, dove regnava Achille.
31. Troiani domatori di cavalli: la pianura di Troia era famosa per l'allevamento dei cavalli.
32. schiavo giorno: la schiavitù.
33. bella cintura: dalla bella cintura che chiudeva il peplo.
34. cimiero chiomato: pennacchio dell'elmo, di solito fatto con la criniera del cavallo o con le piume.
35. numi: dei.
36. distinto: illustre.
37. cruente: insanguinate.
38. nessuno ... Ade: nessuno potrà gettarmi nell'oltretomba.
39. Moira: in Omero era la divinità che presiedeva alla vita dell'uomo, stabilendo quando decretarne la fine. Dopo Omero troviamo tre Moire che presiedono ai tre momenti culminanti della vita dell'uomo: nascita, matrimonio, morte.
40. massacratore: uccisore di molti uomini.
41. Danai: altro nome dei Greci, con allusione al mito delle Danaidi, figlie di Danao, re di Argo.

STRUMENTI DI LETTURA

Le parole chiave

Compassione: il brano che abbiamo letto è dominato dai sentimenti umani. Andromaca chiede a Ettore compassione di lei e di non abbandonarla per andare incontro alla morte in battaglia. Ettore le risponde manifestando la propria compassione per il destino di schiavitù, solitudine e umiliazione cui la sua donna andrebbe incontro se egli morisse. Tuttavia egli si trova nell'impossibilità di scegliere, perché il fatto stesso di essere uomo gli impone di combattere senza possibilità di sottrarsi a questo destino. Lo stesso, infatti, che egli augura al piccolo Astianatte auspicando che un giorno di lui si dica: "È molto più forte del padre".

Moira: nel tentativo di consolare la sua sposa, Ettore espone la propria concezione, fondamentale per l'eroe greco, del destino. La vita e la morte degli uomini non dipendono da fattori casuali e contingenti (come il volgere delle sorti in battaglia), ma dalla volontà degli dei. Nessun uomo può quindi distruggere una vita umana per volontà propria, se la Moira non ha deciso di recidere il filo della vita.

È questa idea della morte (e della vita) che sta dietro alla concezione greca dell'eroe. L'uomo che affronta coraggiosamente la battaglia e disprezza il pericolo sa che nessuna azione umana può niente contro di lui.

I personaggi

L'uomo, la donna: il brano rivela un aspetto molto interessante per ricomporre il quadro della società rappresentata nell'*Iliade*, cioè quello della condizione della donna. In questa scena l'universo della battaglia rimane sullo sfondo, eppure è una presenza ancora molto forte. Di fronte alla guerra i due atteggiamenti umani dell'uomo e della donna appaiono molto diversi. In Andromaca la guerra è sinonimo di tragedia e di lutto. Ha già perso i suoi cari a causa della guerra, e adesso teme di perdere anche il marito. Inoltre la donna, quando è tra i vinti, rappresenta una parte importante del bottino, essendo il suo destino quello della schiavitù. Al contrario l'uomo è l'attore della guerra, egli non la subisce come la donna. Il suo valore, la sua virilità, il suo coraggio si misurano sul campo di battaglia. La stessa identità dell'uomo nel mondo dell'epica greca è costruita in base alla guerra, ecco perché di fronte alla scelta tra i sentimenti privati e le responsabilità pubbliche Ettore non esita a sacrificare i sentimenti per l'onore.

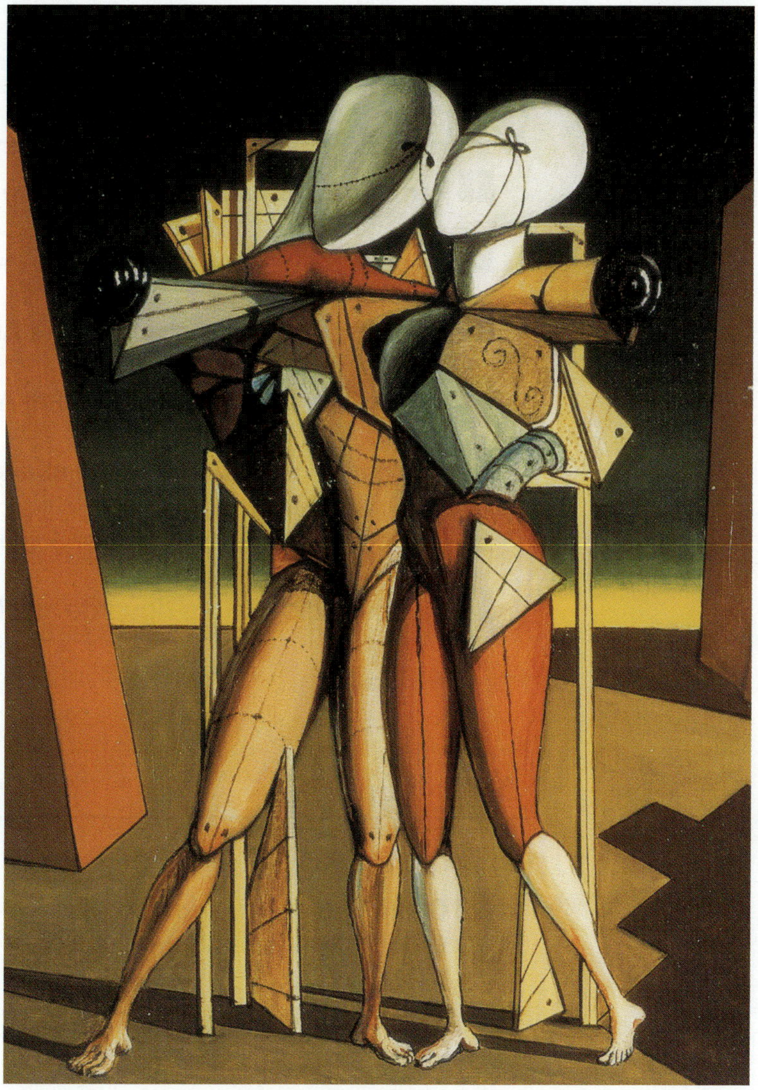

Giorgio de Chirico (1888-1978), *Ettore e Andromaca*, 1917.

Fabula e intreccio

Insieme all'addio dei due coniugi, portatore di note malinconiche e sofferte, nel brano vengono narrati anche episodi precedenti, in una analessi che riguarda le perdite subite da Andromaca a Tebe prima di essere moglie di Ettore. La narrazione dell'uccisione dei suoi familiari da parte di Achille contribuisce a creare l'atmosfera luttuosa e toccante. Oltre all'analessi, a interrompere il flusso della narrazione, troviamo anche una prolessi, che anticipa l'esito della guerra.

Laboratorio

LABORATORIO

Comprensione

difficoltà

1 Perché Andromaca dice che Ettore è per lei padre, madre, fratello e sposo?

2 Da chi è stato ucciso il padre di Andromaca?

3 Che cosa è accaduto ai fratelli di Andromaca?

4 Quale sorte ha subito la madre di Andromaca dopo la morte del marito?

5 Perché il piccolo Astianatte è spaventato alla vista del padre?

6 Che cosa si augura l'eroe per il figlio quando crescerà?

7 Che cosa dice Ettore riguardo alla Moira?

Analisi

difficoltà

Il narratore Vedi a p. 6

8 Quale tipo di narrazione prevale in questo brano? Per scoprirlo, conta i versi delle parti dialogate e delle parti narrative:

- Dialoghi: vv. ....
- Parti narrative: vv. ....

I personaggi Vedi a p. 8

9 Sottolinea i righi in cui Andromaca esprime il proprio dolore. Sottolinea con un colore diverso i righi in cui Ettore parla dei propri doveri di uomo.

Fabula e intreccio Vedi a p. 9

10 Nel testo compare un'analessi. Chi la pronuncia? Indica i relativi versi.

11 Nel testo compare una prolessi. Chi la pronuncia? Indica i relativi versi.

La lingua e lo stile Vedi a p. 10

12 Sottolinea tutti gli epiteti presenti nel testo e poi completa la tabella a fianco collocandoli in corrispondenza dei personaggi, degli oggetti o dei luoghi a cui si riferiscono. Indica accanto anche il numero di volte che ricorre lo stesso epiteto.

Esempi	*madre*	*nobile*	*3 volte*
	Achille	*glorioso*	*2 volte*
		rapido piede	*1 volta*
Tebe			
Zeus			
buoi			
pecore			
Artemide			
Idomeneo			
Ettore			
elmo/cimiero			
Troiane			
Ilio			
Priamo			
achei			
Troiani			
balia			

13 **Il brano è colmo di ridondanze, riportale qui sotto, tenendo conto che spesso hanno valore di epiteti.**

Esempi: *armi belle*, *sposo fiorente*

14 **Indica quale figura retorica tra queste costituisce l'espressione *la città ben fatta dei Cilici*:**

☐ iperbole ☐ perifrasi ☐ ridondanza

Produzione

difficoltà

15 **Rintraccia nel testo i passaggi in cui maggiormente emerge la diversa posizione sociale tra l'uomo e la donna nel mondo greco e scrivi un breve testo per spiegare in che cosa consistono le differenze.**

16 **Ripensa il dialogo ambientandolo in epoca contemporanea e scrivi con parole tue un finale diverso, nel quale Ettore decida di non andare in guerra e argomenti la propria scelta dando il primato ai sentimenti rispetto all'onore.**

Omero

La morte di Patroclo

genere
poema epico

tratto da
Iliade
(libro XVI, vv. 777-857)

anno
IX-VIII secolo a.C.

luogo
Grecia

IL BRANO

In assenza di Achille, i Troiani, guidati da Ettore, compiono grandi gesta e riescono ad arrivare fino al campo acheo, mettendo in serio pericolo le navi greche. Patroclo, grande amico di Achille, è angosciato per le sorti della guerra e vedendo che i compagni stanno combattendo presso le navi, chiede ad Achille il permesso di partecipare agli scontri indossando le sue armi. Spera in questo modo di terrorizzare i Troiani, che convinti del ritorno di Achille si diano alla fuga e si allontanino così dalla flotta greca. Achille acconsente a patto che Patroclo si limiti solamente ad allontanare i nemici e poi torni subito all'accampamento; gli raccomanda infine di non affrontare Ettore. Il giovane riesce a respingere i Troiani, ma per lui è vicino il momento della fine. L'episodio di Patroclo è molto importante nella vicenda, perché in seguito alla sua morte Achille riprenderà a combattere per vendicarlo e muteranno le sorti della guerra.

E fino che il sole saliva nel mezzo del cielo,[1]
d'ambe le parti volavano i dardi,[2] cadeva la gente,
ma quando il sole inchinò all'ora che i bovi si sciolgono,[3]
gli Achei furono allora oltre modo piú forti,
trassero fuori dal tiro[4] l'eroe Cebrione,[5]
fuor dalle grida dei Teucri, e lo spogliarono dell'armi.[6]
E Patroclo si slanciò sui Troiani meditando rovina,[7]
si slanciò per tre volte, simile ad Ares[8] ardente,
paurosamente gridando: tre volte ammazzò nove uomini.[9]
Ma quando alla quarta balzò, che un nume[10] pareva,
allora, Patroclo, apparve la fine della tua vita:
Febo[11] gli mosse incontro nella mischia selvaggia,
tremendo, ed egli non lo vide venire in mezzo al tumulto;
gli venne incontro nascosto di molta nebbia.[12]
E dietro gli si fermò, colpí la schiena e le larghe spalle
con la mano distesa: a Patroclo girarono gli occhi.[13]
E Febo Apollo gli fece cadere l'elmo giù dalla testa:
sonò[14] rotolando sotto gli zoccoli dei cavalli

1. **E fino ... cielo**: fin verso mezzogiorno.
2. **d'ambe ... dardi**: da entrambe le parti volavano le frecce.
3. **ma ... si sciolgono**: ma al tramonto quando i buoi vengono lasciati liberi nei recinti.
4. **trassero ... tiro**: sottrassero ai colpi dei Troiani.
5. **eroe Cebrione**: guerriero troiano ucciso da Patroclo.
6. **fuor dalle grida ... dell'armi**: gli Achei si allontanano dai Troiani, in modo da sfuggire ai loro tentativi di proteggere il corpo del compagno, e lo spogliano delle armi. Era consuetudine togliere le armi al guerriero ucciso in segno di vittoria.
7. **meditando rovina**: cercando di compiere una strage.
8. **Ares**: era il dio della guerra.
9. **tre volte ammazzò nove uomini**: uccise ventisette Troiani.
10. **un nume**: un dio.
11. **Febo**: Apollo.
12. **gli venne ... nebbia**: gli venne incontro avvolto dalla nebbia e quindi invisibile dall'occhio umano.
13. **girarono gli occhi**: come avviene in uno svenimento gli occhi si girarono indietro.
14. **sonò**: fece rumore.

l'elmo a visiera abbassata, si sporcarono i pennacchi
di sangue e polvere: mai prima era stato possibile
che il casco chiomato si sporcasse di polvere,
ché d'un uomo divino la bella fronte e la testa
proteggeva, d'Achille:[15] ma allora Zeus lo donò a Ettore,
da portare sul capo: e gli era vicina la morte.[16]
Tutta in mano di Patroclo si spezzò l'asta ombra lunga,[17]
greve, solida, grossa, armata di punta: e dalle spalle
con la sua cinghia di cuoio cadde per terra lo scudo,
gli slacciò la corazza il sire Apollo, figlio di Zeus.
Una vertigine gli tolse la mente, le membra belle si sciolsero,
si fermò esterrefatto: e dietro la schiena con l'asta aguzza
in mezzo alle spalle, dappresso,[18] un eroe dardano[19] lo colpí,
Èuforbo di Pàntoo[20] che sui coetanei brillava[21]
per l'asta, per i cavalli e per i piedi veloci;[22]
venti guerrieri gettò giú dai cavalli
appena giunse col cocchio[23] a imparare la guerra.[24]
Questo per primo a te lanciò l'asta, Patroclo cavaliere,
ma non t'uccise, e corse indietro e si mischiò tra la folla,
strappata l'asta di faggio: non seppe affrontare
Patroclo, benché nudo,[25] nella carneficina.
Ma Patroclo, vinto dal colpo del dio e dall'asta,
fra i compagni si trasse evitando la Chera.[26]
Ettore, come vide il magnanimo Patroclo
tirarsi indietro, ferito dal bronzo puntuto,[27]
gli balzò addosso in mezzo alle file, lo colpí d'asta
al basso ventre: lo trapassò col bronzo.
Rimbombò stramazzando, e straziò il cuore all'esercito acheo.
Come quando un leone vince in battaglia un cinghiale indomabile,
– essi superbamente han combattuto sui monti
per una piccola polla:[28] volevano bere entrambi –
e infine con la sua forza il leone vince l'altro che rantola;[29]
cosí il Meneziade,[30] che già molti ammazzò,
Ettore figlio di Priamo privò della vita con l'asta,
e gli disse vantandosi parole fuggenti:[31]
«Patroclo, tu speravi d'abbattere la nostra città,
e alle donne troiane togliendo libero giorno,[32]
condurle sopra le navi alla tua terra patria,
stolto! Per esse i veloci cavalli d'Ettore
si tendono sopra i garretti[33] a combattere: io con l'asta
eccello fra i Teucri amanti di guerra: e cosí li difendo
dal giorno fatale;[34] ma te qui gli avvoltoi mangeranno.
Pazzo! Achille, per forte che sia, non ti potrà proteggere,
egli che, forse, restando, a te che partivi raccomandò molte cose:
"O Patroclo cavaliere, non mi tornare davanti,
alle concave navi, prima che d'Ettore massacratore
l'insanguinata tunica intorno al petto tu stracci".

15. elmo ... d'Achille: è importante ricordare che Patroclo in questo momento indossa le armi di Achille e che mai queste erano finite nella polvere.
16. ma ... la morte: viene qui sottolineato l'intervento divino e il fatto che il destino di Ettore è ormai segnato.
17. l'asta ombra lunga: la lancia che lascia sul terreno una lunga ombra.
18. dappresso: da vicino.
19. dardano: troiano.
20. Èuforbo di Pàntoo: un guerriero valoroso, figlio di Pàntoo, uno degli anziani di Troia.
21. brillava: si distingueva.
22. per i piedi veloci: veloce nella corsa.
23. cocchio: carro a due ruote trainato dai cavalli, che i guerrieri utilizzavano per combattere.
24. a imparare la guerra: a fare pratica.
25. nudo: senza armatura.
26. si trasse ... Chera: si ritirò evitando la dea della morte.
27. bronzo puntuto: la lancia con la punta di bronzo.
28. polla: vena d'acqua.
29. rantola: che respira in modo affannoso, come chi sta agonizzando in punto di morte.
30. Meneziade: patronimico di Patroclo, figlio di Menezio.
31. parole fuggenti: parole dette velocemente.
32. togliendo libero giorno: rendendole schiave.
33. si tendono sopra i garretti: si tendono sulle zampe per il galoppo.
34. giorno fatale: giorno della morte deciso dal Fato.

Cosí, certo, ti disse,[35] stolto, e persuase il tuo cuore».
E tu rispondesti, sfinito, Patroclo cavaliere:
«Sì, Ettore, adesso vàntati:
a te hanno dato vittoria Zeus Cronide[36] e Apollo, che m'abbatterono[37]
facilmente: essi l'armi dalle spalle mi tolsero.
Se anche venti guerrieri come te m'assalivano,
tutti perivano[38] qui, vinti dalla mia lancia;
me uccise destino fatale e il figliuolo di Latona,[39]

Jacques-Louis David (1748-1825), *I funerali di Patroclo*, 1779, particolare.

STRUMENTI DI LETTURA

Le parole chiave

Morte e destino: già prima che compaiano i termini che rimandano alla ferocia della morte in battaglia, una luce pietosa si proietta sulla scena, quella del tramonto, quasi ad allestire lo scenario della fine di un giovane eroe.

Poco più in là infatti, dopo il tramonto del sole, compare il verso *apparve la fine della tua vita*. Da qui in poi i termini che parlano della morte si colorano di tonalità più funeree: *si sporcarono i pennacchi di sangue e polvere*, una *vertigine* coglie Patroclo, come annunciatrice di morte, finché questi accenti divengono più cruenti e sanguinosi: *rimbombò stramazzando*; *il leone vince l'altro che rantola*; *già molti ammazzò*; *privò della vita*; *te qui gli avvoltoi mangeranno*.

Infine, nell'ultima parte, le parole della morte si accompagnano a un'altra parola chiave, il destino.

Il fato, che compare spesso in questo brano, è qui sempre un destino di morte: *me uccise un destino fatale*; *la vita volò via dalle membra e scese nell'Ade piangendo il suo destino*. E questo non solo per Patroclo, ma anche per lo stesso Ettore, di cui è annunciata la sorte futura.

I personaggi

I guerrieri: la furia di Ettore, capace di infierire su un soldato disarmato e già ferito a tradimento, colpisce soprattutto se confrontata con l'immagine di Ettore che avevamo avuto nella scena d'addio alla moglie e al figlioletto. Ma la spietatezza fa parte della condotta dell'eroico guerriero, e quella determinazione a salvare la libertà della città, con le sue donne, giustifica una difesa disperata, in cui ogni colpo vale. Diverso da lui è Patroclo, i cui caratteri dominanti sono la purezza degli ideali, il coraggio e la fedeltà. Questo personaggio ispira, con la sua morte, un profondo sentimento di pena, proprio perché rappresenta la purezza infranta, la gioventù e il valore spezzati. Egli è infatti una vittima.

La divinità

L'intervento del dio Apollo ci dice invece molto degli dei greci. Essi sono infatti concepiti con gli stessi vizi e le stesse virtù degli uomini. Come gli uomini devono lottare per ciò che desiderano, come gli uomini sono capaci di scorrettezze, come quella che compie Apollo nei confronti di Patroclo. Anche gli dèi in una certa misura sono soggetti al fato, ciò

35. O Patroclo ... ti disse: Ettore, erroneamente, crede che Patroclo sia stato mandato da Achille per uccidere proprio lui.
36. Cronide: patronimico di Zeus, figlio di Crono.
37. Zeus ... abbatterono: nel momento della morte Patroclo capisce che il suo destino è segnato dal fato.
38. perivano: morivano.
39. figliuolo di Latona: Apollo.

e tra gli uomini Èuforbo: tu m'uccidi per terzo.
Altro ti voglio dire e tientelo in mente:
davvero tu non andrai molto lontano, ma ecco
ti s'appressa la morte e il destino invincibile:
cadrai per mano d'Achille, dell'Eacide perfetto».[40]
Mentre parlava così la morte l'avvolse,
la vita volò via dalle membra e scese nell'Ade,[41]
piangendo il suo destino, lasciando la giovinezza e il vigore.

Da Omero, *Iliade*, traduzione di R. Calzecchi Onesti, Einaudi, Torino 1990

che però li distingue dagli uomini è l'immortalità, che li salva da sorti definitive. In questa prospettiva ben si comprende il desiderio degli uomini a ottenere la loro dose di immortalità attraverso le loro gesta, perché vengano narrate come modelli esemplari eterni.

Le armi

Anche le armi di Achille sono una presenza importante. La narrazione infatti indugia molto nel descrivere la sconfitta di Patroclo proprio attraverso le armi, la loro caduta nella polvere, lo sporcarsi di sangue. Le armi di Achille vivono in questa scena come se fossero dei veri personaggi, sono infatti portate da Ettore per terrorizzare gli avversari, vengono neutralizzate dal dio per consentire l'uccisione di Patroclo, vengono infine indossate da Ettore, a suggellare la sconfitta di Patroclo, ma anche l'offesa di Achille, che da questo momento è di nuovo coinvolto nella guerra.

Il narratore

Le apostrofi: forte effetto provoca l'uso delle apostrofi da parte della voce narrante, che si rivolge a Patroclo direttamente in due occasioni: *allora, Patroclo, apparve la fine della tua vita*; *E tu rispondesti, sfinito, Patroclo cavaliere*. Si avverte in questi passaggi una partecipazione emotiva da parte del narratore che di solito non interviene nella vicenda. La rarità con cui ciò avviene pone in forte risalto la tragicità del momento.

La storia

Il destino in una prolessi: ci sono in questo brano tre brevi e importanti prolessi. La prima annuncia la vicina morte di Ettore, ed è fornita dal narratore stesso, un narratore, lo ricordiamo, onnisciente. In questo modo l'anticipazione assume un sapore ben più fatale di quanto non siano quelle pronunciate dai personaggi, infatti ci rivela la morte futura di Ettore come un dato inevitabile, già scritto. Un'altra prolessi anticipa lo stesso evento, ma per bocca di Patroclo. La profezia suona altrettanto definitiva proprio perché Patroclo, nel dirla, porta a testimone il destino stesso (*ti s'appressa la morte e il destino invincibile*). Ma c'è una terza prolessi, che ancora raccoglie in sé tutto il senso del destino, e che è costituita da due sole parole pronunciate da Ettore: *e così li difendo dal giorno fatale*, che allude al destino di Troia.

40. Eacide perfetto: Achille, discendente di Eaco, perfetto perché è invulnerabile e invincibile.
41. Ade: il regno dell'oltretomba.

Laboratorio

LABORATORIO

Comprensione

difficoltà

1 Quanti Troiani uccide Patroclo prima di essere colpito?

2 Quale dio disarma Patroclo?

3 Quale sensazione prova Patroclo una volta disarmato?

4 Chi colpisce Patroclo prima che lo faccia Ettore? In che posizione lo colpisce?

5 Chi colpisce e uccide Patroclo?

6 Che cosa predice Patroclo a Ettore?

Rilievo raffigurante un soldato greco.

Laboratorio

Analisi

difficoltà

Le parole chiave Vedi a p. 14

LESSICO

7 Evidenzia nel testo tutte le espressioni che rimandano al campo semantico della morte.

8 Evidenzia con un altro colore i passaggi in cui compare il destino.

9 Ti sembrano due campi semantici che qui si intrecciano strettamente o autonomi l'uno dall'altro?

I personaggi Vedi a p. 8

10 Sottolinea i passaggi in cui Ettore si mostra maggiormente arrogante.

11 Che cosa rivela di Apollo secondo te il fatto che giunga nascosto da una nube? Rispondi sul tuo quaderno.

Il narratore Vedi a p. 6

12 Sottolinea le apostrofi presenti nel brano. Chi le pronuncia?

La lingua e lo stile Vedi a pp. 10-14

13 Individua nel testo tutte le seguenti figure retoriche e collocale nella tabella:

Similitudini	....
Ridondanze	....
Perifrasi	....
Iperboli	....
Metonimie	....

14 Rintraccia nel testo ed elenca sul tuo quaderno tutti i patronimici e gli epiteti.

Produzione

difficoltà

15 Riscrivi con parole tue i passaggi in cui compaiono apostrofi eliminandole dal testo.

16 Fai la parafrasi delle similitudini.

Omero

Il riscatto del corpo di Ettore e i funerali

genere
poema epico

tratto da
Iliade
(libro XXIV, vv. 477-512; 777-804)

anno
IX-VIII secolo a.C.

luogo
Grecia

IL BRANO

Per molti giorni, Achille, ancora disperato per la morte dell'amico Patroclo, strazia il corpo di Ettore: gli trafigge i calcagni, lega il corpo al suo cocchio e lo trascina nella polvere davanti alle mura della città. Zeus, sdegnato, ordina a Teti, madre di Achille, di fermare il figlio e di esortarlo a restituire il corpo di Ettore. Achille obbedisce; nel frattempo la dea Iride va da Priamo e lo invita a recarsi da Achille per riscattare con molti doni il cadavere del figlio: avrà la protezione di Zeus e sarà accompagnato da Ermes.
In questo brano assistiamo all'incontro tra il vecchio re troiano Priamo e l'eroe greco Achille, che porta alla conclusione del poema.

Entrò[1] non visto il gran Priamo, e standogli accanto
strinse fra le sue mani i ginocchi d'Achille, baciò quella mano
tremenda, omicida, che molti figliuoli gli uccise.
Come quando grave colpa ha travolto un uomo,
che, ucciso in patria qualcuno, fugge in altro paese,
in casa d'un ricco, stupore afferra i presenti;
cosí Achille stupí, vedendo Priamo simile ai numi,
e anche gli altri stupirono e si guardarono in faccia.
Ma Priamo prendendo a pregare gli disse parola:[2]
«Pensa al tuo padre, Achille pari agli dei,
coetaneo mio, come me sulla soglia tetra della vecchiaia,[3]
e lo tormentano forse i vicini, standogli intorno,
perché non c'è nessuno che il danno e il male allontani.
Pure sentendo dire che tu ancora sei vivo,
gode in cuore, e spera ogni giorno
di vedere il figliuolo tornare da Troia.
Ma io sono infelice del tutto, che generai forti figli
nell'ampia Troia, e non me ne resta nessuno.
Cinquanta ne avevo quando vennero i figli dei Danai,
e diciannove venivano tutti da un seno,
gli altri altre donne me li partorirono in casa:[4]

---

1. Entrò: Priamo entra nella tenda di Achille.
2. disse parola: parlò.
3. Pensa ... vecchiaia: Priamo supplica Achille di avere pietà di lui e lo esorta a pensare a suo padre, solo e anziano, che vive con la sola speranza di vederlo tornare a casa.
4. Cinquanta ... in casa: si allude ai figli avuti dalla moglie, la regina Ecuba, e a quelli avuti dalle concubine. Presso i popoli antichi era praticata la poligamia: il re o il patriarca poteva avere figli dalla moglie legittima e dalle numerose concubine.

ma Ares furente ha sciolto i ginocchi di molti,[5]
e quello che solo restava, che proteggeva la rocca e la gente,
tu ieri l'hai ucciso, mentre per la sua patria lottava,
Ettore... Per lui vengo ora alle navi dei Danai,
per riscattarlo da te, ti porto doni infiniti.
Achille, rispetta i numi, abbi pietà di me,
pensando al padre tuo: ma io son piú misero,
ho patito quanto nessun altro mortale,
portare alla bocca la mano dell'uomo che ha ucciso i miei figli!»
Disse cosí, e gli fece nascere brama[6] di piangere il padre:
allora gli prese la mano e scostò piano il vecchio;
entrambi pensavano e uno piangeva Ettore massacratore
a lungo, rannicchiandosi ai piedi d'Achille,
ma Achille piangeva il padre, e ogni tanto
anche Patroclo; s'alzava per la dimora quel pianto.

[Quando Achille è stanco di piangere si alza e fa rialzare il vecchio Priamo. Alla sua richiesta di riavere il corpo del figlio, Achille risponde che lo restituirà presto perché questo è il volere degli dei. Ordina, quindi, a due scudieri di accettare i doni che Priamo ha portato come riscatto e a due schiave di lavare, profumare e rivestire il corpo di Ettore.
Priamo si allontana dalla tenda di Achille con il corpo del figlio e fa ritorno a Troia. Il vecchio re ha anche ottenuto una tregua di undici giorni per celebrare degnamente il rito funebre. Per tutti questi giorni il dolore dei Troiani e, soprattutto, della madre Ecuba e della moglie Andromaca è straziante: si sentono solo lamenti e pianti. All'alba dell'undicesimo giorno si celebrano i funerali.]

Ma il vecchio Priamo disse parola al suo popolo:
«Via, ora, Troiani, portate legna in città, e in cuore
non paventate agguato occulto[7] d'Achei: Achille
mi disse cosí, congedandomi dalle sue navi nere:
non ci tormenterà prima che venga la dodicesima aurora».
Questo disse: essi ai carri i bovi e le mule
aggiogarono,[8] e si riunirono davanti alla città.
Per nove giorni portarono legna infinita:
e quando la decima aurora,[9] luce ai mortali, comparve,
portarono fuori Ettore audace, piangendo,
e posero il corpo in cima al rogo e attaccarono il fuoco.
Ma quando figlia di luce brillò l'Aurora dita rosate,[10]
il popolo si raccolse intorno al rogo d'Ettore luminoso;
e come convennero e furono riuniti,
prima spensero il rogo con vino scintillante,
tutto, là dove aveva regnato la furia del fuoco: poi
raccolsero l'ossa bianche i fratelli e i compagni,
piangendo: grosse lacrime per le guance cadevano.
Raccolte, le misero dentro un'urna d'oro,[11]

5. Ares furente ha sciolto i ginocchi di molti: il furioso dio della guerra Ares li ha uccisi.
6. brama: desiderio.
7. agguato occulto: assalto improvviso a tradimento.
8. aggiogarono: attaccarono ai carri.
9. decima aurora: all'alba del decimo giorno.
10. brillò l'Aurora dita rosate: si parla di dita rosate a causa del caratteristico colore rosato del cielo al sorgere del sole.
11. urna d'oro: recipiente prezioso nel quale venivano raccolte le ceneri del defunto.

avvolgendole in morbidi pepli purpurei:[12]
subito le deposero in una buca profonda,
molte e grandi pietre vi posero sopra,
e in fretta versarono il tumulo;[13] v'erano guardie per tutto,
ché non li assalissero prima gli Achei buoni schinieri.[14]
Versato il tumulo, tornarono indietro: essi, poi,
raccolti come conviene, banchettarono glorioso banchetto[15]
in casa di Priamo, il re stirpe di Zeus.[16]
Cosí onorarono la sepoltura d'Ettore domatore di cavalli.

da Omero, *Iliade*, traduzione di R. Calzecchi Onesti, Einaudi, Torino 1990

Bassorilievo che illustra lo scempio del corpo di Ettore, legato per i piedi al carro di Achille e trascinato nella polvere; un gruppo di donne assiste allo strazio dell'eroe troiano.

STRUMENTI DI LETTURA

Le parole chiave

Il pianto: in questo brano sono i sentimenti a dominare, accompagnati, come in tutto il poema, dal senso dell'onore e del rispetto per i codici di comportamento degli eroi.
In particolare ricorre la parola pianto (insieme alla rete di significati che a essa si collega) e funziona come motore dell'azione: prima è il pianto di Priamo che muove Achille a pietà, e poi è il pianto collettivo che si pone come momento liberatore, dopo il quale cessa finalmente l'ira di Achille.

La fine dell'ira

Un valore fondamentale che emerge nel brano è quello dell'affettuoso rispetto per gli anziani. Le preghiere del vecchio Priamo muovono Achille laddove non erano riuscite quelle di Ettore.
In particolare Priamo può fare leva sul ricordo che Achille ha del proprio padre, che immagina essere angosciato in attesa del suo ritorno. Il rispetto per l'anziano re fa risvegliare in Achille quell'umanità che egli sembrava aver perduto inseguendo le ragioni dell'ira, e il corpo di Ettore viene restituito, lavato e profumato, in modo che possa ricevere gli onori che merita.
Ha così fine la vicenda dell'*Iliade*, che prendeva le mosse dall'ira di Achille e che si esaurisce col suo placarsi.

12. pepli purpurei: stoffe di colore rosso porpora.
13. tumulo: mucchio di terra che sta sulla tomba.
14. schinieri: parte dell'armatura che proteggeva le gambe.
15. glorioso banchetto: il poema si chiude con il solenne banchetto in onore del defunto.
16. il re stirpe di Zeus: si fa riferimento alla discendenza da Zeus di Dardano, capostipite dei Troiani e antenato di Priamo.

Laboratorio

LABORATORIO

Comprensione

difficoltà

1 Su che cosa fa leva Priamo parlando ad Achille?

2 In che cosa differisce la sofferenza di Peleo da quella di Priamo?

3 Come ha perso i suoi figli Priamo?

4 Quanti giorni sono concessi ai Troiani per celebrare i funerali di Ettore?

Analisi

difficoltà

I personaggi

Vedi a p. 8

5 Spiega con parole tue in che cosa Achille dimostra un nuovo atteggiamento.

6 Trova e isola sul testo il passaggio in cui è maggiormente evidente questa evoluzione.

La storia

Vedi a p. 9

7 Nel brano si trova un'analessi, trovala e indica quali versi occupa.

8 Chi è a pronunciare l'analessi?

La lingua e lo stile

Vedi a p. 10 e 13

9 Nel brano c'è una similitudine, rintracciala e indica i versi che occupa.

Le parole chiave

Vedi a p. 14

LESSICO

10 Trova e sottolinea tutte le espressioni che appartengono ai campi semantici della pietà e del pianto.

Produzione

difficoltà

11 Fai la parafrasi della prima parte del brano.

12 Riassumi in poche righe come si celebra il rito funebre in onore di Ettore.

L'*Odissea*

IL POEMA DEL RITORNO

ODISSEA
"poema di Odisseo".

NOSTALGIA
dal greco, composto da *nóstos*, "ritorno", e *álgos*, "dolore".

L'***Odissea*** è un poema epico **incentrato sul tema del ritorno in patria**, dopo l'assedio di Troia, di uno degli eroi greci, l'astuto Odisseo (Ulisse in latino), da cui deriva il titolo del poema.
Il poema fa parte del ciclo dei ritorni (in greco *nóstoi*) dalla guerra di Troia e per questa ragione è dominato dal sentimento di **nostalgia** per la patria.
La storia è collocata a dieci anni dalla fine della guerra di Troia e **copre un arco di quaranta giorni**, gli ultimi del lungo viaggio compiuto da Odisseo per tornare a Itaca, dove ristabilisce la sua autorità di monarca e si ricongiunge con la moglie e il figlio.
All'interno di questa narrazione, però, **vengono raccontati i dieci anni successivi** alla fine dell'assedio di Troia, durante i quali, a causa di circostanze avverse, Odisseo percorre in lungo e in largo il Mediterraneo, affrontando pericoli ignoti e conoscendo popoli e paesi diversi.
La novità del poema sta proprio nella narrazione dei viaggi per mare, delle avventure e delle peripezie del protagonista, che lo portano verso luoghi e popoli sconosciuti: gli **scenari dell'azione** sono diversi da quelli dell'*Iliade* poiché si tratta di **luoghi strani e meravigliosi**, popolati da creature fantastiche, e l'**eroismo di Odisseo** non consiste più, come accadeva nell'*Iliade*, nella conquista della gloria con le armi, ma nella **capacità di superare con l'ingegno le continue prove** che l'inevitabile confronto con l'ignoto impone.

Su questo cratere del V secolo a.C. è raffigurato Ulisse insieme ai suoi compagni, mentre si accingono a infilare il palo incandescente nell'occhio di Polifemo.

CONCEZIONE DELL'EROE E MONDO DEI VALORI NELL'*ODISSEA*

Rispetto agli eroi rappresentati nell'*Iliade*, la figura di Odisseo risulta più ricca e articolata, ricca di elementi nuovi e originali.
In particolare, Odisseo:

- è sensibile agli **affetti privati** e nutre sempre nel cuore la **nostalgia della patria** e il desiderio di ricongiungersi alla **famiglia**;
- conta più sull'**intelligenza** che sulla forza e fa affidamento in varie circostanze sulla **lucidità intellettuale**, astuzia e pazienza che lo contraddistinguono;
- è animato da **curiosità** e **sete di conoscenza**, spirito di avventura e attrazione per l'ignoto. Le sue peregrinazioni lo portano infatti a essere il campione della **scoperta dell'ignoto**;

ARCHETIPO
dal greco, composto da *arché*, "principio", e *týpos*, "forma", "modello". Modello che è all'origine delle altre forme dello stesso tipo.

- incarna la **fedeltà ai valori umani**, in quanto, pur lusingato dalla promessa di immortalità della ninfa Calipso, preferisce la vita mortale.

Grazie a queste caratteristiche la figura di Odisseo interpreta quella particolare disposizione intellettuale che sarà alla base dello sviluppo del pensiero greco e ha goduto di un'eccezionale fortuna nella letteratura occidentale, diventando un vero e proprio **archetipo** e alimentando un mito che ha affascinato scrittori di epoche diverse.

LA STRUTTURA E LA VICENDA

Come l'*Iliade*, anche l'*Odissea* è stata divisa dai filologi alessandrini in 24 libri. La narrazione inizia "***in medias res***", cioè nel momento in cui viene decretato dagli dèi il ritorno a casa dell'eroe, al decimo anno dalla fine della guerra, ma un'ampia **analessi** (*flash-back*) estesa per quattro libri allarga la narrazione ai dieci anni precedenti, raccontando il lungo periodo intercorrente tra la partenza da Troia e il ritorno a casa di Odisseo.
Nell'*Odissea* questa tecnica è usata in modo così radicale da alterare l'ordine della *fabula* dell'intero poema, che può essere diviso in tre ampi blocchi narrativi.

Miniatura del *Codice Romanus*, IV secolo d.C., raffigurante il banchetto di Enea e della regina Didone a Cartagine.

- **Telemachia**: i viaggi di Telemaco, il figlio di Odisseo, alla ricerca di notizie del padre (libri I-IV).
- **Odisseo presso i Feaci**: narrazione dei viaggi dell'eroe compiuti nei dieci anni precedenti (libri V-XII).
- **Ritorno a Itaca**: ricostituzione del precedente ordine politico a Itaca e ricongiungimento di Odisseo ai suoi familiari (libri XIII-XXIV).

Se la narrazione degli eventi arretra nel tempo di dieci anni rispetto al momento in cui prende le mosse il racconto, parallelamente anche lo scenario geografico si amplia fino a coprire gran parte del Mediterraneo, consentendo l'inserimento di episodi diversi, vicende d'amore e avventure ardite, prodigi, interventi divini e lotte con mostri.

Il concilio degli dèi (I)

Dopo l'invocazione alla Musa e l'esposizione dell'argomento (protasi), viene descritto un concilio divino in cui – in assenza del dio Poseidone ostile a Odisseo che gli ha accecato il figlio Polifemo – gli dèi decretano il ritorno a casa dell'eroe. Zeus invia Ermes da Calipso, la ninfa che, innamorata di Odisseo, lo trattiene da otto anni presso di sé nell'isola di Ogigia. Mentre Ermes porta alla ninfa l'ordine di Zeus di lasciare andare l'eroe, Atena si presenta sotto mentite spoglie a Telemaco, consigliandogli di cercare sue notizie a Pilo e a Sparta.

I viaggi di Telemaco (II-IV)

Convocata l'assemblea del popolo per chiedere una nave con cui andare in cerca del padre, Telemaco si oppone ai Proci, cioè i figli dei nobili di Itaca pretendenti al trono, che dilapidano i beni paterni e cercano di convincere la madre Penelope, moglie di Odisseo, a sposare uno di loro. La donna ha promesso che sceglierà un nuovo sposo quando avrà finito di tessere un sudario per il suocero Laerte, ma per prendere tempo di notte disfa la tela tessuta durante il giorno. Sciolta l'assemblea senza aver ottenuto la nave richiesta, Telemaco è raggiunto da Atena che, sotto false spoglie, gli promette la nave e i compagni. Così il giovane parte all'insaputa della madre. Approdato a Pilo, Telemaco incontra il re Nestore che gli racconta la fine di Troia, la partenza degli eroi greci e le loro successive vicende; di Odisseo, però, non ha notizie perché, una volta separatosi da lui, non l'ha più visto. Telemaco accetta l'ospitalità di Nestore per la notte e il giorno successivo parte con Pisistrato, il figlio del re, per Sparta, dove incontrerà il re Menelao, meglio informato su Odisseo. Telemaco e Pisistrato giungono alla reggia di Menelao durante la festa per il matrimonio dei suoi figli e sono da lui ospitati. Durante il banchetto, la moglie del re, Elena, riconosciuti nel giovane i tratti paterni, gli racconta episodi riguardanti il padre e Menelao gli narra le vicende del proprio ritorno, la sorte di altri eroi greci e le notizie apprese su Odisseo. Intanto a Itaca i Proci preparano un agguato al giovane, mentre la madre, impensierita per il figlio, è confortata in sonno da Atena.

Odisseo presso i Feaci (V-VIII)

Ermes annuncia a Calipso la volontà divina che Odisseo sia lasciato libero di tornare in patria e la ninfa esegue l'ordine, fornendogli ogni aiuto. L'eroe parte su di una zattera ma dopo diciassette giorni di navigazione, ostacolato da una tempesta provocata dal dio Poseidone, fa naufragio ed è costretto a raggiungere a nuoto Scheria, l'isola non lontana dalla patria dove abita il popolo dei Feaci; raggiunta la riva stremato, si nasconde in un cespuglio olivastro e si addormenta. La dea Atena appare in sogno a Nausicaa, la figlia del re dei Feaci, Alcinoo, inducendola a recarsi al fiume con le ancelle per lavare i panni del suo corredo.
L'apparizione del naufrago Odisseo spaventa le ancelle, ma non Nausicaa, alla quale l'eroe chiede una veste e informazioni per raggiungere la reggia. Giunto qui, l'eroe si getta supplice alle ginocchia della regina Arete; accolto benevolmente, racconta le sue ultime vicende, senza però rivelare la propria identità. La mattina successiva, Alcinoo convoca l'assemblea dei Feaci dove comunica l'intenzione di fornire allo straniero una nave; quindi allestisce un sontuoso banchetto durante il quale l'aedo Demodoco ricorda eventi della guerra di Troia. Alle lacrime di Odisseo, Alcinoo lo invita a rivelare il suo nome e la sua storia.

Il racconto dei viaggi (IX-XII)

Inizia il racconto delle avventure dell'eroe: la partenza da Troia, il passaggio nelle terre dei Ciconi, dove fa bottino, e dei Lotofagi (mangiatori di loto), dove alcuni compagni si nutrono del dolce frutto del loto che ha la caratteristica di far perdere la memoria e che fa dimenticare loro la missione del rientro in patria, costringendo Ulisse a ricondurli sulle navi con la forza. Narra poi dell'approdo nel paese dei Ciclopi, giganti antropofagi con un occhio solo. Imprigionato nel-

la grotta di Polifemo con alcuni compagni, ne vede morire alcuni divorati dal mostro; con uno stratagemma lo ubriaca e lo acceca e poi si salva con i superstiti legandosi sotto il ventre dei montoni, in modo che il gigante, palpandoli, non si accorga della loro fuga. Polifemo invoca l'aiuto degli altri Ciclopi, ma inutilmente perché, avendogli Odisseo detto di chiamarsi "Nessuno", essi non intervengono sentendo che "nessuno" gli fa del male. Il Ciclope chiede allora al padre, il dio del mare Poseidone, di vendicarlo.
Odisseo e i compagni fuggono e riparano nell'isola di Eolo, dio dei venti da cui, dopo esservi rimasti per un mese, ripartono con un dono, un otre nel quale sono racchiusi tutti i venti, tranne Zefiro, la corrente propizia al loro ritorno. Ma in vista di Itaca, mentre Odisseo dorme, i compagni, incuriositi, aprono l'otre suscitando una tempesta che li fa ritornare da Eolo, il quale rifiuta di aiutarli ancora. Ripartiti, giungono nella terra dei Lestrigoni, giganti cannibali. Solo l'eroe e pochi membri dell'equipaggio si salvano e approdano sull'isola della maga Circe. Dei due gruppi in cui Odisseo ha diviso i compagni, uno viene ammaliato dalla maga che trasforma gli uomini in porci, mentre l'altro, guidato all'eroe, sfugge all'incantesimo grazie a un'erba donatagli da Ermes con la quale Odisseo restituisce ai compagni la forma umana. Innamoratasi dell'eroe, Circe lo trattiene presso di sé per un anno e quando si convince a lasciarlo andare, gli consiglia di recarsi nel paese dei Cimmerii e di lì scendere negli Inferi per consultare l'indovino Tiresia sul suo destino. Giunto nel luogo indicato dalla maga e compiuti i riti propiziatori, si avvicinano a Odisseo le ombre dei morti, tra cui Tiresia che lo ammonisce a non lasciare che i compagni violino le greggi del Sole Iperione e che gli predice gli eventi successivi e quanto dovrà affrontare per ottenere il ritorno (e una volta ritornato).
Ritornato tra i vivi, l'eroe riprende la navigazione. Passato nuovamente nell'isola di Circe, Odisseo riesce, grazie agli avvertimenti della maga, a evitare il canto ammaliatore delle Sirene; successivamente supera i mostri marini Scilla e Cariddi e giunge nell'isola Trinacria, dove i compagni suscitano l'ira del Sole Iperione, cibandosi delle sue vacche, per cui periscono tutti in un naufragio. Solo Odisseo si salva ed è scaraventato sull'isola di Calipso che, innamorata di lui, lo trattiene presso di sé per otto anni, fino a quando Zeus le impone di lasciarlo partire.

Francesco Hayez (1791-1882), *Ulisse alla corte di Alcinoo*, 1813-1815.

Il ritorno a Itaca (XIII-XVIII)

Terminato il racconto, Odisseo viene festeggiato dai Feaci con un banchetto, poi sul far della sera s'imbarca sulla nave da loro fornita, dove si addormenta. Al mattino si risveglia sul suolo di Itaca, che tuttavia non riconosce, mentre la nave dei Feaci sulla via del ritorno è trasformata in sasso dall'ira di Poseidone. All'eroe si presenta in veste di pastorella la dea Atena che lo rassicura, lo informa della situazione alla reggia e gli dona l'aspetto di un vecchio mendicante. Seguendo i consigli di Atena, Odisseo si reca in incognito dal fedele porcaro Eumeo, che esprime affetto per il padrone lontano e astio verso i Proci. Egli accoglie il falso mendicante con benevolenza, rifocillandolo e ospitandolo per la notte. Intanto Atena si reca a Sparta per invitare Telemaco a tornare in patria e gli dà dei consigli per evitare l'agguato dei pretendenti. Mentre il ragazzo è sulla via del ritorno, Odisseo conversa con Eumeo da cui riceve informazioni e consigli. All'alba giunge Telemaco, accolto con affetto dal porcaio, che gli presenta il suo ospite. Il giovane manda alla reggia Eumeo ad avvisare la madre del suo ritorno e in sua assenza Odisseo si fa riconoscere dal figlio. I due elaborano un piano per vendicarsi, mentre i Proci, saputo del ritorno di Telemaco, gli preparano nuovi tranelli.
Il ragazzo torna alla reggia dalla madre senza Odisseo, che vi si avvia in compagnia di Eumeo, sotto le mentite spoglie di mendicante; lungo la strada il falso mendicante è oltraggiato dal capraio Melanzio. Quando giungono davanti alla casa Argo, il vecchio cane di Odisseo, riconosce il padrone e poi muore; l'eroe è commosso, ma non si svela. Nella reggia i Proci gozzovigliano e accolgono con arroganza il falso mendicante e uno di essi, Antinoo, lo colpisce con uno sgabello. Penelope vorrebbe parlare con lui, ma Odisseo per il momento si sottrae al colloquio. Dopo una zuffa tra l'eroe e un vero mendicante, compare Penelope che, manifestata l'intenzione di risposarsi, chiede ai pretendenti i doni di rito, poi si ritira nelle sue stanze.
Il banchetto continua fino a notte con nuovi affronti a Odisseo.

Il riconoscimento e la strage dei Proci (XIX-XXIV)

Andati via i Proci, Penelope scende a parlare col forestiero per chiedergli notizie del marito che Odisseo le fornisce, pur continuando a tenere nascosta la propria identità. La regina incarica la nutrice Euriclea di lavarlo, come si deve a un ospite e quando da una cicatrice la vecchia riconosce il suo padrone, Odisseo le proibisce di dirlo ad altri.
Penelope rivela all'ospite che il giorno seguente intende bandire una gara il cui vincitore sarà il suo sposo: i pretendenti dovranno far passare una freccia attraverso gli anelli di dodici scuri piantate in fila, scoccandola con l'arco del marito, il solo in grado di portare a termine l'impresa. Durante la notte, l'eroe assiste sdegnato all'andirivieni delle serve infedeli che si divertono con i Proci, mentre Penelope piange e prega Artemide di ucciderla prima del paventato matrimonio. Il mattino dopo, mentre fervono i preparativi per il nuovo banchetto, giungono alla reggia Eumeo con tre maiali, Melanzio e il pastore Filezio, rimasto fedele al padrone.
Durante il pranzo Penelope propone la prova dell'arco: molti ci provano, ma nessuno riesce. Odisseo, dopo aver preso accordi con i servi fedeli, chiede di tentare anche lui; Telemaco fa allontanare la madre e la prova viene superata. Liberatosi del suo travestimento, Odisseo, con l'aiuto di Telemaco, compie una strage dei pretendenti. Poi vengono uccisi i servi traditori, mentre le ancelle in-

Gustave Moreau (1826-1898), *I Proci*, 1852, particolare. Ulisse è raffigurato sulla porta in fondo a destra, mentre, con l'arco in mano, compie la sua vendetta facendo strage dei Proci.

fedeli sono dapprima costrette a lavare la sala e poi giustiziate. Euriclea sale da Penelope per annunciarle il ritorno del marito, ma ella resta diffidente e si convince solo quando, in un nuovo colloquio, Odisseo le mostra di conoscere il segreto della costruzione del letto nuziale. I due sposi finalmente riuniti si raccontano a vicenda nella notte gli eventi accaduti da quando si sono separati.
La mattina seguente Odisseo esce in armi col figlio e i due servi fedeli, mentre i Proci giungono nell'Ade dove vengono accolti da Agamennone. Odisseo incontra il padre Laerte, che vive poveramente in campagna ed esita anche lui a riconoscere il figlio. Intanto, nuovi scontri si preparano con i parenti degli uccisi, ma essi vengono troncati dall'intervento di Atena e Odisseo può finalmente regnare indisturbato sulla sua isola pacificata.

FONDAMENTO STORICO DELL'*ODISSEA*

Rispetto alla società aristocratica e guerresca che fa da sfondo alle imprese narrate nell'*Iliade*, il mondo dell'*Odissea* è più vario e articolato. In esso agiscono individui dediti ad attività diverse – braccianti, pirati, artigiani, schiave, indovini, aedi – segno della profonda trasformazione culturale e politica della società greca nella quale hanno fatto ingresso **attività economiche nuove**, come la navigazione e l'artigianato. Gli stessi re non sono più indomabili guerrieri votati esclusivamente alla guerra ma vengono rappresentati come capi e guide di popoli operosi, impegnati sia nelle tradizionali attività di agricoltura e pastorizia sia nei nuovi settori dell'artigianato e del commercio.
Nella vicenda di Odisseo, le esperienze reali dei naviganti dell'epoca **vengono reinterpretate alla luce di elementi mitici** e, secondo molti studiosi, le peregrinazioni dell'eroe omerico sarebbero la trasposizione in termini fantastici delle esperienze di viaggio e di esplorazione dei naviganti greci lungo rotte sconosciute da cui avrebbe avuto origine la colonizzazione delle coste del Mediterraneo del secolo VII a.C. Le diverse creature fantastiche incontrate da Odisseo nel suo viaggio deriverebbero quindi dai racconti marinari che materializzavano i reali pericoli della navigazione – bonaccia, tempeste, passaggi difficili attraverso stretti notoriamente pericolosi – in figure mostruose e malevole.
Anche se non tutti concordano con questa ipotesi, è indubbio che l'*Odissea* **riflette il fascino dell'ignoto e del meraviglioso suscitato dalle regioni lontane** ove si spingevano le imbarcazioni di un popolo che era necessariamente costretto ad avere a che fare con il mare.

I viaggi di Odisseo nel Mediterraneo

Molti dei luoghi toccati da Odisseo sono stati identificati, anche se su alcuni permangono incertezze. Ripercorriamo le tappe del viaggio dell'eroe.

1. Odisseo parte da Troia diretto a Itaca, che oggi si ritiene essere un'isola vicina all'attuale Itaca, Leucade.
2. Combatte contro i Ciconi, abitanti della Tracia, sul mar Egeo.
3. Una tempesta sospinge Odisseo e i suoi compagni oltre Itaca, nella terra dei Lotofagi, sulla costa della Libia.
4. Approdano, sulle coste italiane, alla terra del Ciclope Polifemo, nella zona dei Campi Flegrei.
5. Giungono nella casa di Eolo, nelle isole Eolie.
6. Fanno tappa nella terra dei Lestrigoni, nel nord della Sardegna, presso le Bocche di Bonifacio.
7. Approdano all'isola della maga Circe, sul promontorio del Circeo.
8. Odisseo scende nell'Ade, collocato in un indefinito estremo occidente.
9. Ripartiti per Itaca, Odisseo e compagni sfuggono alle Sirene, che vivono nel Golfo di Napoli.
10. Odisseo si salva da Scilla e Cariddi, i mostri che custodiscono lo stretto di Messina.
11. I superstiti approdano in Trinacria, che corrisponde all'attuale Sicilia.
12. Odisseo è trattenuto dalla ninfa Calipso sull'isola di Ogigia, presso lo stretto di Gibilterra, dove si riteneva si trovassero le colonne d'Ercole.
13. Odisseo naufraga sull'isola dei Feaci, l'attuale Corfù.
14. I Feaci riportano Odisseo a Itaca.

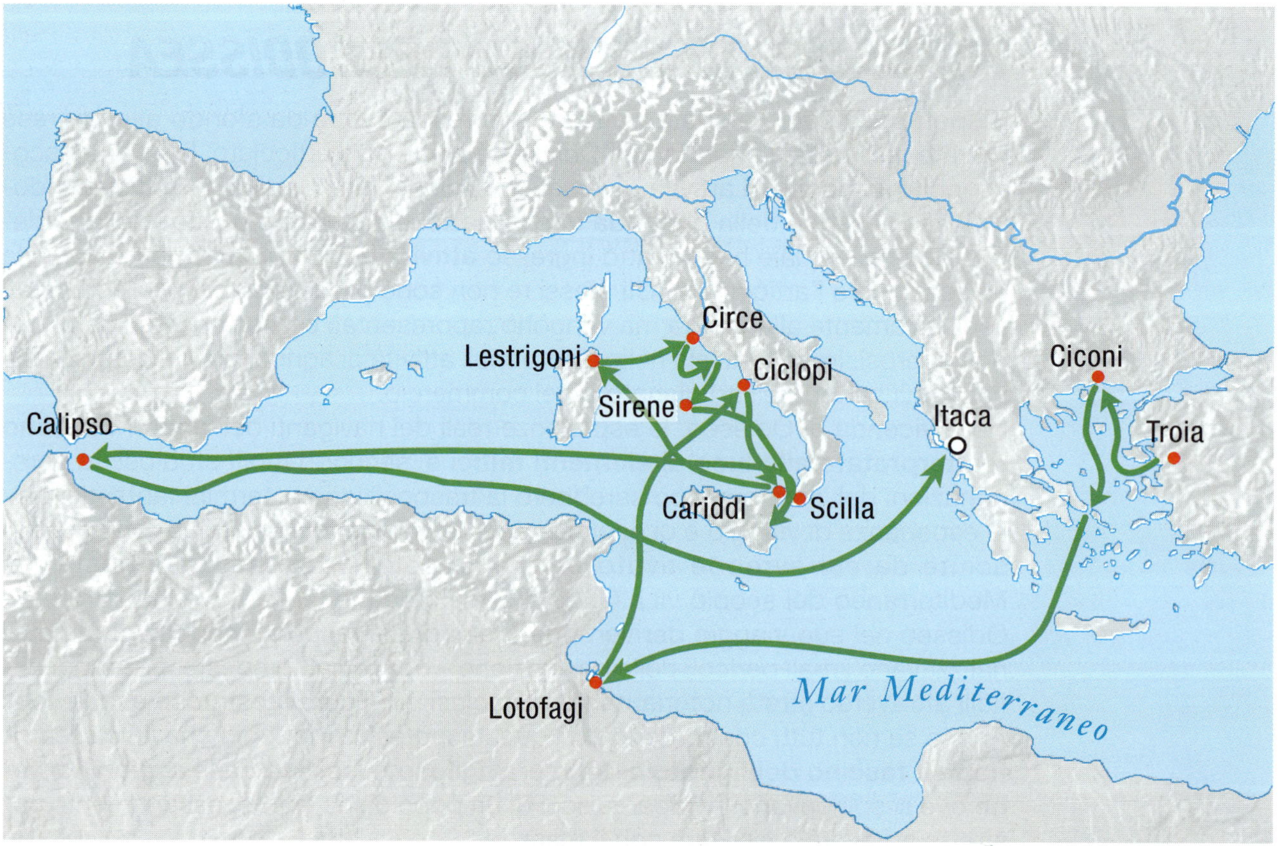

Giandomenico Tiepolo (1727-1804), *Trasporto in città del cavallo di Troia*, 1773, particolare.

I PERSONAGGI

L'*Odissea* ruota attorno alla figura del protagonista che domina su tutti gli altri personaggi incontrati nel corso del lungo viaggio, tra i quali hanno un ruolo di rilievo le creature magiche e fantastiche.
Vediamo uno per uno i personaggi principali.

I mortali

Odisseo (o Ulisse) è il protagonista indiscusso del poema, figlio di Laerte e di Anticlea. È il re di Itaca e il fautore dell'inganno del cavallo, che permette ai Greci di penetrare oltre le mura di Troia. Dopo la partenza di tutti gli eroi dalla città sconfitta, Odisseo deve peregrinare per dieci anni prima di tornare a Itaca.
Telemaco è il figlio di Odisseo e di Penelope. Durante l'assenza del padre cresce con Penelope e con Mèntore, il compagno di Odisseo cui è stato affidato. Nell'*Odissea* è un giovane di vent'anni ed è protagonista dei primi quattro libri del poema.
Alcìnoo è il re dei Feaci, abitanti dell'isola Scheria. Regna con saggezza e vive in un bellissimo palazzo, circondato da un giardino perennemente ricco di fiori e frutti. Accoglie amichevolmente Odisseo e poi lo aiuta a ritornare a Itaca.
I **Proci** sono i figli dei nobili di Itaca. Dopo la fine della guerra di Troia si insediano nella reggia di Odisseo, sperperando i beni dell'eroe, che ormai considerano morto, e contendendosi la mano di sua moglie Penelope. Il loro capo, Antinoo, è il più arrogante e crudele e sarà il primo a essere ucciso, mentre Eurimaco è il più cordiale e cerca inutilmente una mediazione con Odisseo per evitare la strage.
Eumeo e **Filezio** sono i fedeli servitori di Odisseo, grazie ai quali l'eroe riuscirà a sterminare i Proci.
Penelope è la moglie bella e saggia di Odisseo. Attende il marito da vent'anni e ritarda il nuovo matrimonio imposto dai Proci con un inganno: promette, infatti, di scegliere uno sposo al termine della tessitura di una tela, ma di notte disfa il lavoro compiuto durante il giorno, in modo da rinviare all'infinito la scelta.
Nausicaa è la giovane figlia di Alcinoo che soccorre Odisseo dopo il naufragio nell'isola dei Feaci. Consapevole dei doveri dell'ospitalità verso gli stranieri, fornisce all'eroe vestiti e viveri e poi lo accompagna alla reggia.

Ulisse e tre compagni accecano Polifemo, dipinto su coppa cirenaica a figure nere, VI secolo a.C.

Le creature magiche

Polifemo, figlio di Poseidone, è un Ciclope, cioè un gigante con un solo occhio.
Circe, figlia del Sole, è una maga che trasforma in maiali gli uomini che arrivano presso di lei.
Le **Sirene** sono creature con il corpo di uccello e il volto di donna, il cui canto ammalia i naviganti facendoli naufragare.
Scilla e Cariddi sono mostri marini che impediscono il passaggio attraverso lo stretto di Messina.
Calipso è una ninfa bellissima che, innamoratasi di Odisseo, cerca di trattenerlo presso di sé offrendogli il dono dell'immortalità.

Gli dèi

Zeus, la massima divinità dell'Olimpo, è padre degli dèi e degli uomini. È figlio del titano Crono e di Rea. Spodestato il padre con l'aiuto dei fratelli Poseidone e Ade, divide il dominio del mondo con loro: Poseidone è il dio delle acque, Ade è il dio dell'oltretomba, e Zeus regna sui cieli e sulla terra. Nell'*Odissea* Zeus decreta il ritorno di Odisseo in patria.
Atena, la figlia prediletta di Zeus, nata dalla sua testa, è dea dell'intelligenza e della guerra. Protegge Odisseo permettendogli di ritornare a Itaca.
Poseidone, figlio di Crono e Rea e fratello di Zeus, è il dio del mare, ma anche dei terremoti e di tutti i fenomeni sismici. È nemico di Odisseo che ha accecato il figlio Polifemo.
Ermete, figlio di Zeus e di Maia, figlia del titano Atlante, è il messaggero degli dèi ed è rappresentato con sandali alati ai piedi.
Eolo è il dio dei venti.
Elio (nella traduzione è usato il nome latino Sole Iperione) è il dio del sole.

Omero
Il *Proemio*

genere
poema epico

tratto da
Odissea
(libro I, vv. 1-21)

anno
VIII secolo a.C.

luogo
Grecia

IL BRANO

Anche il *Proemio* dell'*Odissea*, come quello dell'*Iliade*, è costituito da un'invocazione alla Musa e da una *protasi*, ovvero l'esposizione dell'argomento della narrazione. La guerra di Troia è finita ormai da dieci anni, e tutti i guerrieri hanno fatto ritorno a casa. Nella *protasi* si accenna al mancato ritorno in patria di Ulisse, ricordandone brevemente i viaggi, le sofferenze, le preoccupazioni per i compagni, la sosta forzata presso la ninfa Calipso e anticipando le lotte che l'attendono anche in patria.

L'uomo[1] ricco d'astuzie raccontami, o Musa,[2] che a lungo
errò dopo ch'ebbe distrutto la rocca sacra di Troia;
di molti uomini le città vide e conobbe la mente,
molti dolori patí in cuore sul mare,
lottando per la sua vita e pel ritorno dei suoi.
Ma non li salvò, benché tanto volesse,
per loro propria follia si perdettero, pazzi!,
che mangiarono i bovi del Sole Iperìone,[3]
e il Sole distrusse il giorno del loro ritorno.[4]
Anche a noi di' qualcosa di queste avventure, o dea, figlia di Zeus.
Allora tutti gli altri, quanti evitarono l'abisso di morte,[5]
erano a casa, scampati dalla guerra e dal mare;
lui solo, che sospirava il ritorno e la sposa,
la veneranda ninfa Calipso,[6] la splendida dea, tratteneva
negli antri profondi, volendo che le fosse marito.
E quando anche l'anno arrivò, nel girare del tempo,[7]
in cui gli filarono i numi[8] che in patria tornasse,
in Itaca neppure là doveva sfuggire alle prove,[9]
neppure fra i suoi. Tutti gli dèi ne avevan pietà,
ma non Poseidone; questi serbava rancore violento
contro il divino Odisseo, prima che in patria arrivasse.

da Omero, *Odissea*, traduzione di R. Calzecchi Onesti, Einaudi, Torino 1990

---

1. **L'uomo**: Ulisse.
2. **Musa**: figlia di Zeus e Mnemosine, protettrice delle attività artistiche (vedi nota 1 a p. 32).
3. **Iperìone**: "colui che si muove in alto", epiteto del Sole.
4. **e il Sole ... ritorno**: il Sole, adirato, scatena una tempesta che li allontana da Itaca proprio nel giorno in cui l'avvistano.
5. **Allora ... di morte**: tutti coloro che avevano combattuto nella guerra di Troia, riuscendo a scampare la morte.
6. **Calipso**: ninfa figlia del titano Atlante, che trattiene Ulisse nella sua isola perché innamorata di lui, desiderando sposarlo.
7. **nel girare del tempo**: col passare del tempo.
8. **gli filarono i numi**: gli dèi decisero.
9. **in Itaca ... prove**: anche una volta raggiunta Itaca Ulisse deve superare altri ostacoli prima di ritornare a regnarvi serenamente.

STRUMENTI DI LETTURA

L'invocazione alla Musa

Il poema prende avvio dalla canonica invocazione alla Musa, che avevamo già visto nel Proemio dell'*Iliade*. Due differenze però vanno notate rispetto al poema precedente: qui il poeta chiede alla Musa di raccontare, differentemente dal *cantare* dell'*Iliade*, usando un verbo, anche nell'originale greco, che ha una connotazione che si potrebbe definire "meno epica" e più "romanzesca". Inoltre qui l'invocazione è ripresa al decimo verso, quando il poeta chiede di "dire qualcosa" delle avventure di Ulisse, alludendo alla vastità e molteplicità delle sue esperienze di conoscenza, di cui forse potremo apprendere solo una parte.

Il narratore

Anche in questo Proemio, come nell'*Iliade*, è subito evidente che la narrazione inizia "*in medias res*", facendo riferimento a un passato cui si fa cenno ricordando la fine della guerra di Troia e le peripezie di Ulisse nel tentativo di ritornare a casa.

Il narratore presuppone quindi ascoltatori che conoscano i fatti precedenti, infatti richiama il ricordo della distruzione di Troia e del ritorno degli eroi dalla guerra, dando per scontato che chi ascolta sia informato sulla guerra di Troia e sul ruolo che Ulisse vi ricoprì permettendo ai Greci di entrare nella città e distruggerla.

Fabula e intreccio

La rievocazione degli anni che seguirono la guerra di Troia, durante i quali Ulisse vagabondò per il mare conoscendo luoghi e popoli, cercando di salvare il suo equipaggio e rimanendo bloccato sull'isola di Calipso, costituisce una violazione della *fabula*, in quanto va indietro nel tempo come in un *flash-back*.

Successivamente si verifica invece una prolessi, cioè un'anticipazione del futuro (il prossimo rientro dell'eroe in patria), dicendo che Ulisse, prima di poter tornare a regnare su Itaca, si imbatterà in nuovi ostacoli e nuove sofferenze.

Il personaggio

Ulisse: già nei primi versi del poema appaiono i caratteri fondamentali dell'eroe: ingegnoso, desideroso di conoscenza, nostalgico della patria.

Il narratore, nel presentarci Ulisse, lo chiama *uomo ricco d'astuzie*. La sua prima caratteristica è quindi l'intelligenza, la stessa che gli permise di distruggere Troia, così come è rievocato al secondo verso. Questa caratteristica è di nuovo sottolineata più avanti attraverso il contrasto con la stoltezza dei suoi compagni che *per la loro follia si perdettero, pazzi*.

Ulisse quindi è l'eroe dell'astuzia, ma non solo: egli è anche l'eroe simbolo della curiosità intellettuale e del desiderio di conoscenza, caratteristiche che il testo mette in risalto attraverso il gruppo di verbi*: errò, vide, conobbe*.

Da ultimo è presentato l'eroe degli affetti famigliari, afflitto da sofferenze, che sospira la patria e la moglie, caratteristica che completa il volto di un eroe moderno, dotato di un'interiorità complessa e sensibile, espressione di una concezione dell'uomo più articolata e dinamica di quella dell'*Iliade*, per la quale l'eroico guerriero aveva come unico codice di comportamento quello del soldato.

Eustache Le Sueur (1616-1655), *Melpomene, Erato e Polimnia*, 1655, particolare.

Laboratorio

LABORATORIO

Comprensione

difficoltà

1 Come viene definito Ulisse?

2 Quale merito si attribuisce a Ulisse?

3 Per quale colpa i compagni di Ulisse vengono puniti?

4 Chi, e perché, trattiene Ulisse impedendogli il ritorno?

5 Quale dio, e perché è adirato con Ulisse?

6 Chi stabilisce che Ulisse possa finalmente tornare a casa?

7 Cosa dovrà affrontare Ulisse una volta giunto in patria?

Analisi

difficoltà

Il narratore Vedi a p. 6

8 Distingui i versi in cui il narratore invoca la Musa.

9 Il *Proemio* presenta un narratore che:

- ☐ conosce tutti i fatti perché vi ha partecipato;
- ☐ conosce i fatti solo in parte;
- ☐ conosce tutti i fatti perché è un narratore onnisciente.

Fabula e intreccio Vedi a p. 9

10 Costruisci per punti l'ordine della *fabula* citando i versi del *Proemio*.

11 Indica i versi che contengono analessi.

12 Indica i versi che contengono la prolessi.

Il personaggio Vedi a p. 8

13 Indica i versi in cui si ritrovano le seguenti caratteristiche che contraddistinguono Ulisse:

- astuzia: vv. ....
- curiosità: vv. ....
- nostalgia per gli affetti: vv. ....

Laboratorio

14 Ci sono, legate a queste, altre qualità che già da ora si possono intuire di Ulisse? Te ne proponiamo alcune tra cui dovrai scegliere quelle più opportune:

forza; versatilità; pazienza; tracotanza; devozione.

15 Quale confronto mette in risalto le capacità intellettuali di Ulisse?

La lingua e lo stile Vedi a p. 10 e 12

16 Nel brano compaiono epiteti. Elencali accanto al termine a cui si riferiscono.

17 Nel brano compaiono due perifrasi che descrivono due personaggi senza nominarli. Riportale qui sotto:

- Ulisse: ....
- Musa: ....

Produzione

difficoltà

18 Compi la parafrasi del testo.

19 Fai un confronto intertestuale, esaminando le caratteristiche con cui viene presentato Achille nell'*Iliade* e quelle con cui viene presentato Ulisse e scrivi un breve testo che metta in luce le differenze.

Omero
Ulisse e Calipso

genere
poema epico

tratto da
Odissea
(libro V, vv. 149-224)

anno
VIII secolo a.C.

luogo
Grecia

IL BRANO

Il concilio degli dèi ha decretato il ritorno di Ulisse in patria, e Zeus ha inviato Ermete da Calipso, la dea che trattiene Ulisse presso la propria isola, perché la informi del suo volere. La ninfa mal accetta l'ordine, ma sa che questa decisione di Zeus deve essere rispettata, perciò va a cercare Ulisse sulla spiaggia per avvertirlo che ora è libero di andare a casa.

Lei, la ninfa sovrana, in cerca del grande Odisseo
andava, dopo che udí il messaggio di Zeus.[1]
Sul promontorio, seduto, lo scorse: mai gli occhi
erano asciutti di lacrime, ma consumava la vita soave
sospirando il ritorno, perché non gli piaceva la ninfa.
Certo la notte dormiva sempre, per forza,
nella cupa spelonca,[2] nolente,[3] vicino a lei che voleva:
ma il giorno, seduto sopra le rocce e la riva,
con lacrime gemiti e pene il cuore straziandosi,
al mare mai stanco guardava, lasciando scorrere lacrime.
Accanto gli stette e gli parlò, la dea luminosa:
«Infelice, non starmi piú a piangere qui, non sciuparti
la vita: ormai di cuore[4] ti lascio partire.
Suvvia, grossi tronchi col bronzo tagliando, connèttili
in zattera larga; poi saldo castello[5] disponivi,
alto, che possa portarti sul mare nebbioso.
Intanto io pane, acqua, vin rosso
porterò in abbondanza, che tengan lontano la fame,
e vesti ti vestirò, ti manderò dietro il vento,
perché illeso tu arrivi alla terra dei padri,
se i numi vogliono, quelli che il cielo vasto possiedono
e hanno piú forza di me per comandare e volere».
Cosí diceva, rabbrividí il costante Odisseo luminoso
e rispondendole disse parole fugaci:[6]
«Altro tu macchini,[7] o dea, con questo, e non il ritorno,
che vuoi su una zattera farmi passare abisso immenso di mare,
spaventoso, invincibile: neppure navi di perfetto equilibrio
lo passano, anche se sono allietate dal vento di Zeus.
No, sulla zattera non salirò, a costo d'oppormiti,
se non hai cuore, o dea, di farmi il gran giuramento,
che contro di me nessun nuovo male prepari».[8]
Parlò cosí, sorrise Calipso, la dea luminosa,

1. messaggio di Zeus: Zeus ha inviato Ermete come messaggero per ordinare a Calipso di lasciare andare Ulisse.
2. spelonca: la grotta in cui vive la ninfa.
3. nolente: anche se non voleva.
4. di cuore: Calipso lascia intendere a Ulisse di lasciarlo andare di sua volontà, per generosità d'animo, senza spiegargli che è l'ordine di Zeus.
5. castello: una costruzione che serva da riparo.
6. parole fugaci: parole veloci, che sfuggono, dette con spontaneità.
7. Altro tu macchini: Ulisse teme che Calipso trami (*macchini*) qualcosa.
8. se non hai cuore ... prepari: Ulisse in questo modo vuole ottenere da Calipso un giuramento solenne che lei non si opporrà con armi magiche al suo viaggio.

lo carezzò con la mano e disse parola, diceva:
«Ah brigante che sei, e non sciocco davvero;
senti un po' che discorso hai pensato di fare!
Sappia dunque la terra e il cielo immenso di sopra,
e l'onda di Stige,[9] che scorre in profondo – è questo il piú grande
giuramento, tremendo per i numi beati –
che contro di te nessun nuovo male preparo;
anzi consiglio e provvedo quel che a me stessa
provvederei, se uguale bisogno m'urgesse,
perché ho mente giusta,[10] non c'è nel mio petto
un cuore di ferro, ma compassionevole».
Detto cosí, lo precedeva la dea luminosa,
rapidamente: lui dietro i passi della dea camminava.
Giunsero alla cupa spelonca l'uomo e la ninfa,
e lui sedette sul trono da cui s'era alzato
Ermete,[11] e la ninfa gli serviva del cibo,
mangiare e bere come i mortali si cibano.
Poi sedette anche lei in faccia al divino Odisseo,
e a lei ambrosia[12] le ancelle servirono e nettare.[13]
Cosí sui cibi pronti e serviti le mani gettarono.
Poi quando si furon goduti cibo e bevanda,
fra loro prendeva a dire Calipso, la dea luminosa;
«Laerzíade[14] divino, accorto Odisseo
dunque alla casa, alla terra dei padri
subito adesso andrai? Ebbene, che tu sia felice!
Ma se sapessi nell'animo tuo quante pene
t'è destino subire, prima di giungere in patria,
qui rimanendo con me, la casa mia abiteresti

Francesco Primaticcio (1504 ca.-1570), *Ulisse e Penelope*, 1563 ca., particolare.

9. Stige: fiume che scorre negli Inferi.
10. ho mente giusta: sono affidabile.
11. Ermete: Ulisse si siede al posto in cui era seduto Ermete poco prima, quando era venuto a portare il messaggio di Zeus a Calipso.
12. ambrosia: cibo degli dèi.
13. nettare: bevanda degli dèi.
14. Laerzíade: figlio di Laerte.

e immortale saresti, benché tanto bramoso
di rivedere la sposa, che sempre invochi ogni giorno.
Eppure, certo, di lei mi vanto migliore
quanto a corpo e figura, perché non può essere
che le mortali d'aspetto e bellezza con le immortali gareggino!»
E rispondendole disse l'accorto Odisseo:
«O dea sovrana, non adirarti con me per questo: so anch'io,
e molto bene, che a tuo confronto la saggia Penelope
per aspetto e grandezza non val niente a vederla:
è mortale, e tu sei immortale e non ti tocca vecchiezza.
Ma anche cosí desidero e invoco ogni giorno
di tornarmene a casa, vedere il ritorno.
Se ancora qualcuno dei numi vorrà tormentarmi sul livido mare,
sopporterò, perché in petto ho un cuore avvezzo alle pene.[15]
Molto ho sofferto, ho corso molti pericoli
fra l'onde e in guerra: e dopo quelli venga anche questo!»

da Omero, *Odissea*, traduzione di R. Calzecchi Onesti, Einaudi, Torino 1990

STRUMENTI DI LETTURA

La nostalgia di Ulisse

Fino a questo punto del poema Ulisse non era ancora comparso in azione, ma era stato solo nominato per narrare, attraverso le parole di altri personaggi, le vicende del suo passato, riportate in modo indiretto. Qui compare per la prima volta e il primo aspetto di lui che ci viene presentato è quello della nostalgia. Infatti egli consuma le proprie giornate *sospirando il ritorno*: si focalizza così il centro di gravità di tutta la vicenda, e cioè il ritorno a casa tanto desiderato dall'eroe. In seconda istanza si presenta Ulisse come eroe sofferente, dandone un'immagine profondamente umana, fragile, dolente.

Calipso che nasconde

Se Ulisse in questo brano conferma quanto sapevamo già di lui grazie alle parole del narratore e degli altri personaggi, Calipso rivela la sua principale caratteristica, che è quella di nascondere (il suo stesso nome deriva probabilmente dal greco *calyptein*, che significa "nascondere"): infatti la dea non solo tiene nascosto Ulisse nella sua isola per otto anni, ma nasconde anche il decreto degli dèi a Ulisse stesso, facendogli credere che sia grazie al proprio buon cuore che ha deciso di lasciarlo libero, e non per via dell'ordine di Zeus, cui la ninfa non fa cenno.

Le parole chiave

Immortalità: in questo brano Ulisse rifiuta l'immortalità e un'eternità da passare in completa pace nell'isola felice di Calipso, per scegliere una vita mortale, breve e piena di sofferenze.
Rifiutare l'immortalità significa accettare il suo opposto, la mortalità, l'umanità. Inoltre alla caratteristica della mortalità, che appartiene all'uomo, è legata anche quella della sofferenza. Ulisse è avvezzo alle sofferenze, come dice a Calipso, ciò significa che è capace di vivere l'esistenza, pur limitata e dolorosa, continuando ad amarla e a desiderarla.

Il narratore

L'ironia: il narratore qui sembra concedersi una sottolineatura significativa: l'eroe si siede allo stesso posto a cui era seduto Ermete poco prima, quando aveva consegnato alla ninfa il messaggio di Zeus. Questo parallelismo tra le due immagini, quella di Ermete, e poi quella di Ulisse, seduti allo stesso posto, fa emergere con maggiore evidenza la malizia della ninfa che mente a Ulisse sul reale motivo della propria decisione di lasciarlo partire, ricordando con una sottile ironia all'ascoltatore ciò che Calipso sta omettendo di dire a Ulisse.

15. ho un cuore ... pene: sono abituato alle sofferenze.

Laboratorio

LABORATORIO

Comprensione

difficoltà

1 Che cosa sta facendo Ulisse quando Calipso lo trova sul promontorio?

2 Per quale ragione Calipso lascia andare Ulisse?

3 Quale motivo, secondo le parole di Calipso, è alla base della sua decisione?

4 Quale giuramento ottiene Ulisse da Calipso?

5 Che cosa offre la ninfa a Ulisse?

6 Che cosa sceglie l'eroe di fronte all'offerta di Calipso?

Analisi

difficoltà

Il personaggio Vedi a p. 8

7 Sottolinea tutti i passaggi in cui emerge maggiormente la nostalgia di Ulisse per la patria e la moglie.

8 In che cosa risiede l'umanità di Ulisse?

9 Come definiresti il comportamento di Calipso?

Le parole chiave Vedi a p. 14

10 Trova e sottolinea sul testo i passaggi in cui maggiormente emerge il concetto della vita umana come legata al dolore.

La storia Vedi a p. 9

11 Nel brano si trova una breve prolessi. Da chi è pronunciata? Che cosa anticipa?

La lingua e lo stile Vedi a p. 10

12 Elenca tutti gli epiteti e i patronimici che trovi nel testo.

Produzione

difficoltà

13 In questo brano Ulisse rifiuta l'immortalità e sceglie una vita umana e mortale. Scrivi **un breve testo** in cui spieghi perché una diversa scelta di Ulisse non sarebbe compatibile col suo personaggio.

Omero
Ulisse e Nausicaa

genere
poema epico

tratto da
Odissea
(libro VI, vv. 85-210)

anno
VIII secolo a.C.

luogo
Grecia

IL BRANO

Imbarcatosi su una zattera alla volta di Itaca, Ulisse è colto da una tempesta scatenata da Poseidone. Dopo il naufragio giunge all'isola dei Feaci e, stremato, si addormenta in un boschetto presso la foce di un fiume. Intanto la figlia del re dell'isola, Nausicaa, per suggerimento di Atena si reca con le ancelle a lavare i panni del corredo al fiume, non lontano dal punto in cui è addormentato Ulisse.

E quando giunsero[1] alla corrente del fiume, bellissima,
dov'erano i lavatoi perenni,[2] molt'acqua
bella sgorgava, da lavare anche vesti assai sporche,
allora le mule sciolsero, dal carro staccandole,
e lungo il fiume vorticoso[3] le spinsero
a brucar dolce gramigna; e loro dal carro le vesti
sulle braccia prendevano e le portavano nell'acqua bruna,[4]
le calpestavano velocemente nei botri,[5] sfidandosi a gara.
Lavate che l'ebbero, portato via tutto il sudicio,
in fila le stesero lungo la riva del mare,[6] là dove piú
la ghiaia sul lido il mare lavava.[7]
Poi, lavate anche loro e unte con olio lucente,
presero il pasto sulle rive del fiume, e aspettavano
che al raggio del sole le vesti asciugassero.
Quando furon sazie di cibo, ella e le ancelle,
giocarono a palla, gettando via i veli del capo;[8]
e fra loro Nausicaa braccio bianco il canto intonava.
Come va per i monti Artemide urlatrice[9]
o sul Taigeto[10] eccelso o su per l'Erímanto,[11]
godendo di rapide cerve o cinghiali;
con lei le ninfe, le figlie di Zeus egíoco,[12]
abitatrici dei campi, scherzano; gode in cuore Letò;[13]
lei piú alto di tutte leva il capo e la fronte,
e si distingue assai bene, eppure tutte son belle:
cosí tra le ancelle si distingueva la giovane vergine.[14]
Ma quando fu per tornarsene a casa,
aggiogate le mule, piegate le belle vesti,
altro allora pensò la dea Atena occhio azzurro,
perché Odisseo si svegliasse, vedesse la giovinetta begli occhi,
e lei dei Feaci alla città lo guidasse.
La palla dunque lanciò la regina a un'ancella,
fallí l'ancella, scagliò la palla nel gorgo profondo.[15]

1. giunsero: Nausicaa, la giovane figlia di Alcinoo, re dei Feaci, e le ancelle.
2. lavatoi perenni: perenni perché l'acqua vi sgorgava in ogni stagione.
3. vorticoso: che scorre violento.
4. acqua bruna: dov'è più profonda l'acqua è più scura.
5. botri: fosse naturali che si riempivano d'acqua corrente.
6. mare: i lavatoi si trovano presso la foce del fiume, in prossimità del mare.
7. là dove ... lavava: sulla spiaggia la ghiaia è resa più pulita dal continuo passaggio delle onde.
8. gettando ... capo: per non esserne impacciate nel gioco Nausicaa e le ancelle si tolgono il velo che portano in segno di pudore.
9. Artemide urlatrice: la figlia di Zeus e Latona, dea della caccia. Urlatrice è un epiteto.
10. Taigeto: monte della Laconia.
11. Erímanto: monte dell'Arcadia.
12. Zeus egíoco: il padre degli dei, fornito dell'egida, lo scudo fatto con la pelle di una capra.
13. Letò: Latona, madre di Apollo e Artemide.
14. giovane vergine: Nausicaa.
15. fallí ... profondo: l'ancella non riesce ad afferrare la palla, che finisce nell'acqua del fiume.

Quelle un grido lungo gettarono: e si svegliò Odisseo luminoso,
e seduto pensava nell'anima e in cuore:
«Ohimè, di che uomini ancora arrivo alla terra?
forse violenti, selvaggi, senza giustizia,
oppure ospitali, e han mente pia verso i numi?[16]
Come di giovanette mi è giunto un grido femmineo;
ninfe, che vivon sui picchi scarpati[17] dei monti,
nelle sorgenti dei fiumi, nei pascoli erbosi?
Oppure sono vicino a esseri umani parlanti?
Via, dunque, io stesso vedrò e lo saprò».
Cosí dicendo, di sotto ai cespugli sbucò Odisseo glorioso,
dal folto un ramo fronzuto con la mano gagliarda
stroncò per coprire le vergogne sul corpo.[18]
E mosse come leone nutrito sui monti, sicuro della sua forza,
che va tra il vento e la pioggia; i suoi occhi
son fuoco. Tra vacche si getta, tra pecore,
tra cerve selvagge; e il ventre[19] lo spinge,
in cerca di greggi, a entrare anche in ben chiuso recinto.
Cosí Odisseo tra le fanciulle bei riccioli stava
per mescolarsi, nudo: perché aveva bisogno.
Pauroso apparve a quelle, orrido di salsedine,
fuggirono qua e là per le lingue di spiaggia.
Sola, la figlia d'Alcinoo restò, perché Atena
le infuse coraggio nel cuore, e il tremore delle membra le tolse.
Dritta stette, aspettandolo: e fu in dubbio Odisseo
se, le ginocchia afferrandole, pregar la fanciulla occhi belli,
o con parole di miele, fermo cosí, da lontano,
pregarla che la città gli insegnasse[20] e gli desse una veste.
Cosí, pensando, gli parve cosa migliore,
pregar di lontano, con parole di miele,
ché a toccarle i ginocchi non si sdegnasse in cuore la vergine.
Subito dolce e accorta parola parlò:
«Io mi t'inchino, signora: sei dea o sei mortale?
Se dea tu sei, di quelli che il cielo vasto possiedono,
Artemide, certo, la figlia del massimo Zeus,
per bellezza e grandezza e figura mi sembri.
Ma se tu sei mortale, di quelli che vivono in terra,
tre volte beati il padre e la madre sovrana,
tre volte beati i fratelli: perché sempre il cuore
s'intenerisce loro di gioia, in grazia di te,
quando contemplano un tal boccio muovere a danza.[21]
Ma soprattutto beatissimo in cuore, senza confronto,
chi soverchiando coi doni, ti porterà a casa sua.[22]
Mai cosa simile ho veduto con gli occhi,
né uomo, né donna: e riverenza a guardarti mi vince.
In Delo[23] una volta, cosí, presso l'ara d'Apollo,[24]
vidi levarsi un fusto nuovo di palma:
sí, giunsi anche là; e mi seguiva innumerevole esercito,

16. mente pia verso i numi: devoti agli dei.
17. scarpati: irti.
18. dal folto ... corpo: Ulisse, che dopo il naufragio si risveglia sulla spiaggia nudo, spezza un ramo frondoso con cui si copre.
19. il ventre: la fame.
20. gli insegnasse: gli mostrasse.
21. tal ... danza: Nausicaa, paragonata a un germoglio, si muove con tale grazia che sembra una danza.
22. chi ... casa sua: colui che, potendo meritarti solo con l'offerta di moltissimi doni, ti sposerà.
23. Delo: isola consacrata ad Apollo.
24. l'ara d'Apollo: il santuario dedicato ad Apollo.

via in cui m'era destino aver tristi pene.[25]
Cosí, ammirandolo, fui vinto dal fascino
a lungo, perché mai crebbe tale pianta da terra,
come te, donna, ammiro, e sono incantato e ho paura tremenda
ad abbracciarti i ginocchi: ma duro strazio m'accora.[26]
Ieri scampai dopo venti giornate dal livido mare:
fin qui l'onda sempre m'ha spinto e le procelle rapaci,[27]
dall'isola Ogigia;[28] e qui m'ha gettato ora un dio,
certo perché soffra ancora dolori: non credo
che finiranno, ma molti ancora vorranno darmene i numi.
Ma tu, signora, abbi pietà: dopo molto soffrire,
a te per prima mi prostro, nessuno conosco degli altri
uomini, che hanno questa città e questa terra.
La rocca insegnami[29] e dammi un cencio da mettermi addosso,
se avevi un cencio da avvolgere i panni, venendo.
A te tanti doni facciano i numi, quanti in cuore desideri,
marito, casa ti diano, e la concordia gloriosa
a compagna; niente è piú bello, piú prezioso di questo,
quando con un'anima sola dirigono la casa
l'uomo e la donna: molta rabbia ai maligni,
ma per gli amici è gioia, e loro han fama splendida».[30]
Gli replicò Nausicaa braccio bianco:
«Straniero, non sembri uomo stolto o malvagio,
ma Zeus Olimpio,[31] lui stesso, divide fortuna tra gli uomini,
buoni e cattivi, come vuole a ciascuno:
a te ha dato questo, bisogna che tu lo sopporti.
Ora però, che sei giunto alla nostra terra, alla nostra città,
né panno ti mancherà, né altra cosa,
quanto è giusto ottenga il meschino, che supplica.[32]
La rocca t'insegnerò e dirò il nome del popolo.
I Feaci possiedono terra e città,
e io son la figlia del magnanimo Alcinoo,
che tra i Feaci regge la forza e il potere».
Disse, e gridò alle ancelle bei riccioli:
«Fermatevi ancelle: dove fuggite alla vista d'un uomo?
Forse un nemico credete che sia?
Non esiste uomo vivente, né mai potrà esistere,
che arrivi al paese delle genti feace
portando guerra: perché noi siam molto cari agli dei.
Viviamo in disparte, nel mare flutti infiniti,
lontani, e nessuno viene fra noi degli altri mortali.
Ma questi è un misero naufrago, che c'è capitato,
e dobbiamo curarcene: vengon tutti da Zeus
gli ospiti e i poveri; e un dono, anche piccolo, è caro.
Via, date all'ospite, ancelle, da mangiare e da bere,
e nel fiume lavatelo, dov'è riparo dal vento».

da Omero, *Odissea*, traduzione di R. Calzecchi Onesti, Einaudi, Torino 1990

25. sì ... pene: Ulisse si riferisce qui alle sue esperienze di viaggio, dicendo che è stato *anche* là, e sottolinea come in queste esperienze un destino di dolore lo seguisse.
26. duro strazio m'accora: mi opprime un dolore.
27. procelle rapaci: tempeste violente.
28. isola Ogigia: l'isola su cui Calipso tratteneva Ulisse, presso lo stretto di Gibilterra.
29. insegnami: mostrami.
30. quando ... splendida: quando marito e moglie sono così uniti da condurre la vita domestica in totale accordo, provocano l'invidia dei maligni, ma la gioia degli amici, che hanno di loro grande rispetto.
31. Zeus Olimpio: epiteto di Zeus, che vive sull'Olimpo.
32. quanto ... supplica: chi, pur avvilito dalle disgrazie, supplica otterrà ciò che è giusto, secondo la concezione dell'ospitalità presso i Greci, per la quale stranieri e mendicanti vanno accolti ed esauditi nelle loro richieste.

STRUMENTI DI LETTURA

L'eloquenza di Ulisse

Nuovamente si manifesta l'intelligenza di Ulisse, questa volta nella forma dell'abilità nel parlare. Qui infatti l'eroe è molto attento a dire alla fanciulla parole che le facciano capire di avere di fronte un uomo nobile e saggio. In particolare Ulisse la lusinga mostrando di ammirarne la bellezza, ben sapendo che la vanità femminile lo favorirà predisponendo la ragazza positivamente verso di lui. Inoltre, intuendone i profondi desideri, allude al giorno delle nozze di Nausicaa che, essendo in età da marito, sogna il matrimonio.

Nausicaa

La figlia del re dei Feaci è presentata gradualmente nel brano: dapprima se ne esalta la delicatezza della voce e poi la grazia in un paragone con la dea Artemide.
Successivamente ci viene fornita l'immagine del suo sangue freddo di fronte all'apparire dello straniero, segno della sua assennatezza. In seguito sono le parole di Ulisse a presentarcela, paragonandola a una dea, e più tardi attraverso la similitudine con un germoglio di palma. Infine è la fanciulla stessa a mostrare le sue qualità di figlia di re, dichiarando i doveri di un popolo pacifico e civile, e dimostrando gentilezza e coraggio.
La figura di Nausicaa riveste un particolare interesse perché rompe l'isolamento in cui è relegata la figura femminile nell'*Iliade*, dimostrando lucidità, saggezza e capacità di decisione, e rivelandosi come perfetta interlocutrice dell'universo maschile. Nel poema Nausicaa diventa il simbolo della grazia, della gentilezza, della saggezza e della civiltà.

L'ospitalità

Un tema molto importante che emerge in questo brano è quello dell'ospitalità, considerata un dovere sacro presso gli antichi. Infatti questa norma faceva parte delle regole fondamentali della convivenza civile. Lo straniero doveva essere accolto, e solo in un secondo tempo gli si poteva chiedere la sua identità. Ciò distingue un popolo civile da un popolo barbaro. L'approdo di Ulisse alla terra dei Feaci rappresenta appunto il ritorno verso un mondo civile, dopo tanti approdi in paesi barbari, dove vigevano la violenza e la difesa selvaggia del territorio.

Ulisse alla corte del re Alcinoo racconta le sue disavventure; le donne sulla destra sono la bella Nausicaa e sua madre; particolare da un vaso a figure rosse del V secolo a.C.

Laboratorio

LABORATORIO

Comprensione

difficoltà

1 Quali azioni compiono Nausicaa e le ancelle dopo essere giunte al fiume?

2 Quale divinità interviene per imprimere agli eventi il corso voluto?

3 Quali alternative si presentano a Ulisse?

4 Che cosa racconta Ulisse di sé a Nausicaa?

5 Quale augurio fa Ulisse a Nausicaa?

6 Che cosa promette Nausicaa a Ulisse?

7 Che cosa dice Nausicaa alle ancelle?

Analisi

difficoltà

La storia Vedi a p. 9

8 Completa la tabella indicando a quali versi corrispondono le singole sequenze e dando un titolo a queste.

Sequenza	Titolo	Versi
1	Nausicaa e le ancelle al fiume	85-109
2	Intervento di Atena	....
3	....	119-126
4	....	....
5	....	....
6	....	....
7	Risposta di Nausicaa a Ulisse	....
8	....	....

Fabula e intreccio Vedi a p. 9

9 Ai versi 162-165 troviamo un'analessi: che cosa ricorda Ulisse?

10 Dove riscontri un altro ricordo dell'eroe? Indica i versi e il contenuto.

Laboratorio

I personaggi Vedi a p. 8

11 **Esprimi in poche parole quali aspetti della caratterizzazione di Nausicaa, a tuo giudizio, emergono:**

a) nelle parole del narratore;

b) nel discorso di Ulisse;

c) nelle parole e nel comportamento della fanciulla.

La lingua e lo stile Vedi a pp. 10-13

12 **Elenca le similitudini che riscontri in questo brano spiegando per ognuna l'elemento comune tra i due termini del confronto.**

13 **Compaiono anche immagini metaforiche? Trascrivile spiegandole.**

14 **Tra i vari artifici retorici adoperati da Ulisse nel suo discorso, troviamo l'iterazione. Sottolineala nel testo.**

Produzione

difficoltà

15 **Immagina una situazione in cui, in uno scenario contemporaneo, una ragazza dell'età di Nausicaa incontra uno straniero arrivato dal mare e metti per iscritto il dialogo che avviene tra i due.**

Omero
Polifemo

genere
poema epico

tratto da
Odissea
(libro IX, vv. 216-286; 345-467)

anno
VIII secolo a.C.

luogo
Grecia

IL BRANO

Ulisse è ospite del re dei Feaci, Alcinoo, che lo accoglie nella sua reggia e lo tratta benevolmente. Qui l'eroe racconta della tempesta che lo ha travolto partendo dall'isola di Ogigia, dove Calipso lo teneva prigioniero, del suo naufragio e dell'aiuto che gli ha offerto Nausicaa. Il giorno successivo, durante un banchetto, il cantore Demodoco narra alcuni episodi della guerra di Troia e Ulisse non riesce a trattenere le lacrime. Allora Alcinoo invita l'ospite a rivelare la sua identità e a raccontare la sua storia. Ulisse rivela la propria identità e inizia a raccontare le vicende del suo ritorno a partire dalla caduta di Troia: narra del suo sbarco nelle terre dei Ciconi e dei Lotofagi (mangiatori di loto, la pianta il cui frutto fa dimenticare il passato). Narra poi dell'approdo all'isola disabitata delle capre, posta di fronte alla terra dei Ciclopi, esseri giganteschi, mostruosi e selvaggi, dotati di un solo occhio posto nel mezzo della fronte, e di come, spinto dalla curiosità, insieme a dodici compagni decide di esplorare questa misteriosa terra. Porta con sé cesti di cibo e un otre di vino dolcissimo, e coi compagni entra in una grande caverna, nella quale vive Polifemo, mostruoso Ciclope.

Rapidamente all'antro arrivammo, ma dentro
non lo trovammo; pasceva pei pascoli le pecore pingui.[1]
Entrati nell'antro, osservammo ogni cosa;
dal peso dei caci i graticci[2] piegavano; steccati c'erano,
per gli agnelli e i capretti, e separata ogni età
vi stava chiusa, a parte i primi nati, a parte i secondi,
a parte ancora i lattonzoli;[3] tutti i boccali traboccavan di siero,[4]
e i secchi e i vasi nei quali mungeva.
Subito allora mi supplicarono con parole i compagni,
che, rubati i formaggi, tornassimo indietro; che in fretta
all'agile nave gli agnelli e i capretti spingendo
fuori dai chiusi,[5] rinavigassimo l'acque del mare;
ma io non volli ascoltare – e sarebbe stato assai meglio –
per vederlo in persona, se mi facesse i doni ospitali.[6]
Ah! non doveva essere amabile[7] la sua comparsa ai compagni.
Là, acceso il fuoco, facemmo offerte, e anche noi
prendemmo e mangiammo formaggi, e l'aspettammo dentro,
seduti, finché venne pascendo;[8] portava un carico greve[9]
di legna secca, per la sua cena.

---

1. **pingui**: grasse.
2. **graticci**: ripiani fatti con le canne intrecciate.
3. **lattonzoli**: i neonati che si nutrono con il solo latte della madre.
4. **siero**: liquido giallastro che rimane dopo la lavorazione del formaggio.
5. **chiusi**: recinti.
6. **se ... ospitali**: sperando che egli rispettasse il dovere dell'ospitalità.
7. **amabile**: piacevole.
8. **venne pascendo**: tornò dal pascolo.
9. **greve**: pesante.

E dentro l'antro gettandolo produsse rimbombo:
noi atterriti balzammo nel fondo dell'antro.
Lui nell'ampia caverna spinse le pecore pingui,
tutte quante ne aveva da mungere; ma i maschi li lasciò fuori,
montoni, caproni, all'aperto nell'alto steccato.
Poi, sollevandolo, aggiustò un masso enorme, pesante,
che chiudeva la porta: io dico che ventidue carri
buoni, da quattro ruote, non l'avrebbero smosso da terra,
tale immensa roccia, scoscesa, mise a chiuder la porta.
Seduto, quindi, mungeva le pecore e le capre belanti,
ognuna per ordine, e cacciò sotto a tutte il lattonzolo.
E subito cagliò[10] una metà del candido latte,
e, rappreso, lo mise nei canestrelli intrecciati;
metà nei boccali lo tenne, per averne da prendere
e bere, che gli facesse da cena.
Come rapidamente i suoi lavori ebbe fatto,
allora accese il fuoco e ci vide e ci disse:
«Stranieri, chi siete? e di dove navigate i sentieri dell'acqua?
forse per qualche commercio, o andate errando cosí, senza meta
sul mare, come i predoni, che errano
giocando[11] la vita, danno agli altri portando?»
Cosí disse, e a noi si spezzò il caro cuore
dalla paura di quella voce pesante e di quell'orrido mostro.
Ma anche cosí, gli risposi parola, gli dissi:
«Noi siamo Achei,[12] nel tornare da Troia travolti
da tutti i venti sul grande abisso del mare;
diretti alla patria, altro viaggio, altri sentieri
battemmo: cosí Zeus volle decidere.
Ci vantiamo guerrieri dell'Atride Agamennone,[13]
di cui massima è ora sotto il cielo la fama,
tale città[14] ha distrutto, ha annientato guerrieri
innumerevoli. E ora alle tue ginocchia veniamo
supplici, se un dono ospitale ci dessi, o anche altrimenti
ci regalassi qualcosa; questo è norma per gli ospiti.
Rispetta, ottimo, i numi;[15] siamo tuoi supplici.
E Zeus è il vendicatore degli stranieri e dei supplici,
Zeus ospitale, che gli ospiti venerandi accompagna».
Cosí dicevo; e subito rispose con cuore spietato:
«Sei uno sciocco, o straniero, o vieni ben da lontano
tu che pretendi di farmi temere e rispettare gli dei.
Ma non si dànno pensiero di Zeus egíoco[16] i Ciclopi
né dei numi beati, perché siam più forti.
Non certo evitando[17] l'ira di Zeus ti vorrò risparmiare,
né te, né i compagni, se non vuole il mio cuore.
Ma dimmi dove lasciasti la nave ben fabbricata,
se laggiù in fondo all'isola o vicino, che sappia».
Cosí disse tentandomi, ma non mi sfuggì,[18] perché sono accorto.

10. cagliò: fece coagulare il latte per fare il formaggio.
11. giocando: rischiando.
12. Achei: Greci.
13. Atride Agamennone: Agamennone era il figlio di Atreo, re di Argo e di Micene, fratello di Menelao e capo dell'esercito schierato contro Troia. Ulisse accenna qui alla sua partecipazione alla guerra contro Troia.
14. tale città: Troia.
15. numi: gli dei.
16. egíoco: fornito dell'egida, lo scudo fatto con la pelle di una capra. È un epiteto di Zeus.
17. evitando: per evitare.
18. tentandomi ... sfuggì: mettendomi alla prova, ma non mi ingannò.

E rispondendogli dissi con false parole:
«La nave me l'ha spezzata Poseidone enosíctono,[19]
contro gli scogli cacciandola, al limite del vostro paese;
proprio sul promontorio: il vento dal largo spingeva.
Io solo sfuggii con questi l'abisso di morte».[20]

[Polifemo, comportandosi come una belva feroce, afferra due uomini e li sbrana. Il giorno successivo ripete lo stesso gesto, poi solleva il macigno e manda fuori il gregge. Ulisse, rimasto imprigionato nella caverna, medita vendetta: vede il tronco di un ulivo che il Ciclope ha abbattuto per farne un bastone, ne taglia un grosso ramo e lo affila in cima, poi lo nasconde sotto un mucchio di letame. A questo punto tira a sorte il nome di quattro compagni che lo dovranno aiutare a conficcare il palo nell'occhio del mostro non appena questi si sarà addormentato. Polifemo ritorna, munge due pecore e poi divora altri due uomini.]

Allora io al Ciclope parlai, avvicinandomi
con in mano un boccale del mio nero vino:
«Ciclope, to', bevi il vino, dopo che carne umana hai mangiato,
perché tu senta che vino è questo che la mia nave portava.
Per te l'avevo recato come un'offerta, se avendo pietà,
m'avessi lasciato partire; invece tu fai crudeltà intollerabili,
pazzo! Come in futuro potrà venir qualche altro
a trovarti degli uomini? Tu non agisci secondo giustizia».
Cosí dicevo; e lui prese e bevve; gli piacque terribilmente
bere la dolce bevanda; e ne chiedeva di nuovo:
«Dammene ancora, sii buono, e poi dimmi il tuo nome,
subito adesso, perché ti faccia un dono ospitale e tu ti rallegri.
Anche ai Ciclopi la terra dono di biade[21]
produce vino nei grappoli,[22] e a loro li gonfia la pioggia di Zeus.
Ma questo è un fiume d'ambrosia e di nettare».[23]
Cosí diceva: e di nuovo gli porsi vino lucente;
tre volte gliene porsi, tre volte bevve, da pazzo.
Ma quando al Ciclope intorno al cuore il vino fu sceso,
allora io gli parlai con parole di miele:[24]
«Ciclope, domandi il mio nome glorioso? Ma certo,
lo dirò; e tu dammi il dono ospitale come hai promesso.
Nessuno ho nome:[25] Nessuno mi chiamano
madre e padre e tutti quanti i compagni».
Cosí dicevo; e subito mi rispondeva con cuore spietato:
«Nessuno io mangerò per ultimo, dopo i compagni;
gli altri prima; questo sarà il dono ospitale».
Disse, e s'arrovesciò cadendo supino, e di colpo
giacque, piegando il grosso collo di lato: lo vinse
il sonno che tutto doma: e dalla gola vino gli usciva,
e pezzi di carne umana; vomitava ubriaco.
Allora il palo cacciai sotto la molta brace,
finché fu rovente; e con parole a tutti i compagni
facevo coraggio, perché nessuno, atterrito, si ritirasse.
Quando il palo d'ulivo nel fuoco già stava
per infiammarsi, benché fosse verde, splendeva terribilmente,

19. enosíctono: epiteto del dio del mare, Poseidone (che è anche il padre del Ciclope), che significa "scuotitore del mondo". Il dio del mare, infatti, poteva agitare le terre e i mari.
20. sfuggii ... morte: scampai alla morte negli abissi marini insieme a questi compagni.
21. la terra dono di biade: la terra è fertile e produce biada per nutrire gli animali.
22. produce vino nei grappoli: dai ricchi grappoli stilla il vino.
23. d'ambrosia e di nettare: è il cibo e la bevanda degli dei.
24. parole di miele: parole dolci.
25. Nessuno ho nome: questo è l'espediente inventato da Ulisse per raggirare Polifemo, nel momento in cui avesse voluto denunciare lui e i compagni agli altri Ciclopi.

allora in fretta io lo toglievo dal fuoco, e intorno i compagni
mi stavano; certo un dio c'ispirò gran coraggio.
Essi, alzando il palo puntuto[26] d'olivo,
nell'occhio lo spinsero: e io premendo da sopra
giravo, come un uomo col trapano un asse navale[27]
trapana; altri sotto con la cinghia lo girano,
tenendola di qua e di là: il trapano corre costante;
cosí ficcato nell'occhio del mostro il tizzone infuocato,
lo giravamo; il sangue scorreva intorno all'ardente tizzone;
arse tutta la palpebra in giro e le ciglia, la vampa
della pupilla infuocata; nel fuoco le radici friggevano.
Come un fabbro una gran scure o un'ascia
nell'acqua fredda immerge, con sibilo acuto,
temprandola: e questa è appunto la forza del ferro;
cosí strideva l'occhio del mostro intorno al palo d'olivo.
Paurosamente gemette, n'urlò tutta intorno la roccia;
atterriti balzammo indietro: esso il tizzone
strappò dall'occhio, grondante di sangue,
e lo scagliò lontano da sé, agitando le braccia,
e i Ciclopi chiamava gridando, che in giro
vivevano nelle spelonche[28] e sulle cime ventose.[29]
E udendo il grido quelli correvano in folla, chi di qua, chi di là;
e stando intorno alla grotta chiedevano che cosa volesse:
«Perché, Polifemo, con tanto strazio hai gridato
nella notte ambrosia,[30] e ci hai fatto svegliare?
forse qualche mortale ti ruba, tuo malgrado, le pecore?
o t'ammazza qualcuno con la forza o d'inganno?»
E a loro dall'antro rispose Polifemo gagliardo:[31]
«Nessuno, amici, m'uccide d'inganno e non con la forza».
E quelli in risposta parole fugaci[32] dicevano:
«Se dunque nessuno ti fa violenza e sei solo,
dal male che manda il gran Zeus non c'è scampo;
piuttosto prega il padre tuo, Poseidone sovrano».
Cosí dicevano andandosene: e il mio cuore rideva,
come l'aveva ingannato il nome e la buona trovata.[33]
Il Ciclope piangendo, straziato da strazio feroce,
a tentoni levò dalla porta il gran masso,
e stava lui stesso a seder sulla porta, a braccia distese,
se tra le pecore potesse afferrare qualcuno che uscisse:
cosí sperava che nel mio cuore fossi bamboccio.[34]
Io, intanto, pensavo come cavarmela nel miglior modo,
se ai compagni e a me stesso qualche scampo da morte
potevo trovare; ogni sorta d'inganni e di piani tessevo,
perch'era in gioco la vita, grande sovrastava il malanno.[35]
E questo nell'animo mi parve il mezzo migliore:
c'erano dei montoni ben grassi, dal vello[36] foltissimo,

26. puntuto: appuntito.
27. asse navale: l'asse di legno di una nave.
28. spelonche: grotte.
29. ventose: battute dal vento.
30. notte ambrosia: notte dolce e profumata come il cibo degli dèi (ambrosia).
31. gagliardo: robusto, vigoroso.
32. parole fugaci: parole che si disperdono nel vento.
33. come ... trovata: vedendo come il mio nome e la mia astuzia lo avevano ingannato.
34. bamboccio: ingenuo come un bambino.
35. grande ... malanno: correvamo grande pericolo.
36. vello: manto di lana.

belli e grandi, e avevano lana colore di viola;
questi in silenzio legavo insieme coi vimini torti
su cui il Ciclope dormiva, il mostro assassino,
a tre a tre; e quello di mezzo portava un uomo,
e i due di fianco, avanzando, il compagno salvavano.[37]
Cosí tre montoni ciascun uomo portavano; io, poi,
– c'era un ariete, fra tutta la greggia il piú bello –
per le reni afferrandolo, steso sotto la pancia lanuta
stetti; e con le mani la lana meravigliosa torcendo
stretta, mi tenni avvinto con cuore paziente.
Cosí allora, gemendo, aspettavamo l'Aurora lucente.
Come, figlia di luce, brillò l'Aurora dita rosate,
allora balzarono al pascolo i maschi del gregge;
le femmine belavano intorno ai chiusi[38] non munte,
le poppe eran gonfie, ma in preda a tormenti feroci,
il padrone tastava la schiena di tutte le bestie,
ch'eran già ritte; non sospettò lo stolto che gli uomini
eran legati sotto le pance delle bestie lanose.
Ultimo il maschio del gregge[39] mosse verso la porta,
pesante della sua lana e di me, il molto accorto;[40]
e gli diceva tastandolo Polifemo gagliardo:[41]
«Caro montone, perché cosí m'esci dall'antro
per ultimo? di solito tu non vai dietro alle pecore,
ma primissimo pasci[42] i teneri fiori[43] dell'erba,
a gran balzi, per primo raggiungi le correnti dei fiumi,
per primo alla stalla vuoi tornare impaziente
a sera; e adesso sei l'ultimo. Forse del tuo padrone
piangi l'occhio, che un malvagio accecò
coi suoi tristi compagni, vinta la mia mente col vino,
Nessuno, il quale non credo che scamperà dalla morte.
Oh! se avessi intelletto, se diventassi parlante,[44]
da dirmi dove colui si ripara dalla mia furia:
allora il suo cervello schizzerebbe qua e là per l'antro,
in terra, dalla testa spaccata; sollievo il mio cuore
avrebbe dalle torture, che questo Nessuno da nulla m'ha inflitto».
Cosí dicendo l'ariete lontano da sé spinse fuori;
e appena fummo un poco lontani dal cortile e dall'antro,
per primo io dall'ariete mi sciolsi, poi sciolsi i compagni;
e rapidamente le pecore zampe sottili, fiorenti di grasso,
correndo intorno spingevamo in gran numero, finché alla nave
giungemmo; con gioia fummo rivisti dai cari compagni
noi scampati alla morte, ma singhiozzando piangevano gli altri.[45]

da Omero, *Odissea*, traduzione di R. Calzecchi Onesti, Einaudi, Torino 1990

37. questi ... salvavano: Ulisse escogita uno stratagemma per uscire dalla tana: lega insieme, tre per volta, i montoni con del vimini intrecciato; quello che stava nel mezzo avrebbe nascosto un compagno.
38. chiusi: recinti.
39. maschio del gregge: è il montone.
40. molto accorto: molto astuto; è un epiteto ricorrente per Ulisse che in vari punti del racconto sottolinea la sua astuzia.
41. gagliardo: robusto, vigoroso.
42. pasci: ti nutri di.
43. teneri fiori: germogli.
44. se ... parlante: se tu potessi pensare e parlare.
45. gli altri: i compagni divorati da Polifemo.

STRUMENTI DI LETTURA

I rischi della curiosità

In questo episodio Ulisse affronta rischi che, per la prima volta nel poema, non gli vengono inflitti dal fato, bensì sono cercati da lui stesso. Infatti, è a causa della propria curiosità che lui e i compagni si addentrano nella grotta di Polifemo, e sempre per la sua curiosità vi sostano in attesa di poterlo vedere, rimanendovi poi prigionieri. È la curiosità che pone l'uomo in rapporto con l'ignoto e tale rapporto è fonte di angoscia.

L'umanità di Ulisse

Un altro aspetto molto interessante di questo episodio è l'emergere di sentimenti umani che mostrano, insieme al coraggio, anche la debolezza degli uomini, non tipica degli eroici guerrieri dell'*Iliade*, che mai avevano paura. Qui invece la paura fa parte delle sensazioni che sia i compagni, sia Ulisse, provano. L'inquietudine li domina già prima che il mostro giunga alla grotta, e al comparire di questo l'angoscia si impossessa di loro, che si ritraggono sul fondo della grotta. Ulisse stesso nella narrazione ammette la propria paura: il suo eroismo risiede quindi non tanto nell'ardimento guerresco che spingeva gli eroi dell'*Iliade*, ma nella fiducia nella propria intelligenza.

Le forme dell'intelligenza

L'astuzia di Ulisse in questo brano emerge in forme diverse. Dapprima egli si mostra lungimirante e prudente, non rivelando la posizione della nave, poi mostra ancora una volta l'abilità nel parlare che gli consente di far cadere il Ciclope nel tranello del vino. Successivamente risponde di chiamarsi Nessuno, in modo che Polifemo non possa trovare aiuto negli altri Ciclopi.
Infine riscontriamo un nuovo aspetto della sua intelligenza: infatti nel momento in cui il mostro è neutralizzato, Ulisse, invece di ucciderlo, sa dominare i propri sentimenti di vendetta perché sa che se lo uccidesse, lui e i compagni rimarrebbero imprigionati nella grotta, non potendo spostare da soli la pietra che copre l'uscita.
Ancora un'intelligente trovata, quella di nascondersi sotto i montoni, permette a Ulisse e compagni di mettersi in salvo.

Le parole chiave

L'uomo e la bestia: in questo brano sono a confronto due tipologie diverse di società: da un lato quella rappresentata dal mostro, che vive in un mondo di arretratezza, che non conosce l'agricoltura (mezzo dei popoli evoluti) e il cui unico mezzo di sostentamento è la pastorizia. Egli vive in un mondo primitivo e barbaro, in isolamento, senza alcuna forma di organizzazione politica e sociale, non ha religione, non rispetta le norme dell'ospitalità, è privo di morale. Dall'altro lato c'è la società, più evoluta, rappresentata da Ulisse, che sa usare l'ingegno per dominare la natura e che vive a contatto con altri popoli; una società agricola e non cannibale, che non basa la sua forza sulla violenza bensì sull'intelligenza e la conoscenza, e che infine possiede una morale e culti religiosi. In questo scontro ad averla vinta non può che essere l'uomo, col suo grado evolutivo più avanzato, a suggellare la supremazia di un popolo, quello greco, che dominò il Mediterraneo, portandovi la propria civiltà.

Polifemo, il Ciclope accecato, cerca Ulisse nascosto sotto la pancia dell'ariete; mosaico del III secolo d.C.

Laboratorio

LABORATORIO

Comprensione

difficoltà

1 Che cosa propongono i compagni a Ulisse dopo aver perlustrato la grotta?

2 Perché Ulisse decide di restare nella grotta?

3 Che cosa chiede Ulisse a Polifemo?

4 Che cosa dice Polifemo degli dei?

5 Perché Ulisse non rivela a Polifemo la posizione della nave?

6 Quale stratagemma usa Ulisse per fare addormentare il mostro?

7 Perché Ulisse non uccide il mostro addormentato?

8 Perché gli altri Ciclopi non soccorrono Polifemo?

9 Come escono Ulisse e compagni dalla grotta del Ciclope?

Analisi

difficoltà

La storia Vedi a p. 9

10 Dividi il brano in sequenze e dai un titolo a ciascuna di esse.

I personaggi Vedi a p. 8

11 In che punto del brano emerge la caratteristica della curiosità di Ulisse?

- vv.: ....

12 Sottolinea i versi che esprimono meglio l'angoscia di Ulisse e compagni.

13 Trova nel testo i versi in cui emergono le seguenti forme dell'astuzia di Ulisse:

- prudenza: vv. ....
- eloquenza: vv. ....
- capacità di organizzare strategie: vv. ....
- abilità nel parlare: vv. ....
- dominio di sé: vv. ....

14 Trova nel testo il passaggio che meglio esprime, nel comportamento di Polifemo, la caratteristica opposta all'astuzia di Ulisse:

- semplicità e rozzezza del ragionamento: vv. ....

Laboratorio

Le parole chiave Vedi a p. 14

15 **Trova nel testo i versi in cui si riscontrano le caratteristiche della società barbara in cui vive Polifemo, articolate nei seguenti elementi:**

- sprezzo per gli dei: vv. ....
- sprezzo per le norme dell'ospitalità: vv. ....
- arretratezza di sistemi di sostentamento: vv. ....
- cannibalismo: vv. ....
- isolamento: vv. ....

16 **Per ciascuno degli elementi qui sopra esprimi brevemente qual è l'atteggiamento opposto, di cui è rappresentante Ulisse.**

La lingua e lo stile Vedi a pp. 10-14

17 **Che cosa sono le espressioni *alto steccato e candido latte*?**

☐ Metafore ☐ Ridondanze ☐ Ripetizioni

18 **Quale figura retorica rappresentano le espressioni *parole di miele* e *notte ambrosia*?**

19 **Nel brano compaiono due similitudini. Sottolineale.**

20 **Puoi rintracciare un'iperbole nel brano?**

Produzione

difficoltà

21 **Fai la parafrasi delle similitudini.**

22 **Fai una sintesi dell'episodio utilizzando le sequenze che hai individuato.**

Omero
Il canto delle Sirene

genere
poema epico

tratto da
Odissea
(libro XII, vv. 151-200)

anno
VIII secolo a.C.

luogo
Grecia

IL BRANO

Ulisse, prima di lasciare l'isola di Circe, riceve dalla maga alcune indicazioni su come guardarsi dai pericoli che incontrerà durante la navigazione e, in particolare, su come difendersi dal canto delle Sirene, esseri con la parte superiore del corpo a forma di donna e la parte inferiore a forma di uccello (successivamente furono raffigurate anche come donne-pesce), che con la loro voce ammaliatrice attiravano i marinai che passavano nelle vicinanze; le navi si avvicinavano allora pericolosamente alla costa rocciosa e si fracassavano.

Noi, manovrati presto tutti i paranchi,[1] lungo la nave
stavamo seduti: il vento e il pilota la dirigevano.
Ma io ai compagni parlavo sconvolto nel cuore:[2]
«O cari, non devon conoscere uno o due soli
i fati[3] che a me svelò Circe, la dea luminosa:
ma li dirò ché possiamo o morire sapendolo,
o scampare, evitando la morte e le Chere.[4]
Delle Sirene dal canto divino per prima cosa ordinava
che fuggissimo e voce e prato fiorito.[5]

Ulisse è legato all'albero della nave per resistere al canto delle Sirene, particolare da un vaso a figure rosse del V secolo a.C.

1. paranchi: strumenti utilizzati per sollevare i carichi.
2. sconvolto nel cuore: con animo preoccupato.
3. non devon ... i fati: non solo uno o due di noi devono conoscere il destino.
4. Chere: divinità del destino e della morte.
5. prato fiorito: l'isola dove risiedono le Sirene è attraente come il loro canto.

A me solo ordinava d'udire quel canto; ma voi con legami[6]
strettissimi dovete legarmi, perché io resti fermo,
in piedi sulla scarpa[7] dell'albero: a questo le corde m'attacchino.
E se vi pregassi, se v'ordinassi di sciogliermi,
voi con nodi piú numerosi stringetemi!»
Cosí, le cose a una a una dicendo ai compagni, parlavo.
Intanto rapidamente giunse la nave ben fatta
all'isola delle Sirene, ché la spingeva buon vento.
Ed ecco a un tratto il vento cessò; e bonaccia[8]
fu, senza fiati: addormentó l'onde un dio.
Balzati in piedi i compagni la vela raccolsero,
e in fondo alla nave la posero; quindi agli scalmi[9]
seduti, imbiancavano l'acqua con gli abeti politi.[10]
Ma una gran ruota di cera col bronzo[11] affilato
io tagliavo a pezzetti, li schiacciavo tra le mani gagliarde.[12]
In fretta s'ammorbidiva la cera, ché la premeva gran forza
e la vampa del sole, del sire Iperíone;[13]
così, in fila, gli orecchi a tutti i compagni turai.
Essi poi nella nave legarono me mani e piedi,
dritto sulla scarpa dell'albero, a questo le corde fissarono.
Quindi, seduti, battevano il mare schiumoso coi remi.
Ma come tanto fummo lontani, quanto s'arriva col grido,[14]
correndo in fretta, alle Sirene non sfuggí l'agile nave
che s'accostava: e un armonioso canto intonarono.
«Qui, presto, vieni, o glorioso Odisseo, grande vanto degli Achei,[15]
ferma la nave, la nostra voce a sentire.
Nessuno mai si allontana di qui con la sua nave nera,
se prima non sente, suono di miele, dal labbro nostro la voce;
poi pieno di gioia riparte, e conoscendo piú cose.
Noi tutti sappiamo, quanto nell'ampia terra di Troia
Argivi e Teucri[16] patirono per volere dei numi;[17]
tutto sappiamo quello che avviene sulla terra nutrice».
Cosí dicevano alzando la voce bellissima, e allora il mio cuore
voleva sentire, e imponevo ai compagni di sciogliermi,
coi sopraccigli accennando; ma essi a corpo perduto[18] remavano.
E subito alzandosi Periméde ed Euríloco,
nuovi nodi legavano e ancora più mi stringevano.
Quando alla fine le sorpassarono, e ormai
né voce piú di Sirene udivamo, né canto,
in fretta la cera si tolsero i miei fedeli compagni,
che negli orecchi avevo a loro pigiato, e dalle corde mi sciolsero.

da Omero, *Odissea*, traduzione di R. Calzecchi Onesti, Einaudi, Torino 1990

6. **legami**: lacci.
7. **scarpa**: la base dell'albero della nave.
8. **bonaccia**: mare calmo per la totale assenza di vento.
9. **scalmi**: rinforzi del bordo delle imbarcazioni che servono come appoggi per i remi.
10. **imbiancavano ... politi**: i remi costruiti con legno di abete ben levigato muovendosi sollevano l'acqua del mare facendola biancheggiare.
11. **bronzo**: spada di bronzo.
12. **gagliarde**: robuste.
13. **sire Iperíone**: patronimico del Sole (Elios), generato dal titano Iperion e Teia.
14. **quanto s'arriva col grido**: espressione che sta a significare una breve distanza, quanto basta per udire il grido di un uomo.
15. **Achei**: Greci.
16. **Argivi e Teucri**: Greci e Troiani.
17. **numi**: gli dei.
18. **a corpo perduto**: con il massimo sforzo.

STRUMENTI DI LETTURA

I pericoli della navigazione

L'episodio prende spunto dal patrimonio di favole marinare dei Greci, popolo per cui la navigazione fu un'attività cruciale. Le Sirene, in questa prospettiva, sarebbero una personificazione di uno dei peggiori pericoli della navigazione: la bonaccia, cioè la totale assenza di vento. L'arrivo della bonaccia qui crea un'atmosfera innaturale che preannuncia un pericolo, quello dell'incapacità di governare l'imbarcazione, che se non è sospinta dal vento, resta in balia delle onde e delle correnti. In questa mitizzazione le Sirene sono coloro che ammaliando i marinai impediscono loro di lottare per dominare l'imbarcazione e uscire dalla bonaccia, portandoli a sostare e languire in essa, senza più remare per salvarsi.

Le parole chiave

Il canto: la seduzione che le Sirene mettono in atto con i marinai è rappresentata dal canto: la soavità della voce e la bellezza della musica sono gli strumenti principali della tentazione (li avevamo già visti all'opera per mano di Circe). Il canto delle Sirene si insinua nelle orecchie dei marinai in un'atmosfera languente in cui ognuno riflette le proprie fantasie, i propri fantasmi. Quelli di Ulisse sono legati al suo inesauribile desiderio di conoscenza: infatti, se dapprima le Sirene cercano di sedurlo, ricordandogli la fama acquistata con le sue virtù guerriere, poi fanno leva proprio sulla sua sete di conoscenza, promettendogli che, una volta ascoltato il loro canto, egli aumenterà la sua conoscenza e ribadendo, infine, di essere le uniche a conoscere *tutto quello che avviene sulla terra nutrice*.

I pericoli della conoscenza

Questo episodio dell'*Odissea* ha una grande portata, tanto che l'espressione "canto delle Sirene" indica per noi la tentazione verso le esperienze incognite. La duplice natura di questi esseri rimanda alla duplice natura del sapere, che arricchisce ma può distruggere. L'eroe del poema, pur essendo l'eroe della conoscenza, è anche l'eroe della prudenza e del giudizio, che ambisce a sapere, ma che conosce anche il limite. Il desiderio di conoscenza di Ulisse, passato come virtù positiva attraverso tutta la cultura occidentale, comporta l'accettazione di un limite, laddove è necessario il rispetto delle forze superiori all'uomo e di tutto ciò che è legge di natura.

Herbert James Draper (1863-1920), *Ulisse e le Sirene*, 1909, particolare.

Laboratorio

LABORATORIO

Comprensione

difficoltà

1 Chi ha avvertito Ulisse del pericolo delle Sirene?

2 Quali precauzioni prende Ulisse per se stesso per non cadere nel pericolo?

3 Quali precauzioni prende Ulisse perché i compagni non restino ammaliati dalle Sirene?

4 Che cosa devono fare i compagni di Ulisse se lui dovesse chiedergli di essere liberato?

5 Che cosa precede l'arrivo delle Sirene?

6 Che cosa promettono a Ulisse le Sirene?

7 Ulisse si mostra sensibile o indifferente alla voce delle Sirene?

Analisi

difficoltà

Le parole chiave Vedi a p. 14

8 Evidenzia i passaggi che si riferiscono alla bellezza del canto delle Sirene.

I personaggi Vedi a p. 8

9 A quale qualità si accompagna la sete di conoscenza che caratterizza Ulisse, permettendogli di ascoltare il canto delle Sirene senza caderne vittima?

☐ Coraggio ☐ Incoscienza ☐ Prudenza

La lingua e lo stile Vedi a p. 10 e 13

10 Tre epiteti diversi sono riferiti alla nave, elencali qui sotto.

11 Nel brano si trovano due metonimie. Sottolineale e spiegale.

Produzione

difficoltà

12 Immagina le Sirene rivolgerti delle lusinghe e **scrivi un testo** in cui riporti ciò che dovrebbero dirti per farti recedere dalla tua volontà.

Omero

Penelope mette alla prova Ulisse

genere
poema epico

tratto da
Odissea
(libro XXIII, vv. 85-116; 163-246)

anno
VIII secolo a.C.

luogo
Grecia

IL BRANO

Ulisse, grazie all'aiuto dei Feaci, è riuscito a raggiungere Itaca, dove si è manifestato sotto le spoglie di un mendicante. Compiuta la strage dei pretendenti al trono e la punizione delle ancelle infedeli, Ulisse manda la nutrice Euriclea ad annunciare a Penelope il ritorno del marito, ma la donna resta incerta e diffidente, per cui viene rimproverata da Telemaco. Per convincersi del tutto Penelope aspetta una prova definitiva.

Cosí detto[1] scendeva dal piano alto; e il suo cuore
molto esitava, se di lontano al caro sposo parlasse,
o gli corresse vicino a baciargli il capo e le mani, stringendolo.
Ma come entrò, com'ebbe passato la soglia di pietra,
si mise a sedere in faccia a Odisseo, nel chiarore del fuoco,
presso l'altra parete: lui contro un'alta colonna
sedeva, guardando in giú, aspettando se gli direbbe qualcosa
la forte compagna, appena lo vedesse con gli occhi.
Ma lei muta a lungo sedeva, stupore il petto le empiva;
guardandolo, a volte lo conosceva[2] in modo evidente,
a volte non lo conosceva, cosí coperto di cenci.[3]
Telemaco la biasimò[4] e disse parola, diceva:
«Madre mia, trista[5] madre, dal cuore insensibile,
perché resti lontana dal padre e non siedi
vicino a lui, non lo interroghi, non cerchi di udirlo?
Nessuna donna con cuore tanto ostinato
se ne starebbe lontana dall'uomo che, dopo molto soffrire,
tornasse al ventesimo anno nella terra dei padri.
Ma sempre il tuo cuore è piú duro del sasso».
E gli rispose la savia Penelope:
«Creatura mia, il cuore nel mio petto è attonito:[6]
non riesco né a dirgli parola né a interrogarlo,
né a guardarlo nel viso. Ma se è davvero
Odisseo che in patria è tornato, oh molto bene
e facilmente potremo conoscerci: abbiamo per noi
dei segni segreti, che noi sappiamo e non gli altri».
Cosí disse, e sorrise Odisseo costante, glorioso,

1. Cosí detto: il soggetto è Penelope.
2. conosceva: riconosceva.
3. cosí ... cenci: ricordiamo che Ulisse è ancora travestito da mendicante.
4. biasimò: rimproverò.
5. trista: arida.
6. attonito: stupito, frastornato.

e a Telemaco subito parole fugaci parlava:
«Telemaco, lascia che qui, nella sala, la madre
mi metta alla prova; presto saprà riconoscermi meglio.
Adesso, perché son sporco, e brutte vesti ho sul corpo,
per questo mi disprezza e pensa che non sono io.
[...]»

[Ulisse viene lavato, unto e vestito di begli abiti puliti dalla dispensiera Eurinome, mentre la dea Atena gli conferisce un'eccezionale bellezza, rendendolo più alto e robusto e facendogli scendere dal capo i capelli folti e inanellati].

Dal bagno uscì simile agli immortali d'aspetto;[7]
e di nuovo sedeva sul seggio da cui s'era alzato,
in faccia alla sua donna, e le disse parola:
«Misera, fra le donne a te in grado sommo
fecero duro il cuore gli dèi che han le case d'Olimpo;[8]
nessuna donna con cuore tanto ostinato
se ne starebbe lontana dall'uomo, che dopo tanto soffrire,
tornasse al ventesimo anno nella terra dei padri.
Ma via, nutrice, stendimi[9] il letto; anche solo
potrò dormire: costei ha un cuore di ferro[10] nel petto».
E a lui parlò la prudente Penelope:
«Misero, no, non son superba, non ti disprezzo,
non stupisco neppure: so assai bene com'eri
partendo da Itaca sulla nave lunghi remi.
Sí, il suo morbido letto stendigli Euriclea,[11]
fuori dalla solida stanza,[12] quello che fabbricò di sua mano;
qui stendetegli il morbido letto, e sopra gettate il trapunto,[13]
e pelli di pecora e manti e drappi splendenti».[14]
Cosí parlava, provando[15] lo sposo; ed ecco Odisseo
sdegnato si volse alla sua donna fedele:
«O donna, davvero è penosa questa parola che hai detto!
Chi l'ha spostato il mio letto? sarebbe stato difficile
anche a un esperto,[16] a meno che un dio venisse in persona,
e, facilmente, volendo, lo cambiasse di luogo.
Tra gli uomini, no, nessun vivente, neanche in pieno vigore,
senza fatica lo sposterebbe, perché c'è un grande segreto
nel letto ben fatto, che io fabbricai, e nessun altro.
C'era un tronco ricche fronde,[17] d'olivo, dentro il cortile,[18]
florido, rigoglioso; era grosso come colonna:
intorno a questo murai la stanza,[19] finché la finii,
con fitte pietre, e di sopra la copersi per bene,
robuste porte ci misi, saldamente commesse.[20]
E poi troncai la chioma dell'olivo fronzuto,[21]
e il fusto sul piede[22] sgrossai, lo squadrai con il bronzo[23]
bene e con arte, lo feci dritto a livella,[24]
ne lavorai un sostegno[25] e tutto lo trivellai[26] con il trapano.

7. simile ... d'aspetto: bello come gli dei.
8. che ... Olimpo: che hanno la loro sede sul monte Olimpo.
9. stendimi: preparami.
10. di ferro: duro come il ferro.
11. Euriclea: l'anziana nutrice di Ulisse.
12. solida stanza: camera nuziale dai saldi muri.
13. trapunto: coperta.
14. drappi splendenti: panni riccamente decorati.
15. provando: mettendo alla prova.
16. un esperto: uno che ne conosca il segreto.
17. ricche fronde: pieno di foglie e rami.
18. cortile: la corte della reggia.
19. intorno ... la stanza: costruii intorno a esso le mura della stanza nuziale.
20. saldamente commesse: formate di tavole messe insieme in una struttura solida.
21. fronzuto: dal denso fogliame.
22. il fusto sul piede: il tronco alla base.
23. con il bronzo: con un'ascia di bronzo.
24. a livella: perfettamente orizzontale.
25. ne lavorai un sostegno: ne ricavai una base per il letto.
26. trivellai: perforai (per farci passare delle cinghie).

Cosí, cominciando da questo, polivo[27] il letto, finché lo finii,
ornandolo d'oro, d'argento e d'avorio.
Per ultimo tirai le corregge[28] di cuoio, splendenti di porpora.[29]
Ecco, questo segreto ti ho detto: e non so,
donna, se è ancora intatto il mio letto, o se ormai
qualcuno l'ha mosso, tagliando di sotto il piede d'olivo».
Cosí parlò, e a lei di colpo si sciolsero le ginocchia ed il cuore,[30]
perché conobbe[31] il segno sicuro che Odisseo le diceva;
e piangendo corse a lui, dritta, le braccia
gettò intorno al collo a Odisseo, gli baciò il capo e diceva:
«Non t'adirare, Odisseo, con me, tu che in tutto
sei il piú saggio degli uomini; i numi ci davano il pianto,[32]
i numi, invidiosi[33] che uniti godessimo
la giovinezza e alla soglia di vecchiezza venissimo.
Cosí ora non t'adirare con me, non sdegnarti di questo,
che subito non t'ho abbracciato, come t'ho visto.
Sempre l'animo dentro il mio petto tremava
che qualcuno venisse a ingannarmi con chiacchiere:
perché molti mirano a turpi guadagni.
Ah! no, Elena Argiva, la figlia di Zeus,
con l'uomo straniero non si sarebbe unita d'amore e di letto,
se avesse saputo che ancora i figli guerrieri dei Danai,
dovevan menarla a casa, alla terra dei padri.[34]

John William Waterhouse (1849-1917), *Penelope e i pretendenti*, 1912.

27. polivo: levigavo.
28. corregge: cinghie.
29. splendenti di porpora: riccamente dipinte di porpora.
30. a lei ... cuore: improvvisamente si commosse e si sentì venir meno.
31. conobbe: riconobbe.
32. i numi ... pianto: gli dèi ci hanno provocato delle sofferenze.
33. invidiosi: l'"invidia" degli dèi per l'eccessiva felicità dei mortali sarà al centro della tragedia.
34. Ah! ... padri: qui Penelope vuole dire che persino Elena sarebbe stata fedele se avesse saputo che un giorno sarebbe stata ricondotta in patria.

Ma un dio la travolse a compiere l'azione sfrontata;
la colpa triste non capí prima in cuore,
la colpa, da cui su noi pure s'è rovesciata sventura.[35]
Ma ora il segno certo m'hai detto
del nostro letto, che nessuno ha veduto,
ma, soli, tu ed io, e un'unica ancella,
Attoríde,[36] che il padre mi donò, quando venni,[37]
quella che ci chiudeva le porte della solida stanza;[38]
e il cuore m'hai persuaso, ch'è pur tanto ostinato».
Cosí disse, e a lui venne piú grande la voglia del pianto;
piangeva, tenendosi stretta la sposa dolce al cuore, fedele.
Come bramata la terra ai naufraghi appare,
a cui Poseidone la ben fatta nave nel mare
ha spezzato, travolta dal vento e dalle grandi onde;
pochi si salvano dal bianco mare sopra la spiaggia
nuotando, grossa salsedine incrosta la pelle;
bramosi risalgono a terra, fuggendo la morte;
cosí bramato era per lei lo sposo a guardarlo,
dal collo non gli staccava le candide braccia.
E certo sul loro pianto sorgeva l'Aurora dita rosate,
se non pensava altra cosa la dea Atena occhio azzurro:
la notte sull'orizzonte allungò, trattenne sopra l'Oceano
l'Aurora aureo trono; i cavalli rapido piede
non le lasciava aggiogare, che luce agli uomini portano,
Lampo e Faètonte, i due cavalli che l'Aurora trasportano.[39]

da Omero, *Odissea*, traduzione di R. Calzecchi Onesti, Einaudi, Torino 1990

Penelope intenta a filare in un vaso del IV secolo a.C.

35. Ma un dio ... sventura: Ma è stato un dio a spingerla al gesto (il tradimento) di cui lei non si rese conto e che provocò la sventura di tutti (la guerra di Troia).
36. Attoríde: Eurinome, figlia di Attore.
37. che il padre ... venni: l'ancella fu data dal padre a Penelope perché la seguisse a Itaca quando andò in sposa a Ulisse.
38. quella che ... stanza: colei che teneva chiuse e sorvegliava le porte della solida camera nuziale.
39. trattenne ... trasportano: prolungò la notte quando ormai era al termine, impedendo alla dea Aurora di aggiogare i due cavalli alati al carro, Lampo e Faètonte, che portano la luce del giorno agli uomini.

STRUMENTI DI LETTURA

I personaggi

Si trovano qui di fronte i due personaggi più importanti del poema, il protagonista, Ulisse, e la sua sposa. Il comportamento di Penelope, che inganna da anni i Proci con l'astuzia di disfare la tela ogni notte rimandando così le nozze con uno di loro, e che ottiene da Ulisse la prova della sua identità portandolo a descrivere il segreto della costruzione del letto (che solo lui può sapere), ci rivela che è una donna intelligente e saggia quanto lo è il marito.

Elementi comuni tra loro sono quindi la saggezza, la prudenza, l'accortezza e l'ingegnosità, ma mentre in Ulisse l'intelligenza è al servizio della conoscenza, in Penelope l'astuzia è al servizio della fedeltà. In questo la costanza nella fede della loro unione coniugale sono in Ulisse e in Penelope diametralmente opposte: Ulisse persevera nel suo affetto per la donna nonostante le sue trasgressioni e gli amori che si è concesso o che ha subito, e il suo desiderio di tornare dalla moglie vince sulla conoscenza di quegli altri amori e sulle tentazioni; Penelope invece è costante proprio perché quegli amori ha rifiutato e impedito, ignorandoli e rifiutando esperienze nuove. Sono evidentemente uno di fronte all'altro due universi, quello maschile e quello femminile, in cui i valori della saggezza e della fedeltà hanno forme molto diverse.

Il segreto del letto

La costruzione del letto mette in risalto l'importanza che per Ulisse riveste l'amore coniugale. Infatti, tutta la casa è costruita attorno al letto, che è il simbolo del matrimonio, e il letto stesso è radicato nella terra, la terra di Itaca, simbolo a sua volta dell'appartenenza alla patria e della fedeltà verso le proprie origini e i propri affetti. La solidità di questi legami è il punto di partenza e di ritorno di tutta la vicenda di Ulisse.

La storia

Quando Penelope, pur avendo di fronte il marito lavato e reso riconoscibile, si ostina a volere una prova certa della sua identità, egli si indigna. Si verifica quindi uno scontro di personalità la cui asprezza affonda le radici nelle esperienze di dolore dei due personaggi, preludendo però all'incontro finale e dandogli maggiore intensità. L'effetto di intensità è rafforzato anche dalla dilatazione del tempo che intercorre tra l'arrivo di Ulisse e la rivelazione a Penelope che produce un'attesa, in termini moderni una *suspense*, che rende l'episodio avvincente ed emozionante.

Penelope seduta in atteggiamento pensoso per le condizioni della reggia in assenza di Ulisse; particolare da un bassorilievo romano in terracotta.

Laboratorio

LABORATORIO

Comprensione

difficoltà

1 Quali sono le accuse di Telemaco alla madre?

2 Come risponde Penelope al figlio?

3 Quale invito Ulisse rivolge al figlio?

4 Perché Ulisse, dopo il bagno, appare sdegnato con la moglie?

5 Quale occasione coglie Penelope per mettere alla prova il marito?

6 Che cosa rammenta Ulisse alla moglie?

7 Perché dopo il racconto della costruzione del letto Penelope si convince?

8 Quale divinità interviene alla fine dell'episodio?

Analisi

difficoltà

I personaggi Vedi a p. 8

9 Individua i versi che mostrano maggiormente la prudenza di Penelope.

10 Sottolinea il passaggio da cui emerge l'astuzia di Penelope.

LESSICO

11 Segna tra i seguenti attributi quelli che Ulisse e Penelope hanno in comune:
astuzia – fedeltà – ingenuità – insensibilità – intelligenza – prudenza – diffidenza – impulsività – saggezza – tenacia – sete di conoscenza – pazienza

12 Se nell'elenco sopra trovi degli attributi appartenenti solo a uno dei due personaggi, riportali qui sotto:
- Ulisse: ....
- Penelope: ....

Fabula e intreccio Vedi a p. 9

13 Nell'episodio compare una discordanza tra *fabula* e intreccio. Sottolineala.

14 Si tratta di:
☐ un'analessi ☐ una prolessi

15 Chi è a pronunciarla?

Laboratorio

Il narratore Vedi a p. 6

16 Ulisse, che racconta della costruzione del letto, si fa qui narratore:
☐ di primo grado ☐ di secondo grado

17 È inoltre un narratore:
☐ interno ☐ esterno

18 Narra:
☐ in terza persona ☐ in prima persona

La lingua e lo stile Vedi a pp. 10-13

19 Nel brano è ripetuto due volte lo stesso modulo, pronunciato prima da Telemaco, e poi da Ulisse. Indica i versi in cui compare.
- Telemaco: vv. ....
- Ulisse: vv. ....

20 L'espressione *il tuo cuore è più duro del sasso* è una figura retorica, quale tra queste?
☐ Metafora ☐ Similitudine ☐ Metonimia

21 Ne trovi altre? Trascrivile sul tuo quaderno.

Produzione

difficoltà

22 Fai la parafrasi della risposta di Penelope dopo aver riconosciuto il marito.

23 Fai un breve confronto intertestuale tra le figure femminili che hai incontrato nell'*Odissea*, mettendo in luce, ove ve ne siano, analogie e differenze.

Verifica

VERIFICA FINALE

genere
poema epico

autore
Omero

tratto da
Iliade
(libro I, vv. 53-100)

anno
IX-VIII secolo a.C.

luogo
Grecia

Dopo il *Proemio* vengono spiegate le ragioni della peste che Apollo ha inviato al campo greco. Questo brano, dall'*Iliade* di Omero, si colloca quindi tra la protasi e il momento della contesa tra Agamennone e Achille.

L'ira di Apollo

Da nove giorni andavano i dardi[1] del dio per il campo;
al decimo chiamò l'esercito in adunanza Achille,
ché glielo mise in cuore la dea Era braccio bianco:
si doleva dei Danai,[2] perché li vedeva perire.
E dunque, dopo che quelli convennero e furon raccolti,
fra essi alzandosi parlò Achille piede rapido:
«Atride,[3] ora noi, respinti, credo,
ritorneremo indietro, purché sfuggiamo alla morte,
se guerra e peste insieme abbatton gli Achei.[4]
Ma su, interroghiamo un profeta o un sacerdote,
o un indovino di sogni – anche il sogno è da Zeus –[5]
che possa dirci perché s'adirò cosí Febo Apollo,
se ci rinfaccia un voto, una ecatombe,
se forse, dal fumo d'agnelli, di capre accettevoli
saziato, vorrà stornare il flagello da noi».[6]
Detto cosí, sedette; s'alzò fra loro
Calcante, figlio di Tèstore, il migliore fra i vati,
che conosceva il presente e il futuro e il passato,
e sulle navi fu guida agli Achei fino a Ilio[7]
con l'arte sua d'indovino, che gli donò Febo Apollo.
A loro, saggio pensando, egli parlò e disse:
«Achille, tu m'ordini, o amato da Zeus, di spiegare
l'ira d'Apollo, del sire che lungi saetta:[8]
e io parlerò certamente. Ma tu comprendimi e giurami
che mi proteggerai con parole e con mano, benigno:
penso che un uomo s'adirerà, che molto su tutti
gli Argivi[9] è forte e gli Achei gli obbediscono.[10]
Troppo è forte un re, quando s'adira con un popolano:
se pure quel giorno dovrà digerire il corruccio,[11]
ma anche dopo conserva il rancore, fin che lo soddisfi,
nel suo petto;[12] e tu, dillo se mi salverai».
E ricambiandolo Achille piede rapido disse:
«Svela con gran coraggio il responso divino[13] che sai.
No – per Apollo amato da Zeus, a cui tu, Calcante,

1. dardi: frecce.
2. Danai: Greci.
3. Atride: Agamennone.
4. Achei: Greci.
5. anche ... Zeus: anche i sogni sono inviati da Zeus.
6. se forse ... noi: se si placherà con l'offerta di doni.
7. Ilio: Troia.
8. che lungi saetta: che lancia lontano le frecce.
9. Argivi: è uno dei nomi con cui sono chiamati i greci (abitanti di Argo).
10. penso ... obbediscono: si riferisce ad Agamennone.
11. corruccio: risentimento.
12. nel suo petto: in animo.
13. responso divino: la risposta degli dei.

volgendo preci,[14] sveli ai Danai i responsi divini –
nessuno, finché io vivo e sulla terra apro gli occhi,
presso le navi concave porrà su te mani pesanti,
nessuno fra tutti i Danai, neppure se dici Agamennone,
il quale ora molto si vanta d'esser nel campo il piú forte».
E allora si fece coraggio, parlò il vate senza macchia:
«No, egli non ci rinfaccia voto o ecatombe,
ma pel sacerdote, che Agamennone maltrattò,
non liberò la figlia, non ricevette il riscatto,
per questo il Saettante[15] ha dato e darà pene ancora;
non prima il flagello umiliante allontanerà dai Danai,
non prima che al padre si renda la giovane occhi vivaci,[16]
non comprata, non riscattata, e si conduca una sacra ecatombe
a Crisa: allora potremo mitigarlo, piegarlo».

da Omero, *Iliade*, traduzione di R. Calzecchi Onesti, Einaudi, Torino 1990

14. preci: preghiere.
15. il Saettante: Apollo.
16. la giovane occhi vivaci: Criseide, figlia di Crise, sacerdote troiano, che Agamennone ha condotto con sé come schiava.

Comprensione

difficoltà

1 Chi è Calcante e perché Achille lo interroga?

2 Qual è il motivo della peste?

3 Perché Agamennone potrebbe adirarsi conoscendo il responso degli dei?

4 In che modo si può placare l'ira di Apollo?

Analisi

difficoltà

I personaggi Vedi a p. 8

5 Da quale sentimento è ispirato Achille nel rivolgersi a Calcante?

6 Trova tre aggettivi per indicare quanto emerge nel brano della caratterizzazione di Apollo.

7 In quale verso Achille rivela un moto di ribellione verso Agamennone?

Fabula e intreccio Vedi a p. 9

8 Nel brano ci sono alcune analessi. Trovale e indica i versi in cui compaiono.

La lingua e lo stile Vedi a p. 10

9 Trova tutti gli epiteti presenti nel brano ed elencali sul tuo quaderno.

10 Ci sono figure retoriche nel brano? Elencale sul tuo quaderno.

2 L'epica

Se non sdegnava Enea
d'esser mio sposo,
l'Africa avrei veduta
dall'Arabico seno al mar d'Atlante
in Cartago adorar la sua regnante:
e di Troia e di Tiro
rinnovar si potea...
Ma che ragiono?
L'impossibil mi fingo,
e folle io sono.

da P. Metastasio,
Didone abbandonata, atto II,
scena 11, Vallardi, Milano 1933

Claude Lorrain (1600-1682), *Veduta di Delo con Enea*, 1672, particolare.

latina

Virgilio, *L'incontro con Anchise* (poema epico)

L'alto livello di "letterarietà" che caratterizza l'epica latina è in qualche modo simboleggiato da quest'opera di Claude Lorrain, maestro del classicismo francese del Seicento. Personaggi sobriamente abbigliati, un'ampia veduta che consente di spaziare, fra pittoreschi scorci, sino all'orizzonte e, soprattutto, un monumentale complesso architettonico che, dallo sfondo al primo piano, domina la composizione con la sua severa eleganza, quasi uno specchio dell'elevatezza morale degli uomini che lo abitano.

L'*Eneide* di Virgilio

VIRGILIO E LA SUA EPOCA

Il più importante poema epico del mondo latino è l'***Eneide*** di Virgilio. La composizione di quest'opera si colloca in un'epoca cruciale della storia di Roma: **il passaggio dalla repubblica all'impero**. Virgilio è l'esponente di una civiltà matura in cui la cultura ha raggiunto livelli di estrema raffinatezza ed elaborazione. In questo panorama culturale **la scrittura si è ormai imposta da secoli e i versi sono destinati alla lettura**: la composizione dell'*Eneide* quindi non ha nulla in comune con l'attività degli aedi che cantavano nelle corti o nelle piazze, così come le circostanze della sua stesura e della vita dell'autore, che sono storicamente documentate.

La figura storica di Virgilio

Publio Virgilio Marone nacque nel 70 a.C. ad Andes, forse l'attuale frazione di Pietole, presso Mantova. Apparteneva a una famiglia di proprietari terrieri che gli garantì un'accurata educazione letteraria. Fu avviato, infatti, agli studi di grammatica e retorica prima a Cremona e poi a Milano, per trasferirsi successivamente a Roma, dove frequentò la scuola del retore Epidio, in cui avrebbe avuto come compagno Caio Ottavio, il futuro Ottaviano Augusto, e strinse amicizia con giovani di rango elevato ai quali resterà sempre legato. Il padre l'aveva destinato alla carriera forense e politica, ma il giovane era più incline alla meditazione e alla poesia. Al tempo della guerra civile tra Cesare e Pompeo (49 a.C.) lasciò Roma e si recò a Napoli, dove frequentò la scuola del filosofo epicureo Sirone.

Il poeta Virgilio tra le muse Clio e Melpomene; particolare da un mosaico di Susa, presso Tunisi.

Si stabilì a Napoli, nella villa che era stata di Sirone, alternando tuttavia periodi di soggiorno a Roma. Fra il 42 e il 39 a.C. compose le ***Bucoliche***, dieci componimenti poetici di argomento pastorale, ma non privi di riferimenti all'attualità. Entrò quindi a far parte del circolo di Mecenate, protettore di poeti e artisti, che sosteneva la politica sociale e culturale di Ottaviano, ormai dominatore incontrastato della politica romana.

Tra il 37 e il 30 a.C. compose le ***Georgiche***, un poema didascalico in quattro libri contenente insegnamenti sulla coltivazione dei campi e sull'allevamento del bestiame. L'opera non era certo diretta a chi materialmente si occupava dei campi, ma aveva la funzione di sostenere l'impegno nella piccola e media proprietà agricola, sulla quale si basava l'economia di tutta la parte occidentale del principato.

Giambattista Tiepolo (1696-1770), *Venere appare a Enea sul lido di Cartagine*, 1757.

Le *Georgiche* attirarono l'attenzione di Ottaviano, ormai vincitore di ogni rivale dopo la battaglia di Azio (31 a.C.), che diede a Virgilio l'incarico di comporre un poema epico nazionale, che celebrasse Roma e il suo principato e riconciliasse gli animi dopo le guerre civili, esaltando i valori religiosi e civili tradizionali: nasceva così l'***Eneide***, alla quale Virgilio lavorò instancabilmente per dieci anni, dal 29 a.C. alla morte. Nel 19 a.C. si recò in Grecia e in Asia per documentarsi in vista della stesura definitiva del poema, ma ad Atene si ammalò e, costretto a tornare indietro, sbarcò a Brindisi dove morì. Prima di morire chiese di distruggere il poema, che considerava incompiuto, ma Augusto ne ordinò la pubblicazione, che fu curata da due amici di Virgilio, Vario e Tucca.
La sua salma venne trasportata a Napoli, dove fu sepolto sulla via di Pozzuoli.

L'*ENEIDE*, IL POEMA CHE CELEBRA ROMA

La caratteristica che differenzia l'*Eneide* dai poemi omerici è la scelta di **subordinare l'argomento mitico a quello storico**, per fornire ai Romani, attraverso il racconto epico, un'identità, un modello culturale cui riferirsi. Si trattava di fornire alla città di Roma, come dice il filologo e antropologo Maurizio Bettini (1947), "gli strumenti per interpretare il suo presente politico e istituzionale proiettandolo nelle lontananze del mito", ovvero di ricostruire nel poema l'origine mitica della civiltà romana, facendola risalire fino al lontano evento della guerra di Troia, per porre Roma alla pari con le altre civiltà del mondo mediterraneo.
L'*Eneide*, infatti, **racconta l'antefatto della fondazione di Roma** collocando le sue origini nel tempo mitico in cui Enea, in fuga da Troia, sarebbe giunto nel Lazio, destinato dal Fato a fondare la stirpe da cui sarebbe nata la Città capace di pacificare il mondo.
Nel periodo in cui opera Virgilio la cultura assume un particolare peso politico, poiché Ottaviano Augusto, divenuto dominatore incontrastato della politica romana, dopo aver sconfitto con la battaglia di Azio Antonio e Cleopatra, chiede agli intellettuali un coinvolgimento diretto a favore del suo programma di restaurazione degli antichi valori e di celebrazione della grandezza di Roma.
In origine l'*Eneide* doveva essere un poema incentrato sulle gesta di Augusto, ma Virgilio scelse di spostare all'indietro la narrazione, risalendo a **Enea** (mitico

progenitore della *gens Iulia* a cui apparteneva lo stesso principe Ottaviano), che appare nel poema come **l'incarnazione delle virtù fondamentali del cittadino romano**.

Se l'*Eneide* costituì una risposta ai desideri di Augusto, lo fu in quanto rivestiva di un alone mitico le origini di Roma e ne giustificava il dominio come voluto da un disegno divino e, soprattutto, perché celebrava ideali cari al principe, come lo spirito di sacrificio e la vita intesa come dovere, la clemenza e l'umanità verso i vinti, la semplicità di costumi e la *pietas*, che per i Romani significava soprattutto rispetto degli dei.

CONCEZIONE DELL'EROE E MONDO DEI VALORI NELL'*ENEIDE*

Nella figura del protagonista si può misurare tutta la distanza che separa Virgilio da Omero. Se Achille e Odisseo sono caratterizzati l'uno dal coraggio, dalla forza, dal desiderio di gloria, l'altro dall'intelligenza, dalla curiosità e dal senso degli affetti familiari, **Enea** invece **vive la sua impresa come una missione**, si affida agli dèi più che al proprio valore in guerra, combatte per necessità ed è spinto a viaggiare e a esplorare nuove terre dal senso del dovere e dal rispetto dei disegni divini. Enea subordina ogni affetto e desiderio personale alla sua missione e alla volontà degli dei: così durante la presa di Troia, quando, pur avendo perso la moglie e volendo restare con i suoi, si lascia indurre a partire; così nella sua storia d'amore con Didone, che non esita ad abbandonare quando gli dèi lo richiamano al suo superiore dovere.

La flotta di Enea in una miniatura di un codice dell'*Eneide*, V secolo d.C.

Non sono dunque le virtù eroiche (coraggio e forza) né quelle umane (intelligenza e astuzia) a essere esaltate nel poema, ma la **capacità del singolo di farsi strumento della volontà degli dei**, quella stessa volontà divina che ha decretato la grandezza di Roma e il suo dominio sul mondo. È dunque la *pietas*, il valore cardine attorno al quale è costruito l'intero poema, quel sentimento di devozione verso gli dei, la patria e i genitori che orienta, nel corso di tutto il poema, l'azione del protagonista.

Gli dèi e il Fato

Gli dèi dell'Eneide sono quelli dell'Olimpo, già cantati da Omero e dalla tradizione greca, con lievi modifiche derivanti dalla fusione delle loro attribuzioni con quelle di divinità locali, etrusche e italiche. Anch'essi sono **antropomorfi** e **passionali**, divisi da rivalità e mossi da fini personali, preda di odi e amori.

Al di sopra del mondo divino, tuttavia, domina incontrastata una forza a cui neppure essi possono opporsi e di cui Giove (lo Zeus greco) si fa fedele interprete e garante: è il **Fato**, che determina il corso degli eventi e non può essere condizionato da preghiere o sacrifici. A lui Enea mostra continua obbedienza, senza mai ribellarsi o cercare di far prevalere i propri sentimenti personali. Per questo motivo l'*Eneide* è stato definito come l'epopea, il poema del Fato.

L'ARGOMENTO E LA STRUTTURA DEL POEMA

ENEIDE
"poema di Enea".

L'***Eneide*** è un **poema in esametri diviso in dodici libri**, per un totale di 9896 versi. L'opera trae il proprio titolo dal nome del protagonista, Enea, sull'impronta dell'Odissea, che prendeva il nome da Odisseo.

La vicenda, che ha per scenario il Mediterraneo centrale, copre una durata di circa sette anni e prende le mosse dalla guerra di Troia, un episodio dell'antico patrimonio mitico greco.

Enea, discendente della stirpe dei Dardani, che ha partecipato alla guerra al fianco di Priamo, prende il mare in fuga dalla città distrutta. Scampato alla morte in guerra e all'incendio di Troia, egli è destinato ad approdare nel Lazio per fondarvi una nuova stirpe da cui nascerà il popolo romano, ma prima di riuscire a giungere nella nuova terra, naviga lungamente nel Mediterraneo.

Anche se i poemi omerici si collocano in un tempo molto lontano da quello di Virgilio (circa sette o otto secoli), l'*Eneide* costituisce una continuazione ideale dei due poemi greci. Tradizionalmente si suddivide l'*Eneide* in due blocchi:

- una parte "**odissiaca**", cioè che rimanda all'Odissea, in cui sono narrate le peregrinazioni dell'eroe (il naufragio e l'approdo a Cartagine presso Didone; la narrazione dei viaggi di Enea; l'amore tra Didone ed Enea; il viaggio nell'Oltretomba) che copre i primi sei libri;
- una parte "**iliadica**", cioè che rimanda all'*Iliade*, centrata sulle guerre sostenute contro le popolazioni locali (dall'approdo alle foci del Tevere al duello finale), che occupa i restanti sei.

Come accade nei poemi omerici la narrazione inizia "*in medias res*", nel mezzo dell'azione, e cioè nel momento del naufragio di Enea e dei suoi presso Cartagine, dove è accolto da Didone.

Da qui in poi gli eventi narrati non presentano uno svolgimento cronologico lineare poiché *fabula* e intreccio non coincidono: in un'ampia **analessi** (vedi a p. 9) vengono presentati fatti accaduti in precedenza – dalla fuga da Troia al naufragio – poi la narrazione riprende a partire dal momento dell'approdo a Cartagine.

L'approdo a Cartagine (I)

Dopo il *Proemio* e l'invocazione alla Musa, il racconto inizia: Enea, partito con i compagni dalla Sicilia per l'Italia e sorpreso da una tempesta suscitata da Eolo per volere di Giunone, nemica dei Troiani, si salva approdando sulle coste settentrionali dell'Africa dove, grazie all'intervento della madre Venere, è accolto benevolmente dalla regina fenicia Didone che sta fondando lì la colonia di Cartagine dopo essere fuggita dalla patria.

La narrazione di Enea (II-III)

Alla fine di un banchetto offerto dalla regina, Enea inizia a raccontare la fine di Troia: l'inganno del cavallo, l'incendio, la scomparsa della moglie Creusa e la propria fuga, per volere del Fato, con il padre Anchise, il figlio Ascanio (o Julo) e alcuni compagni. Narra poi di essersi diretto dapprima in Tracia, deciso a stabilirvisi, ma di esserne fuggito per un funesto prodigio; di essere passato a Delo per interrogare l'oracolo di Apollo, da cui apprende di dover cercare l'"antica madre", cioè la terra dalla quale sarebbero provenuti gli antichi fondatori di Troia. Avendola erroneamente identificata con Creta, i troiani si fermano lì, ma i Penati (le divinità protettrici della famiglia e dello Stato) in sogno avvisano Enea dell'errore; diretti verso l'Italia, sono spinti da una tempesta alle isole Strofadi, dimora delle Arpie, e ripartono per l'Italia passando per l'Epiro. Qui l'indovino Eleno conferma loro che la meta è l'Italia. Ripreso il mare, giungono in Sicilia, dove Anchise muore, e di lì continuano il viaggio, fino alla tempesta che li porta sulle coste africane. Così si conclude il racconto che Enea fa a Didone.

L'amore e l'abbandono di Didone per proseguire il viaggio (IV-VI)

Nasce la passione d'amore tra l'eroe e la regina, durata un anno e favorita, per motivi diversi, da Venere e Giunone. Ma il re africano Jarba, più volte respinto da Didone, si lamenta con Giove, che manda Mercurio da Enea per ricordargli la sua missione e imporgli di partire. Dopo un drammatico dialogo tra i due, Didone si uccide mentre le navi troiane si allontanano, lanciando una terribile maledizione in cui predice l'odio eterno che avrebbe contrapposto i Cartaginesi ai Romani discendenti di Enea.

Il viaggio, che questa volta si svolge tranquillo per l'intervento di Nettuno, commosso dalle parole di Venere, tocca prima la Sicilia, dove Enea è ospite del re Aceste e celebra solenni giochi funebri in memoria di Anchise.

Dopo che le donne troiane, stanche di viaggiare, hanno dato fuoco alle navi distruggendone quattro, l'eroe decide di lasciare vecchi, donne e bambini in Sicilia e prosegue il viaggio con i soli uomini alla volta del Lazio, perdendo durante la traversata il pilota Palinuro, che cade in mare addormentato. Approdato a Cuma, Enea si reca a consultare la Sibilla che, dopo avergli fatto trovare e seppellire il corpo del compagno Miseno, lo istruisce sul modo di scendere agli Inferi per interrogare l'ombra del padre sul suo destino futuro.

Negli Inferi Enea incontra Palinuro, Didone e molti eroi e personaggi mitici; poi giunge ai Campi Elisi, il paradiso pagano, dove Anchise gli mostra le anime di coloro che discenderanno da lui, dai re d'Albalonga al giovane Marcello, nipote di Augusto. Quindi riprende il viaggio per mare.

L'arrivo in Lazio e le alleanze (VII-VIII)

Seppellita la nutrice Caieta, Enea arriva finalmente alle foci del Tevere, presso le quali regna Latino che, in nome di un antico oracolo, gli promette in sposa sua figlia Lavinia. Ma Giunone manda la furia Aletto dalla moglie del re, Amata, ed ella aizza contro i Troiani Turno, il figlio del re dei Rutuli al quale era destinata Lavinia, che scatena contro i nuovi venuti una guerra coinvolgendo gli altri popoli italici.

I due condottieri cercano alleati: Turno presso il greco Diomede, stabilitosi in Puglia, mentre Enea, su consiglio del dio Tiberino, risale il Tevere e arriva sul Palatino al villaggio di Evandro, originario dell'Arcadia, che riconosce in lui il figlio di Anchise e lo accoglie con favore, facendogli visitare i luoghi dove in futuro sorgerà Roma. Evandro offre a Enea un consistente numero di uomini a capo dei quali pone il figlio Pallante e spinge l'eroe a cercare alleati anche nella città etrusca di Cere, che si appresta ad attaccare Turno.
Nel frattempo Venere induce Vulcano, il dio del fuoco suo sposo, a forgiare per Enea nuove armi, tra cui un grande scudo sul quale sono illustrati i principali episodi della futura storia di Roma fino alla battaglia di Azio.

Il divampare della guerra (IX-XI)

In assenza di Enea, Turno assedia il campo dei nemici e sta per incendiarne le navi, che però vengono trasformate in ninfe marine dalla dea Cibele. Durante la notte due giovani troiani, Eurialo e Niso, escono dal campo per andare ad avvertire Enea, ma sono sorpresi da Volcente e uccisi. Nella battaglia del giorno seguente Ascanio uccide con una freccia il cognato di Turno. Nel frattempo, convocato un concilio, Giove impone agli dèi di lasciare che il destino segua il suo corso. Enea, tornato con i rinforzi, combatte con i Rutuli e il giovane Pallante è ucciso da Turno; Enea vorrebbe vendicarlo, ma Giunone fa scomparire Turno con un prodigio.

Il comando dei Latini è preso allora da Mesenzio, che si scontra con Enea; il figlio Lauso s'intromette trovando la morte e il padre, scagliatosi nel combattimento, viene ucciso da Enea. Questi fa ricondurre il corpo di Pallante al padre e i due eserciti, pattuita una tregua di dodici giorni, seppelliscono i morti. Mentre gli ambasciatori mandati in Puglia da Diomede riportano un rifiuto, il re Latino è disposto a concedere a Enea un territorio e concludere così la guerra, ma Turno si oppone. Nel successivo scontro, sotto le mura di Laurento, la vergine guerriera Camilla guida valorosamente la cavalleria dei Volsci ma è uccisa da un Etrusco.

Domenico Zampieri detto il Domenichino (1581-1641), *La Sibilla Cumana*, 1610 ca.

Il duello finale (XII)

Per evitare ulteriori stragi, Turno decide di risolvere la guerra battendosi in duello con Enea, ma Giunone, servendosi della ninfa Giuturna, sorella di Turno, provoca la ripresa del combattimento: Enea rimane ferito, ma è subito guarito da Venere, mentre Giuturna allontana il fratello dalla mischia e Amata, credendolo morto, s'impicca. Turno affronta allora Enea.
Frattanto gli dèi hanno trovato un accordo sulla vittoria dei Troiani e sul loro assorbimento da parte dei Latini. Nel duello finale Enea ferisce il nemico e, commosso dalle sue preghiere, sta per risparmiarlo, ma, quando vede la cintura di Pallante indossata da Turno come trofeo lo uccide.

I PERSONAGGI

L'*Eneide* è tutta incentrata sul suo **protagonista Enea** che, a differenza di quanto accadeva nei poemi omerici, è un **personaggio che si colloca tra il mito e la storia**. Rispetto agli eroi omerici, Enea non cerca la gloria personale ma si pone al servizio del Fato nel rispetto dei valori della tradizione. Questi caratteri disegnano **una figura dall'umanità complessa**, di cui Virgilio mette a nudo l'interiorità dilaniata dai conflitti tra i sentimenti e la necessità di essere strumento del Fato.
L'interesse per l'**indagine interiore dei personaggi** è un tratto originale della poetica virgiliana che emerge anche nella presentazione delle figure femminili e delle **comparse** che si vedono agire e morire sullo sfondo: prende forma in questo modo un universo di sentimenti, tra cui l'amore e l'amicizia, che umanizzano i protagonisti, togliendo loro i caratteri mitici propri dell'epica greca.

I personaggi umani

Enea, il protagonista della vicenda, è figlio di Anchise e di Venere (Afrodite per i Greci) e discende dalla stirpe dei Dardani che abitavano sul monte Ida. Nella guerra di Troia combatte contro Achille, ma è salvato da Poseidone perché destinato a fondare una nuova città. Abbandonata Troia in fiamme con il vecchio padre Anchise e il figlio Ascanio, si mette in mare con una flotta di venti navi e, dopo lunghe peregrinazioni e molte avventure, sbarca sulle coste del Lazio, dove la sua discendenza fonderà Roma. È definito *pius* perché accetta la volontà degli dei, che gli hanno affidato la missione di fondare una città che darà continuità a Troia e da cui discenderà la stirpe romana: Enea è amante della patria, e combatte solo per la sua difesa, è premuroso verso la famiglia ed è dotato di grande umanità e spirito di giustizia.
Ascanio, chiamato anche Julo, è il figlio di Enea e della principessa troiana Creusa, morta durante la fuga da Troia in fiamme. Secondo la leggenda è il fondatore la città di Albalonga dove visse Rea Silvia che, unitasi con il dio Marte, generò Romolo e Remo. Dalla stirpe di Ascanio ha origine la *gens Iulia*.
Anchise, principe troiano, è l'anziano padre di Enea. Partito insieme al figlio durante l'incendio di Troia, muore nel corso del viaggio in Sicilia. Enea lo incontra quando scende negli Inferi.
Turno, figlio di Dauno e di Venilia, è il re dei Rutuli. È innamorato di Lavinia, la figlia del re Latino, che gli è stata promessa in moglie e non esita a dichiarare

guerra al re e a Enea per difendere l'amore e la patria. Combatte contro Enea con grande valore, ma rimane sconfitto e muore.
Eurialo e Niso, guerrieri troiani valorosi e generosi, sono vittime di un'imboscata durante una spedizione notturna nel campo dei Rutuli. Muoiono nel tentativo di avvisare Enea dell'attacco di Turno all'accampamento troiano. Sono il simbolo della lealtà e dell'amicizia, in quanto pronti a sacrificarsi l'uno per l'altro.
Laocoonte è il sacerdote troiano di Apollo, che invano si oppone all'ingresso del cavallo di legno nella città. Mentre colpisce con la lancia il ventre del cavallo, pieno di soldati armati, due serpenti marini lo uccidono.
Didone è figlia del re di Tiro. Quando il fratello Pigmalione uccide suo marito Sicheo per impadronirsi del trono, fugge in Africa dove fonda Cartagine diventandone la regina. Accoglie Enea e i compagni naufraghi. Innamoratasi dell'eroe, verrà abbandonata e per disperazione si suiciderà dopo aver lanciato contro l'amato una maledizione da cui scaturirà la fatale inimicizia tra Roma e Cartagine.
Lavinia, figlia del re Latino e della regina Amata, è la causa della guerra tra Troiani e Latini. La madre vorrebbe che sposasse Turno, ma il Fato l'ha destinata allo straniero Enea che sposerà alla fine del conflitto.
Sibilla Cumana è la sacerdotessa di Apollo che interpreta i responsi del dio presso l'oracolo di Cuma. Accompagna Enea negli Inferi dove incontra il padre Anchise che gli rivela il suo destino.

Le divinità

Giove è il padre degli dèi e corrisponde al greco Zeus; garantisce con giustizia che si realizzi il Fato, il destino prestabilito.
Giunone è la moglie di Giove e corrisponde alla greca Era; è ostile a Enea perché la sua discendenza darà origine a Roma che distruggerà la città da lei protetta, Cartagine.
Venere è la dea dell'amore (corrispondente ad Afrodite), difende in ogni modo il figlio Enea e ne favorisce il legame con Didone.
Minerva è la dea della sapienza, corrispondente alla dea Atena, ed è ostile ai Troiani.
Le **Arpie** sono mostri con volti e colli di donna, corpo di uccello rapace, grandi ali e lunghi artigli. I loro nomi sono Celeno, la sovrana, Aello, Ocìpete.

William Blake (1757-1827), *Cerbero*, 1826 ca.

I personaggi infernali

Caronte è il vecchio e orrido traghettatore delle anime al di là del fiume infernale Acheronte. Trasporta solo le anime di coloro che hanno ricevuto degna sepoltura sulla terra.
Cerbero è un mostruoso cane a tre teste, posto a custodia dell'entrata dell'Averno. Il suo compito è di impedire il passaggio nel mondo dei morti.
Minosse, re di Creta, è il giudice dei morti, perché in vita seppe amministrare la giustizia con grande severità.

L'IMPORTANZA E LA PERMANENZA DELL'OPERA DI VIRGILIO

L'*Eneide*, che Augusto apprezzò tanto da non rispettare le decisioni testamentarie di Virgilio, si affermò subito come **l'opera più grande della letteratura latina**: Virgilio fu considerato un classico subito dopo la sua morte, le sue opere furono lette nelle scuole e considerate esempio di poesia e fonte di insegnamenti; i grammatici e i filologi le commentarono puntualmente.

L'*Eneide* si impose come modello ai poeti epici successivi, influendo, per esempio, sul *Bellum civile* di **Marco Anneo Lucano** (39-65 d.C.) come modello negativo e sui poemi epici la *Tebaide* e l'*Achilleide* di **Publio Papinio Stazio** (ca. 45-96 d.C.), come modello da imitare accuratamente. L'influsso di Virgilio, tuttavia, non si limita al mondo classico: agli uomini del Medioevo il poeta latino sembrò addirittura anticipare alcuni aspetti della spiritualità cristiana, e il grande autore della *Divina commedia*, **Dante Alighieri** (1265-1321), lo considerò un maestro non solo nel campo poetico ma anche morale, tanto da immaginarlo come sua guida nel viaggio ultraterreno.

La figura di Enea, poi, presterà non pochi spunti a quella di Rolando, protagonista della medievale *Chanson de Roland* (vedi a p. 169 e sgg.) e, alcuni secoli più tardi, a Goffredo di Buglione protagonista della *Gerusalemme liberata* (vedi a p. 223 e sgg.) di **Torquato Tasso** (1544-1595).

L'ammirazione per l'opera di Virgilio ha generato anche una folta schiera di traduttori. Risale al Cinquecento la traduzione più famosa, quella di **Annibal Caro** (1507-1566) in versi endecasillabi, caratterizzata dallo stile solenne e dal linguaggio di difficile interpretazione. Anche **Vittorio Alfieri** (1749-1803) e **Giacomo Leopardi** (1798-1837) tradussero alcune parti del poema.

Tra le traduzioni del Novecento di più immediata comprensione ricordiamo quelle di **Ezio Cetrangolo**, **Luca Canali**, **Rosa Calzecchi Onesti** e **Cesare Vivaldi**. Nella nostra sezione antologica ci serviremo di quest'ultima versione.

Virgilio tra il leggio e la capsa, il contenitore dei rotoli di papiro usati per scrivere.

Virgilio
Il *Proemio*

genere
poema epico

tratto da
Eneide
(libro I, vv. 1-43)

anno
I secolo a.C.

luogo
Roma

IL BRANO

L'*Eneide*, come i poemi omerici, comincia con un *Proemio* che riporta la canonica invocazione alla Musa e l'esposizione dell'argomento. Il *Proemio* illustra brevemente il contesto dell'azione, collocandolo nello spazio (il Mediterraneo) e nel tempo (la fine della guerra di Troia) e introduce alcuni dei motori della vicenda: l'eroe, gli dei, ma soprattutto il destino.

Canto le armi,[1]
canto l'uomo che primo da Troia
venne in Italia, profugo per volere del Fato
sui lidi di Lavinio.[2] A lungo travagliato
e per terra e per mare dalla potenza divina
a causa dell'ira tenace della crudele Giunone,
molto soffrí anche in guerra: finché fondò una città
e stabilí nel Lazio i Penati di Troia,[3]
origine gloriosa della razza latina
e albana[4] e delle mura della superba Roma.
Musa,[5] ricordami tu le ragioni di tanto
doloroso penare: ricordami l'offesa
e il rancore per cui la regina del cielo[6]
costrinse un uomo famoso per la propria pietà[7]
a soffrire cosí, ad affrontare tali
fatiche. Di tanta ira son capaci i Celesti?
Vi fu un'antica città, abitata dai Tiri,[8]
che fronteggiava l'Italia e le foci del Tevere
da lontano: Cartagine,[9] ricchissima di mezzi
e terribile in armi. Si dice che Giunone
la preferisse a ogni terra, persino alla stessa Samo,[10]
e vi tenesse le armi e il carro. Già da allora
la Dea si adoperava con ogni sforzo a ottenerle,
se mai lo consentano i Fati, l'impero del mondo.

1. le armi: le imprese di guerra.
2. lidi di Lavinio: coste del territorio latino, il cui centro più importante era Lavinio, così chiamata da Enea in onore della moglie Lavinia.
3. i Penati di Troia: divinità protettrici della patria e della famiglia. Enea porta con sé i propri da Troia.
4. origine ... albana: dalla fusione tra i Troiani e i popoli italici nascerà la stirpe latina; il popolo albano prende il nome da Alba Longa, che sarà fondata dal figlio di Enea, Ascanio, mentre dall'altro figlio verrà Romolo, fondatore di Roma.
5. Musa: Calliope, la Musa della poesia epica.
6. la regina del cielo: Giunone.
7. famoso ... pietà: che si segnalava sugli altri per la sua *pietas*, cioè il rispetto verso i genitori, la patria, gli dei.
8. Tiri: i fondatori di Cartagine erano coloni provenienti da Tiro, città della Fenicia.
9. Cartagine: la città fondata dai Fenici sulle coste settentrionali dell'Africa, in Libia.
10. Samo: isola dell'Egeo dove Giunone godeva di un culto particolare e dove forse era nata.

Pieter Paul Rubens (1577-1640), *Il giudizio di Paride*, 1605 ca.

Ma aveva saputo che dal sangue troiano
sarebbe nata una stirpe destinata ad abbattere
le rocche di Cartagine; che un popolo dal vasto
dominio e forte in guerra sarebbe venuto a distruggere
la Libia: tale sorte filavano le Parche.[11]
Temendo l'avvenire e memore della guerra
che aveva combattuto un tempo sotto Troia
per i suoi cari Argivi,[12] Giunone conservava
ancora vive nell'anima altre cause di rabbia
e di fiero dolore: le restano confitti
nel profondo del cuore il giudizio di Paride,[13]
l'onta della bellezza disprezzata, il rancore
per la razza troiana, gli onori ai quali è assurto
Ganimede.[14] Infiammata da tanti oltraggi, la Dea
teneva lontani dal Lazio, sballottati sulle onde,
i Troiani scampati ai Greci ed al feroce
Achille: ed essi erravano sospinti dal destino
per ogni mare da molti e molti anni. Tanto
era arduo, terribile, fondare la gente romana!

da Virgilio, *Eneide*, traduzione di C. Vivaldi, Edisco, Torino 1981

11. tale ... Parche: le Parche erano le divinità che amministravano il destino degli uomini filando e recidendo il filo della loro vita.
12. Argivi: propriamente gli abitanti di Argo, città del Peloponneso; qui si intendono tutti i Greci.
13. il giudizio di Paride: quello in cui il troiano doveva decretare chi fosse la dea più bella tra Era (la Giunone latina), Atena (la Minerva latina) e Afrodite (la Venere latina), scegliendo quest'ultima.
14. Ganimede: bellissimo giovinetto troiano rapito da Giove e fatto da lui coppiere degli dèi al posto di Ebe, figlia di Giove e Giunone.

STRUMENTI DI LETTURA

La protasi e l'invocazione alla Musa

Nel *Proemio* dell'*Eneide* Virgilio richiama i versi omerici, ma con delle significative variazioni. Se nei poemi omerici l'invocazione alla Musa precedeva la protasi, qui l'ordine è invertito.

Inoltre, Virgilio vuole inserirsi nel solco della tradizione, ma è ormai lontano dalla concezione del sapere propria dell'età arcaica: così l'invocazione alla Musa assume più che altro il significato di una ripresa colta di un modello tradizionale. Non è infatti la Musa a cantare, ma il narratore stesso (*Canto*).

Quanto all'argomento, fin dal principio sono tracciate le linee fondamentali della narrazione: l'esaltazione di Roma e del suo destino di grande potenza.

Le parole chiave

Fato, sofferenza, *pietas*: è molto importante notare come i motivi fondamentali e i grossi temi dell'*Eneide* siano tutti contenuti in questo proemio. Primo tra tutti compare il Fato, protagonista assoluto e profondo motore di tutta la vicenda di Enea che, vero strumento del Fato, compie la sua missione di capostipite dei fondatori di Roma.

In secondo luogo compare la sofferenza, materia importante del poema sulla quale l'autore ritorna spesso attraverso la riflessione sulla condizione umana.

In questo *Proemio* la riflessione sulla sofferenza nasce da una domanda: perché un dio deve odiare e perseguitare così un uomo tanto rispettoso degli dèi come è stato e sarà Enea?

Il dolore caratterizza Enea e con lui tutti gli uomini ma, come insegna la sua vicenda, va sopportato in nome di valori più alti. Sono i valori della *pietas* (l'ultimo importante tema che compare nel *Proemio*), che significa rispetto assoluto degli dei, ma anche dei legami famigliari e della patria, che si estrinseca in una fede assoluta nelle leggi dello Stato e nella convivenza civile.

Il personaggio

Enea è campione della *pietas*. L'uomo *pius*, di cui l'*Eneide* promuove le qualità, è colui che, sostenuto dalla devozione verso gli dèi come sottomissione totale alla loro volontà, è reso capace del sacrificio dei propri desideri privati. Il suo eroismo è vicino alla capacità di soffrire più che a quella di usare la forza o l'intelligenza. L'esaltazione dell'umanità dell'eroe virgiliano non risiede quindi nelle qualità che rendono l'uomo grande quasi quanto gli dèi (come era nei poemi omerici, i cui guerrieri e pionieri sono resi eroici dalla propria forza, intelligenza, ambizione intellettuale), ma risiede nella sua obbedienza incrollabile alla divina volontà. Enea quindi è cantato da Virgilio non nella grandezza semi-divina dell'eroe epico, ma nella grandezza interiore più vicina alla dimensione dell'eroe drammatico.

I richiami a Omero

Anche nelle linee che muovono la narrazione emerge la volontà di riprendere il modello omerico: compaiono infatti l'ira divina, che qui è giustificata da motivazioni storiche (la futura rivalità tra Roma e Cartagine), oltre a una componente "iliadica", cioè ispirata all'*Iliade*, legata alla guerra e ai capricci divini, e una "odissiaca", cioè ispirata all'*Odissea*, richiamata dalle sofferenze, dai viaggi, e dal motivo della persecuzione di una divinità.

Fabula e intreccio

Come nei proemi omerici, si trovano qui anticipazioni e *flash-back*, in un continuo ricollegare il mito alla vicenda che sarà narrata, ma la grande originalità dell'*Eneide* sta nel fatto che le prolessi non si limitano ad anticipare episodi della vicenda, bensì alludono agli eventi della storia di Roma, uscendo così dal mito ed entrando nella storia. Ai fatti storici, in quanto ricollegati alle decisioni del Fato, è garantito così un valore assoluto, fondando le ragioni divine e celesti di un presente materiale e terreno.

Laboratorio

LABORATORIO

Comprensione

difficoltà

1 Da quale città si muove Enea per le sue lunghe peregrinazioni?

2 L'eroe segue la propria volontà nel lasciare questa città?

3 Dove giunge alla fine Enea?

4 Da chi è perseguitato Enea?

5 Quale città Giunone ama particolarmente?

6 Quale profezia teme Giunone?

7 Quali antichi motivi di odio ha Giunone contro i Troiani?

Analisi

difficoltà

La storia

Vedi a p. 9

8 Indica i versi dell'invocazione e quelli della protasi e riassumi i contenuti di quest'ultima, distinguendo la componente "iliadica" e quella "odissiaca".

Invocazione	vv.	
Protasi	vv.	Componente odissiaca: vv. ....
		Contenuto: ....
		Componente iliadica: vv. ....
		Contenuto: ....

9 L'invocazione alla Musa precede la protasi?

10 Chi è che "canta" le vicende di Enea?

11 Quale funzione è riservata alla Musa?

Le parole chiave

Vedi a p. 14

12 Trova nel testo i passaggi in cui emergono i seguenti elementi:

Fato: vv. .... sofferenza: vv. .... *pietas*: vv. ....

Laboratorio

I personaggi Vedi a p. 8

13 Quali aspetti del personaggio di Enea emergono dal *Proemio* a tuo giudizio? Elencali.

14 Indica i versi in cui è evidenziata la religiosità di Enea.

15 Indica i versi in cui si allude alla sua sopportazione della sofferenza per realizzare il disegno del destino.

Fabula e intreccio Vedi a p. 9

16 Dove compare l'elemento celebrativo, cioè la missione assegnata dal Fato a Enea?

Produzione

difficoltà

17 Scrivi un breve testo che spieghi il significato del sentimento della *pietas*.

18 Poni le crocette nelle caselle opportune facendo un confronto intertestuale tra i *Proemi* di *Iliade*, *Odissea*, *Eneide*.

	Iliade	*Odissea*	*Eneide*
Il poema prende nome dal protagonista			
Il nome del protagonista è citato nel proemio			
Compare un'invocazione alla Musa			
Compare una protasi			
L'invocazione precede la protasi			
L'invocazione precede e segue la protasi			
La Musa canta o narra			
Il poeta canta in prima persona			
Compare l'ira di un dio			

Virgilio

La fine di Laocoonte

genere
poema epico

tratto da
Eneide
(libro II, vv. 54-74; 250-290)

anno
I secolo a.C.

luogo
Roma

IL BRANO

Mentre Enea, con le venti navi troiane in fuga dalla città distrutta, si avvicina all'Italia, Giunone scatena una tempesta che fa naufragare i Troiani. Enea, con sette navi scampate, approda sulle coste della Libia. Nel luogo regna Didone che, fuggita col suo popolo da Tiro, qui ha fondato Cartagine. Enea e i suoi compagni sono accolti benevolmente, e durante un banchetto la regina chiede all'eroe di raccontare le sue sventure. Enea inizia a narrare della fine di Troia, con l'inganno del grande cavallo di legno che i Greci, fingendo di ritirarsi da Troia, lasciarono sui lidi della città facendo credere che fosse un voto per gli dei. Dentro il cavallo in realtà si nascondevano guerrieri greci scelti, pronti ad attaccare la città dentro le sue mura.
In mezzo ai Troiani che si interrogano su come comportarsi col cavallo, fa il suo ingresso Laocoonte, sacerdote di Nettuno.

Allora, accompagnato da gran gente, furioso,
Laocoonte[1] discende dall'alto della rocca
e grida da lontano: «Miseri cittadini,
quale follia è la vostra? Credete che i nemici
sian partiti davvero e che i doni dei Greci
non celino un inganno? Non conoscete Ulisse?[2]
O gli Achivi[3] si celano in questo cavo legno,[4]
o la macchina è fatta per spiare oltre i muri
e le difese fin dentro le nostre case e piombare
dall'alto sulla città, o c'è sotto qualche altra
diavoleria: diffidate del cavallo, o Troiani,
sia quel che sia![5] Temo i Greci, anche se portano doni».
Cosí detto scagliò con molta forza la grande
lancia nel ventre ricurvo del cavallo di legno.
L'asta s'infisse oscillando, le vuote cavità
del fianco percosso mandarono un gemito
rimbombando. Ah, se i Fati non fossero stati
contrari e le nostre menti accecate Laocoonte
ci avrebbe convinto a distruggere il covo
dei Greci; e tu ora, Troia, saresti ancora in piedi,
e tu, rocca di Priamo, ti leveresti in alto!

1. **Laocoonte**: troiano, figlio di Antenore e sacerdote prima di Apollo, poi di Nettuno.
2. **Non conoscete Ulisse?**: si riferisce alla nota intelligenza del greco Ulisse, cui si dà qui una connotazione negativa.
3. **Achivi**: Greci.
4. **cavo legno**: legno vuoto.
5. **sia quel che sia**: anche se dovessimo incorrere nell'ira di qualche dio per aver ignorato il cavallo che vorrebbe essere un voto.

[Alcuni pastori troiani giungono portando un prigioniero greco, Sinone. Costui fa parte dell'inganno ordito dai Greci: racconta di essere stato designato dai compagni per essere sacrificato agli dèi e di essere riuscito a fuggire. Dichiara che il cavallo è così grande perché non sia possibile per i Troiani farlo entrare nella città, che in tal caso sarebbe protetta dagli dèi e quindi salva.]

Allora un altro evento molto piú spaventoso
sopraggiunse improvviso a turbarci: infelici!
Eletto sacerdote di Nettuno, Laocoonte
sacrificava ai piedi dell'altare solenne
del Dio un enorme toro. Ed ecco (inorridisco
nel dirlo) due serpenti, venendo da Tenedo[6]
per l'alta acqua tranquilla, si levano sull'oceano
con spire[7] immense e s'avviano insieme verso la spiaggia:
i loro petti svettano tra i flutti, le sanguigne
creste sorpassano l'onde, il resto del loro corpo
sfiora la superficie dell'acqua: enormi groppe
che s'attorcono in cerchi sul mare che, frustato
dalle code, spumeggia fragoroso. E approdarono
a riva: gli occhi ardenti iniettati di sangue
e di fuoco, lambivano con le vibranti lingue
le bocche sibilanti. Fuggiamo qua e là,
pallidi a tale vista.[8] Senza esitare, i serpenti
puntano su Laocoonte. E anzitutto, avvinghiati
con molte spire viscide i suoi due figli piccoli,
ne straziano le membra a morsi. Poi si gettano
su Laocoonte che armato correva in loro aiuto
stringendolo coi corpi enormi: già due volte
in un nodo squamoso gli han circondato vita
e collo: le due teste stan alte sul suo capo.
Sparse le sacre bende[9] di bava e di veleno
Laocoonte si sforza di sciogliere quei nodi[10]
con le mani ed intanto leva sino alle stelle
grida orrende, muggiti simili a quelli d'un toro
che riesca a fuggire dall'altare, scuotendo
via dal capo la scure che l'ha solo ferito.
Infine i due serpenti se ne vanno strisciando
sino ai templi più alti, raggiungono la rocca
della crudele Minerva,[11] rifugiandosi ai piedi
della Dea sotto il cerchio del suo concavo scudo.[12]
Nuovo terrore s'insinua nelle anime tremanti
di tutti noi: molti dicono che meritatamente
Laocoonte ha pagato il suo grave delitto,
egli che con la lancia colpí la statua di quercia
scagliandole nel dorso la punta scellerata.
Gridano tutti che occorre trascinare il cavallo
a Troia, supplicando la santità di Minerva...

da Virgilio, *Eneide*, traduzione di C. Vivaldi, Edisco, Torino 1981

6. Tenedo: l'isola al largo di Troia dietro la quale si erano nascosti i Greci con le loro navi.
7. spire: gli anelli che formano i serpenti avvolgendosi su se stessi.
8. vista: visione.
9. Sparse ... bende: abbandonate le bende con cui i sacerdoti si fasciavano le tempie e le braccia per le cerimonie sacre.
10. di bava ... nodi: Laocoonte cerca con la forza di liberarsi dalla stretta dei serpenti velenosi.
11. crudele Minerva: la dea è qui definita crudele perché nemica dei Troiani.
12. rifugiandosi ... scudo: la scena fa pensare che sia stata la dea a inviare i due serpenti, che ora si rifugiano presso il suo altare.

STRUMENTI DI LETTURA

Il narratore

L'episodio della morte di Laocoonte e dei suoi figli è inserito nella lunga narrazione che Enea fa alla regina Didone, partendo dalla distruzione di Troia. Si tratta quindi di avvenimenti riportati da un personaggio che li ha vissuti. Questo permette a Virgilio di fornire la descrizione degli eventi con maggiore partecipazione. In particolare gli consente di assumere un punto di vista preciso, che in questo caso è quello degli sconfitti. Così la guerra di Troia, e la sua distruzione, ci sono presentate non più dal punto di vista dei Greci, com'era nei poemi omerici, ma da quello dei Troiani, assediati e distrutti. Da questo punto di vista la vittoria greca appare come frutto dell'inganno e della doppiezza, non della forza e del valore in battaglia. In particolare, nel descrivere il cavallo, Virgilio indugia su un'immagine in cui dominano l'inquietudine e l'ambiguità: il cavallo che risuona vuoto quando è colpito da Laocoonte lascia immaginare vagamente ciò che esso nasconde, connotando negativamente la vittoria greca. L'immagine termina nell'amara constatazione dell'impotenza di fronte all'ineluttabile. Questo punto di vista emerge chiaramente nelle parole di Enea che, a posteriori, conosce i disegni del Fato, aggiungendo quindi alla narrazione una consapevolezza che colma il suo lamento di un commosso rimpianto per ciò che non si poteva evitare.

Il personaggio di Laocoonte

La morte di Laocoonte e dei suoi figli è l'unico possibile esito della lotta contro il destino. Sembra quasi che Laocoonte sia punito per aver intuito i piani del Fato, e per aver tentato di opporvisi.
Ma l'orrore dell'avvenimento è anche l'immagine della barbarie della guerra, che travolge e schiaccia gli innocenti, di cui i figli sono il simbolo. È interessante notare la similitudine che paragona Laocoonte a una vittima sacrificale, ed è resa più incisiva dal fatto che, in quanto sacerdote, egli sia di solito colui che sacrifica agli dei. Qui è invece sacrificato a qualcosa di superiore persino agli dei: il Fato.

Le parole chiave

Il Fato: il Fato in questa scena è incarnato da due serpenti la cui descrizione è di fortissimo impatto drammatico. Costruita attraverso iperboli e dettagli suggestivi, è l'immagine dell'orrore. I serpenti provengono dalle profondità degli abissi, e sono qui figure della crudeltà spietata del destino, ma anche della potenza di un dio, infatti vanno a rifugiarsi sotto lo scudo di Minerva.

La lingua e lo stile

Va notato come in questo brano Virgilio utilizzi un linguaggio particolarmente espressivo, che colpisce il lettore per la lividezza delle immagini. Contribuisce a questo effetto anche l'uso di alcuni tempi al presente, che danno alla scena l'immediatezza drammatica con cui Enea l'ha vista svolgersi davanti ai propri occhi.

Laocoonte e i figli catturati dal serpente in una miniatura del VI secolo d. C.

Laboratorio

LABORATORIO

Comprensione

difficoltà

1 Di quale dio è sacerdote Laocoonte?

2 Che cosa teme Laocoonte nel cavallo?

3 Che cosa dice Laocoonte dei Greci?

4 Da quale direzione provengono i serpenti?

5 Chi attaccano prima di tutto i serpenti?

6 Dove vanno a rifugiarsi i due serpenti?

7 Che cosa sostengono alcuni Troiani dopo avere visto questa scena?

8 Che cosa decidono i Troiani di fare del cavallo?

Analisi

difficoltà

Il narratore Vedi a p. 6

9 Chi è il narratore di secondo grado?

- ☐ Enea
- ☐ Virgilio
- ☐ Laocoonte

10 Il narratore di secondo grado è:

- ☐ esterno
- ☐ interno

11 Quale punto di vista è adottato per raccontare la fine di Troia?

I personaggi Vedi a p. 8

12 Che cosa rappresenta la morte di Laocoonte?

13 Di che cosa sono simbolo i figli di Laocoonte?

Le parole chiave Vedi a p. 14

14 Sottolinea i punti del testo in cui emerge maggiormente il rimpianto di Enea nei confronti di un Fato ineluttabile.

Laboratorio

La lingua e lo stile Vedi a p. 10 e 13

15 Sottolinea la similitudine che si riferisce a Laocoonte.

16 A che cosa è paragonato Laocoonte nella similitudine?

17 Evidenzia i passaggi che ti sembrano utilizzare un linguaggio particolarmente espressivo.

Produzione

difficoltà

18 Fai la parafrasi del brano.

19 Trova tutti i verbi al presente e volgili al passato. Quali differenze puoi notare?

Hegesandros, Athenodoros e Polydoros, *Laocoonte muore stritolato con i figli dai serpenti inviati da Atena*, II secolo a.C.

Virgilio
Le Arpie

genere
poema epico

tratto da
Eneide
(libro III, vv. 239-334)

anno
I secolo a.C.

luogo
Roma

IL BRANO

Il racconto di Enea prosegue con la distruzione di Troia, l'uccisione del re Priamo, la sua fuga col padre Anchise sulle spalle, insieme al figlio Ascanio e alla moglie Creusa, che però è uccisa dai Greci. Enea narra poi di essersi diretto in Tracia per stabilirvisi, ma di esserne fuggito per un funesto prodigio, passando a Delo per interrogare l'oracolo di Apollo, da cui apprende di dover cercare l'"antica madre". Enea la identifica con Creta, dove si trova il monte Ida, terra di origine dei Dardani. I profughi si fermano lì, ma i Penati in sogno avvisano Enea dell'errore. Diretti verso l'Italia, sono spinti da una tempesta alle isole Strofadi.

Il mare era profondo, un'infinita distesa
senza nessuna terra, soltanto cielo e mare,
quando sopra il mio capo si formò un nembo[1] azzurro,
un nembo che oscurò il mare, scatenò
tempesta, inverno e notte. All'improvviso i venti
sconvolgono l'oceano, immensi cavalloni[2]
si levano, siamo dispersi, sbattuti dal gorgo qua e là.
I nembi coprirono il giorno, un'umida notte
ci tolse la vista del cielo; migliaia di fulmini
squarciarono le nubi. Vaghiamo fuori rotta
per onde ignote, scurissime. Lo stesso Palinuro[3]
grida di non distinguere il giorno dalla notte
e di non ricordare la strada fra le onde.
Cosí erriamo sul mare tre giorni, alla ventura,
senza vedere una stella la notte. Il quarto giorno
finalmente ci parve di scorgere una terra
levarsi alta sul mare, e scopriamo dei monti
in lontananza e un fumo che si torce nell'aria.
Calate in fretta le vele ci buttiamo sui remi;
i marinai a tutta forza fendono l'acqua azzurra.
Ad accoglierci, salvi dal mare, sono i lidi
delle isole Strofadi:[4] cosí chiamate con nome
greco. Sorgono in mezzo al grande Jonio, vi abitano
la feroce Celeno e le altre Arpie,[5] da quando
dovettero lasciare la casa di Fineo,[6]
per paura, e le antiche loro mense. Non c'è
mostro piú brutto di loro, nessun flagello divino
piú crudele di loro uscí mai dallo Stige.[7]
Sono uccelli col viso di fanciulla, dal ventre

1. **nembo**: nuvola.
2. **cavalloni**: grandi onde.
3. **Palinuro**: il timoniere della nave.
4. **Strofadi**: sono due piccole isole a ovest del Peloponneso, nello Ionio.
5. **Celeno ... Arpie**: Celeno è la sovrana delle Arpie, creature mostruose col corpo di uccello e la testa umana. Rubavano il cibo dalle mense spandendo un odore nauseabondo che impediva di avvicinarsi alle vivande.
6. **Fineo**: re della Tracia che, per aver ingiustamente fatto accecare i figli, fu punito dagli dèi con la cecità e una fame perenne, tormentata dalle Arpie che insozzavano il cibo della sua mensa. Fu infine liberato da questi mostri, che vennero confinati nelle Strofadi.
7. **Stige**: fiume che scorre agli Inferi.

scaricano in continuazione luridissime feci,
hanno mani uncinate, faccia pallida sempre
per la fame...
Appena entrati nel porto, ecco, vediamo qua e là
nei campi begli armenti[8] di bovi e un gregge di capre
disperso nell'erba alta, senza nessun guardiano.
Corriamo loro addosso col ferro,[9] ed invochiamo
gli Dèi e lo stesso Giove, offrendo una parte di preda
ai Celesti; imbandiamo le mense sul lido ricurvo
e allegri banchettiamo con quella splendida carne.
Ma all'improvviso calando con volo orrendo dai monti
arrivano le Arpie, scuotono in aria le ali
con enorme fracasso, portano via le vivande,
insozzano ogni cosa col loro immondo contatto;
poi fuggono, resta nell'aria la loro voce selvaggia
in mezzo a nuvole grevi[10] di odore nauseabondo.
Per la seconda volta prepariamo le mense
e riaccendiamo il fuoco sugli altari, scegliendo
una gola profonda sotto una concava rupe,
chiusa tutto all'intorno dagli alberi piú ombrosi;
e una seconda volta, da un'altra parte del cielo
e da chissà mai quali nascondigli, la turba
schiamazzante, volando sulla preda, la strazia
con gli unghioni, la infetta con la lurida bocca.
Allora grido ai compagni di prendere le armi
per ingaggiare battaglia con quella razza feroce.
Cosí fanno e nascondono nell'erba alta le spade
e gli scudi. Ed appena le Arpie, piombando giú
fragorose dal cielo, fecero rimbombare
tutto il lido ricurvo, il trombettiere Miseno,[11]
che stava di vedetta in un posto elevato,
diede uno squillo di tromba. I compagni le assalgono
e impegnano uno strano combattimento: ferire
col ferro affilato quei brutti uccelli di mare.
Ma le impenetrabili piume, le schiene invulnerabili
respingono ogni offesa: salve le Arpie s'involano[12]
verso il cielo, lasciando la preda cincischiata[13]
e coprendo ogni cosa di ripugnanti escrementi.
Solo Celeno, fermandosi su un'altissima rupe,
funesta profetessa, ci gridò: «Discendenti
dell'eroe Laomedonte,[14] vi preparate forse
– dopo averci ammazzato tanti bovi e giovenchi –
a dichiararci guerra? E volete scacciare
dal patrio regno le Arpie che nulla v'han fatto di male?
Imprimetevi in cuore quanto vi dico: io
la maggiore di tutte le Furie,[15] vi rivelo
ciò che l'Onnipotente predisse ad Apollo, ed Apollo

8. armenti: greggi.
9. col ferro: con la spada.
10. grevi: pesanti.
11. Miseno: compagno di Enea.
12. s'involano: prendono il volo.
13. cincischiata: rovinata.
14. Laomedonte: padre di Priamo e figlio di Ilo, progenitore di tutti i Troiani. Fattosi aiutare da Nettuno e Apollo per erigere le mura della città, non aveva mantenuto fede alla promessa di ringraziare gli dèi con generose offerte, ed era stato punito.
15. Furie: divinità infernali. Furie e Arpie a volte sono identificate nel mito.

predisse a me. Andate pure in Italia, in favore
di vento ci arriverete, potrete attingere[16] il porto;
ma non cingerete di mura la città che vi è stata promessa
prima che una feroce fame – giusto castigo
per averci aggredito – non v'abbia costretto
a rodere coi denti perfino le mense».[17]
Poi levandosi a volo si rifugiò nel bosco.
Ci si agghiacciò a tutti il sangue per lo sgomento:
perdemmo ogni coraggio, e nessuno ormai più
vuole far guerra alle Arpie, ma anzi le invochiamo
con molti voti e preghiere, siano divinità
o solo uccelli schifosi, impetriamo[18] pace da loro.
Il padre Anchise supplica dal lido a mani giunte
i grandi Numi, tra i riti sacrificali: «O Dei
rendete vane tali minacce, allontanate
tanta sciagura e benigni salvate un popolo pio!»
Quindi comanda di sciogliere la gomena[19] dal lido
e mollare le sartie.[20] Noto, il vento del sud,
tende le vele; si corre sulle onde spumeggianti
dove il pilota e la brezza dirigono la rotta.

da Virgilio, *Eneide*, traduzione di C. Vivaldi, Edisco, Torino 1981

Nicolas Poussin (1594-1665), *L'ispirazione del poeta*, 1630 ca., particolare.
L'opera raffigura l'incoronazione di Virgilio davanti ad Apollo e alla Musa Calliope.

16. attingere: accedere.
17. mense: erano focacce rotonde che non si mangiavano e che si usavano come piatti durante i sacrifici ai Penati.
18. impetriamo: chiediamo.
19. gomena: grossa fune usata per l'ormeggio.
20. sartie: cavi che sostengono l'albero della nave.

STRUMENTI DI LETTURA

Le parole chiave

Errare: la descrizione della tempesta è fatta da Enea in modo tale che da essa emergano soprattutto gli stati d'animo dei compagni. Virgilio dipinge il paesaggio burrascoso creando suggestioni, infondendo alla scena un sapore lugubre, dato dalla profondità del mare, dai colori scuri, dalle onde definite *ignote*, dall'impossibilità di vedere il cielo, di distinguere l'orizzonte.

L'atmosfera che emerge dalla descrizione della tempesta serve a esprimere lo smarrimento interiore e la mesta inquietudine che aleggia tra i compagni di viaggio.

In questo paesaggio infatti i profughi viaggiano, anzi *errano*, senza rotta, dispersi e atterriti. Sono gli sconfitti di una lunga guerra, in fuga da una città che non esiste più, in cerca di una terra in cui stabilirsi, vagamente indirizzati da oracoli e profezie che li spingono a non fermarsi e cercare ancora, verso luoghi non chiari e ignoti.

Il meraviglioso e il soprannaturale

Le tonalità e gli stati d'animo che introducono la tempesta servono a preannunciare eventi soprannaturali, anticipando l'atmosfera di oscuro prodigio che sopraggiunge all'approdo alle Strofadi, con l'apparizione delle Arpie, che suscita nel lettore un immediato disgusto. Esse sono descritte in modo che appaiano subito ripugnanti, sembrano provenire da un incubo; la scena ci proietta in un mondo oscuro e sinistro, in cui il meraviglioso domina con tonalità cupe. Enea crede di avere a che fare con dei mostri in carne e ossa e dopo il primo assalto, da esperto condottiero prende le misure per ingaggiare una vera e propria battaglia. Ma la narrazione riprende subito i toni del fantastico, sempre dominato dall'incubo: le immonde Arpie sono invulnerabili e i colpi vanno a vuoto lasciando senza parole i guerrieri. La funesta profezia di Celeno infine lascia Enea e i compagni sgomenti, gettando una luce spaventosa sul futuro.

Le protagoniste

Le Arpie (dal verbo greco *arpázo* che significa "rapisco") erano creature mostruose con corpo di uccello rapace, viso di donna, grandi ali e artigli aguzzi. Questi mostri erano soliti rubare dalle tavole imbandite le vivande, spandendo sulle rimanenti un odore così nauseabondo, che non era più possibile cibarsene.

Nella mitologia greca impersonavano i venti marini tempestosi. La leggenda ne nomina spesso tre: Celeno, che significa "oscurità", con riferimento alle nubi, Ocìpete, dal "rapido volo", e Aello "portatrice di tempesta". Erano anche creature infernali che trasportavano le anime agli Inferi.

La loro regina Celeno è dotata della facoltà di predire il futuro, infatti è proprio lei ad annunciare a Enea che egli arriverà in Italia, ma che proprio lì patirà la fame al punto da essere costretto a mangiarsi le "mense".

Miniatura ferrarese, 1474-1482, che raffigura Dante e Virgilio nella selva dei suicidi dove dimorano le Arpie.

Laboratorio

LABORATORIO

Comprensione

difficoltà

1 Quanti giorni dura la tempesta?

2 A quale terra approdano dopo la tempesta Enea e i compagni?

3 Chi abita questa terra?

4 Che cosa stanno tentando di fare Enea e i compagni al primo attacco delle Arpie?

5 Che cosa fanno prima di accingersi a mangiare?

6 Quale esito ha la battaglia contro le Arpie?

7 Che cosa predice Celeno a Enea?

Analisi

difficoltà

Le parole chiave Vedi a p. 14

LESSICO

8 Sottolinea tutti i termini che danno alla tempesta tonalità cupe e sinistre.

9 Trova i passaggi in cui meglio emerge il senso dello smarrimento dei profughi.

La lingua e lo stile Vedi a p. 10

10 Al verso 274 si trova una figura retorica. Di quale si tratta?

11 Puoi trovarla di nuovo oltre. Dove? Indica il verso.

I personaggi Vedi a p. 8

LESSICO

12 Elenca gli aggettivi con cui sono descritte le Arpie.

Produzione

difficoltà

13 Illustra con parole tue la reazione degli esuli alle parole di Celeno, e cerca di spiegarne il perché.

Virgilio

La partenza di Enea

genere
poema epico

tratto da
Eneide
(libro IV, vv. 328-430)

anno
I secolo a.C.

luogo
Roma

IL BRANO

Il racconto di Enea è terminato. Didone, per volontà di Venere che voleva assicurare al figlio un'accoglienza serena presso Cartagine, è già presa d'amore per Enea. Per l'azione congiunta di Venere e Giunone, Didone ed Enea si uniscono e vivono una stagione di profondo amore nella quale l'eroe affianca la regina nella costruzione di Cartagine. La notizia si diffonde rapidamente e ne viene a conoscenza anche Jarba, uno dei pretendenti rifiutati da Didone. Costui, geloso, si rivolge a Giove e chiede vendetta; il dio manda Mercurio, messaggero degli dei, da Enea affinché gli ricordi che il suo destino è segnato e che deve lasciare Cartagine per andare in Italia. Enea, addolorato e smarrito di fronte alla visione del dio, non sa come comunicare a Didone la sua decisione.

Enea fuori di sé ammutolí a quella vista,
gli si drizzarono in testa per l'orrore i capelli,
gli si fermò la voce in gola. Smania di correre
via, abbandonando le terre che pure gli sembrano dolci,
percosso dall'alto monito[1] e dal comando divino.
Ma come farà? Con quali parole adesso oserà
rivolgersi alla regina innamorata, furiosa?
Da dove incomincerà il suo discorso? Volge
rapidissimamente il pensiero qua e là,
ideando diverse soluzioni, pesandole
una per una. Infine, benché sia sempre in dubbio
crede di aver trovato il partito[2] migliore.
Chiama Mnèsteo, Sergesto ed il forte Seresto,[3]
armino zitti zitti la flotta e sulla riva
riuniscano i compagni, preparino ogni cosa
senza lasciar capire quale sia la ragione
di tanta novità; intanto lui, poiché
Didone non sa nulla e crede che un amore
cosí grande non possa spezzarsi, cercherà
il modo e l'occasione piú adatta per parlarle.
Tutti obbediscono lieti ed eseguono gli ordini.
Ma la regina (chi può ingannare chi ama?)
presentí tutto e s'accorse per prima di ciò che accadeva:
timorosa com'era di tutto, persino di quello
che piú pareva sicuro. L'empia Fama[4] in persona
disse che si allestiva la flotta per la partenza.
Folle d'amore, l'anima smarrita, dà in ismanie,
erra per la città fuori di sé, baccante

1. monito: avvertimento.
2. partito: decisione.
3. Mnèsteo ... Seresto: tre capi troiani.
4. L'empia Fama: la Fama, divinità dotata di molti occhi e bocche, è definita *empia* perché ha informato Jarba dell'amore di Didone ed Enea.

eccitata come una Menade quando infuria la festa,
quando al grido di Bacco la stimolano le orge
che vengono soltanto ogni tre anni, quando
il Citerone a notte la chiama con molto clamore.[5]
Infine parla ad Enea per prima, cosí:
«Perfido, e tu speravi persino di nascondere
tanto male e partire dalla mia terra in silenzio?
Non ti trattiene il nostro amore, la mano
che un giorno ti fu concessa, Didone che sta
per morire di morte crudele? E invece tu
sotto le stelle invernali prepari la flotta
e ti affretti a solcare l'alto mare, tra venti
terribili, o malvagio. E perché? Se corressi
non verso terre straniere, verso paesi che ignori,
ma fosse ancora in piedi l'antica Troia, andresti
a Troia con la flotta per l'ondoso mare?
Dimmi, ci andresti? Fuggendo da me? Per questo mio pianto
e per la tua mano, per gli Imenei[6] incominciati
e per la nostra unione, se ho meritato di te
in qualche modo, se cara ti fu qualcosa di me,
abbi pietà della casa che crolla,[7] lo vedi, e abbandona
questo pensiero, ti prego, se si può ancora pregarti.
Le genti di Libia mi odiano a causa di te,
i tiranni numidi mi odiano a causa di te,[8]
persino i Tiri[9] mi odiano a causa di te;
a causa di te il pudore è morto, è morta la fama[10]
per la quale soltanto arrivavo alle stelle.
A chi moribonda mi lasci? O Enea, ospite! Ospite!
Soltanto questo nome posso dare a colui
che un tempo chiamavo marito. Ma allora?
Forse attendo il fratello Pigmalione che bruci
le mie mura, o il re Jarba che mi porti in Getulia[11]
schiava? Oh, se prima della tua fuga avessi
avuto almeno un figlio da te, un piccolo Enea
che per le sale giocasse e ti ricordasse
all'aspetto! Oh, che allora non mi parrebbe del tutto
d'essere abbandonata e d'essere stata ingannata!»
Diceva cosí. Ma lui per gli ammonimenti di Giove
teneva immobili gli occhi e con sforzo premeva
dentro al cuore l'affanno. Alla fine risponde
con poche frasi: «Regina non sarò io a negare
che hai tanti meriti quanti puoi contarne a parole,
e non mi scorderò di te finché lo spirito
reggerà queste membra, finché mi ricorderò
di me stesso. Ma ascolta. Io non sperai di nasconderti
questa fuga, credilo pure, e del resto mai
ti tenni discorsi di nozze o pensai di sposarti.[12]

5. Menade ... clamore: le Menadi, dette anche Baccanti, accorrevano indemoniate sul monte Citerone al grido di "Io Bacche" che preannunciava le orge con cui si celebravano ogni tre anni le feste in onore di Bacco.
6. Imenei: canti nuziali.
7. casa che crolla: il regno che rimarrà senza guida per via della morte di Didone.
8. Le genti ... di te: l'unione con Enea ha causato la disapprovazione del suo popolo e in particolare di Jarba, il re di Numidia, che voleva sposare Didone.
9. Tiri: i coloni venuti da Tiro, cioè i Cartaginesi.
10. la fama: Didone era nota per la sua fedeltà al primo sposo.
11. Getulia: Libia.
12. del resto ... sposarti: le nozze ufficiali tra Enea e Didone non erano state celebrate.

Se i Fati permettessero che conducessi la vita
come vorrei, secondo i veri miei desideri,
sarei rimasto a Troia vicino alle dolci
reliquie dei miei, gli alti tetti di Priamo starebbero ancora
in piedi e con le mie mani avrei costruito ai vinti
una rinata Pergamo.[13] Ma adesso Apollo grineo[14]
mi comanda di andare in Italia: in Italia
mi ordinano di andare gli oracoli di Licia.[15]
Questo è il mio amore, questa la mia patria. Se tu
che sei fenicia ami tanto le rocche di Cartagine,
questa tua bella città della Libia, perché
impedisci che i Teucri abbiano alfine riposo
nella terra d'Italia? È lecito anche a noi
cercare lidi stranieri. Tutte le volte

STRUMENTI DI LETTURA

Le parole chiave

Innamorata, furiosa: l'amore è il protagonista di tutto il libro quarto, dedicato ai sentimenti e all'interiorità dei personaggi. La passione che lega i due protagonisti si configura immediatamente come sentimento conflittuale, lo possiamo vedere fin dai primi versi del brano, nei quali Enea, dopo l'apparizione del dio, riflette sul comando che ha ricevuto: abbandonare le terre *che pure sembrano dolci*. In questo verso è contenuto il conflitto interiore dell'eroe, i cui comportamenti seguenti svelano il dolore e la difficoltà con cui si decide a lasciare Didone.

L'ultimo verso del brano, nel quale Enea dichiara di non andarsene di sua volontà, suggella e rende esplicito questo conflitto.

Questa tragica caratteristica dell'amore dei due protagonisti emerge chiaramente anche, e soprattutto, nel personaggio di Didone: la donna appare innanzitutto *innamorata* e *furiosa*, in quanto proprio quell'amore, divorante e accecante, la rende capace di amare ma contemporaneamente di odiare Enea, perché è l'uomo che l'ha resa felice e che la renderà immensamente infelice.

Nelle parole della donna si riscontra in modo sempre più forte la contraddizione che caratterizza il suo sentimento fin dall'inizio: la regina lamenta, infatti, di avere ora dei nemici a causa della sua unione con Enea, e di avere distrutto la propria reputazione, e quindi se stessa, per amor suo.

Didone, un personaggio tragico

La regina di Cartagine è il personaggio tragico che domina su questo canto. La sua tragicità però non riguarda solo il momento in cui si darà la morte, come vedremo più avanti, ma caratterizza tutta la sua vicenda. Ancora prima di affrontare Enea, la donna compare in preda a dolorose paure, vittima di un'ossessione: il suo sentimento è divorante e distruttivo, vissuto nell'ansia di perdere il suo uomo (*timorosa com'era di tutto, persino di quello / che più pareva sicuro*). Questo verso getta una luce drammatica sul personaggio ancora prima che l'evento tragico si realizzi: fa infatti pensare che anche su questo amore stia incombendo il Fato, destinandolo alla separazione e al dolore.

Il dolore che questo tipo di amore, per sua natura, fa nascere, spinge Didone a non essere più padrona di sé, la vediamo smaniare, e poi passare, nel suo dialogo con Enea, dai toni aspri della minaccia a quelli penosi della supplica, fino alla tenerezza dell'immagine del figlio non avuto. Tutto fa pensare che la grandezza di una regina si stia spezzando, sacrificata a un'unione, a un sogno destinato a infrangersi.

Già prima di decidere il proprio suicidio Didone dà segno di presentirlo, e nelle sue parole è già chiaro l'intento che sta sorgendo in lei, dice infatti a Enea: *Didone che sta per morire di morte crudele*.

13. rinata Pergamo: una nuova Troia.
14. Apollo grineo: appellativo di Apollo che era venerato a Grinio, una città dell'Asia Minore.
15. Licia: regione dell'Asia Minore, sede di un oracolo di Apollo.

che la notte circonda le terre di umide ombre,
tutte le volte che sorgono gli astri infuocati, in sogno
l'ombra del padre Anchise, turbata, mi rimprovera
e mi spaventa, con lui mi rimprovera Ascanio,
povero bimbo, del torto che faccio al suo futuro,
poiché lo defraudo del regno d'Esperia[16] e dei campi fatali.
E proprio adesso Mercurio, messaggero dei Numi,
mandato da Giove (lo giuro per le nostre due vite)
m'ha portato per l'aria rapida questo comando:
– Naviga! –. Ho visto io stesso il Dio in una luce chiarissima
entrare per le mura e con queste mie orecchie
ne ho sentito la voce: – Naviga! –. Dunque cessa
di infuocare me e te con questi lamenti,
io non vado in Italia di mia volontà».

da Virgilio, *Eneide*, traduzione di C. Vivaldi, Edisco, Torino 1981

Antoine Coypel (1661-1722), *Morte di Didone*, 1717 ca., particolare.

Il pio Enea

Fin dai primi versi del brano compare anche l'elemento fondamentale che muove tutta la vicenda di Enea: si tratta del comando divino, di fronte al quale l'atto eroico consiste nell'obbedienza totale.
Enea incarna l'ideale romano della *pietas*, la virtù che gli impone di subordinare ogni affetto e desiderio personale alla volontà degli dei. Nella presa di Troia, ad esempio, pur avendo perso la moglie e volendo restare con i suoi, si lascia indurre dagli dèi a partire; la stessa cosa si ripete qui, nella storia d'amore con Didone, che non esita ad abbandonare quando gli dèi lo richiamano al suo superiore dovere. Enea, infatti, vive la sua impresa come una missione: combatte per necessità ed è spinto a viaggiare e a esplorare nuove terre dal senso del dovere e dal rispetto dei disegni divini. Alla cieca obbedienza agli dèi da parte di Enea si lega anche il rimpianto della patria: se egli avesse avuto scelta, avrebbe ricostruito Troia, che invece è distrutta e irrecuperabile. Questo lamento dell'eroe permette a Virgilio di conferire alla sua devozione, che può risultare rigida e fredda, una vena di partecipazione e sentimento che la rende umana e comprensibile.

Confronto tra Enea e Didone

Pur congiunti dal sentimento d'amore, Didone ed Enea rappresentano due poli diametralmente opposti del comportamento di fronte al dovere: ricevuto il messaggio di Giove, Enea ammutolisce, in nome di un destino deciso dagli dei, rinuncia senza indugio ai propri sentimenti privati. Del suo conflitto interiore vediamo emergere solo alcuni segni che egli reprime sul nascere. Didone al contrario ha sacrificato tutto (il suo ruolo pubblico e i doveri a esso connessi) per la vita privata: il suo amore per Enea l'ha condotta a crearsi dei nemici, a trascurare i suoi doveri di regina, a disinteressarsi dei rapporti del suo regno coi popoli confinanti, e questa strada la spinge alla morte. Molto forte emerge la differenza tra i due personaggi quando l'eroe sottolinea di non essersi legato alla donna con un ufficiale rito nuziale: laddove Didone fa appello a ciò che li ha uniti, Enea invoca ciò che li separa.

16. Esperia: altro antico nome dell'Italia (cioè la terra occidentale).

Laboratorio

LABORATORIO

Comprensione

difficoltà

1 Quale dubbio attanaglia Enea dopo l'apparizione di Mercurio?

2 Quale decisione prende Enea?

3 Da che cosa è insospettita Didone?

4 Chi o che cosa conferma i sospetti di Didone?

5 Per che cosa Didone dice di essere odiata dalle genti di Libia?

6 Perché Didone sente di non essere più amata nemmeno presso i suoi?

7 Che cosa rammenta Enea a Didone per dirle di non essere legato a lei?

8 A che cosa dice di avere diritto Enea?

Analisi

difficoltà

Le parole chiave Vedi a p. 14

9 Spiega il significato del seguente verso: *chi può ingannare chi ama?*

10 Sottolinea e riporta nella tabella tutti i passaggi in cui, a tuo giudizio, emerge il conflitto in Enea e in Didone.

Enea	Didone
....	....
....	....
....	....
....	....
....	....
....	....
....	....
....	....
....	....
....	....
....	....
....	....
....	....
....	....
....	....
....	....

Laboratorio

I personaggi

Vedi a p. 8

11 In quali versi Didone appare maggiormente preda di dubbi e insicurezze?

- vv. ....

12 Sottolinea i versi in cui è più evidente la tragicità del personaggio di Didone.

13 In quale punto l'amore di Didone appare venato di maggiore tenerezza?

14 Riporta qui sotto i riferimenti dei versi in cui Didone appare come donna ferita nell'orgoglio e quelli in cui lo supplica teneramente:

- rimproveri: vv. ....
- suppliche: vv. ....

15 Trova i passaggi in cui Enea mostra la propria devozione agli dei.

16 Trova i passaggi in cui Enea mostra il rimpianto per Troia.

Il narratore

Vedi a p. 6

17 La narrazione dell'episodio è condotta da un narratore:

- [ ] esterno
- [ ] interno

18 Nel brano sono prevalenti i dialoghi o le parti raccontate dal narratore?

La lingua e lo stile

Vedi a pp. 11-14

19 Nel brano c'è una lunga similitudine, individuala.

20 Nel brano compare una personificazione. Indica dove si trova e quale entità è personificata.

21 L'accorato appello di Didone riporta alcune ripetizioni. Rintracciale tutte e riportale sul tuo quaderno. Spiega la loro funzione poetica.

Produzione

difficoltà

22 Scrivi un testo in cui spieghi la differenza tra i due personaggi protagonisti, Enea e Didone, nel loro atteggiamento verso il sentimento dell'amore.

23 La figura di Enea è sembrata a molti critici scialba, fredda e talora ipocrita e meschina; altri invece ne hanno esaltato il senso del dovere, lo spirito di sacrificio, l'obbedienza ai disegni soprannaturali. Motiva per iscritto per quale delle due interpretazioni propendi.

genere
poema epico

tratto da
Eneide
(libro IV, vv. 705-765; 779-856)

anno
I secolo a.C.

luogo
Roma

Virgilio
La maledizione e il suicidio di Didone

IL BRANO

Didone risponde sdegnata alle parole di Enea e si allontana da lui; chiede poi alla sorella Anna di indurlo a ritardare la partenza. Il tentativo è vano: nella notte Enea, mentre dorme sulla nave ancorata nel porto, è spronato in sogno da Mercurio a partire immediatamente e obbedisce all'ordine. La regina dice alla sorella di voler compiere un rito magico per liberarsi dell'amore. Fa quindi allestire una pira facendo credere di voler dare fuoco ai doni lasciati da Enea.

E già la prima Aurora spargeva nuova luce
sulla terra, lasciando il letto color del croco[1]
dell'antico Titone.[2] Appena la regina
vide da un'alta torre biancheggiare la luce
e allontanarsi la flotta a vele spiegate, e il lido
deserto e il porto vuoto senza piú marinai,
si percosse il bel petto con le mani, furente,
tre volte, quattro, si strappò i biondi capelli:
«O Giove – disse – Enea se ne andrà, uno straniero
si sarà preso gioco impunemente di me
e del mio regno? Nessuno impugnerà le armi
per inseguirlo da tutta la città, nessuno
farà uscire le navi dagli arsenali? Andate,
miei fedeli, correte, portate veloci le fiamme,
munitevi di frecce, fate forza sui remi![3]
Ma cosa dico, dove sono? Quale pazzia
ti sconvolge la mente o infelice Didone?
Soltanto adesso ti offendono i mali che hai commesso?
Sarebbe stato assai meglio che ti fossi sentita
offesa cosí nell'ora in cui gli affidavi lo scettro.
Eccola la lealtà di uno che dicono rechi
con sé i patrii Penati,[4] di uno che avrebbe portato
sulle spalle, pietoso, il padre vinto dagli anni![5]
Sarebbe stato meglio se lo avessi ammazzato
e fatto a pezzi, gettando quei pezzi nel mare;
meglio sarebbe stato gli avessi ucciso i compagni,
gli avessi fatto mangiare il corpo di suo figlio.
Dura la lotta, d'esito incerto? Tanto meglio:
che cosa potevo temere dovendo morire? Avrei dato

1. croco: zafferano, che qui indica il colore dell'oro.
2. Titone: sposo di Aurora.
3. Andate ... remi: nell'impeto del dolore Didone immagina di mandare contro Enea la sua flotta per una vendetta che non si compirà.
4. Penati: le divinità protettrici della patria e della famiglia. Enea porta con sé i propri da Troia.
5. il padre ... anni: Didone si riferisce al fatto che Enea aveva portato sulle spalle il padre, vecchio e stanco (*vinto dagli anni*) durante la fuga da Troia in fiamme.

fuoco all'accampamento, avrei riempito di fiamme
le navi, ucciso padre, figlio, tutta la stirpe,
e su quei morti io stessa sarei caduta morta!
O sole, tu che illumini coi raggi le opere tutte
del mondo, e tu Giunone che conosci e sei complice
di questi duri affanni, e tu Ecate[6] chiamata
con lunghe grida, a notte, nei trivi cittadini,
e voi vendicatrici Furie,[7] e voi Dèi protettori
della morente Elissa,[8] ascoltate e esaudite
le mie preghiere, volgendo sui Teucri[9] la vostra potenza.
Se è scritto nel destino che quell'infame tocchi
terra ed approdi in porto, se Giove vuole cosí
se la sua sorte è questa: oh, almeno sia incalzato
in guerra dalle armi di gente valorosa
e, in bando dal paese, strappato all'abbraccio di Julo,[10]
implori aiuto e veda la morte indegna dei suoi,
e, dopo aver firmato un trattato di pace
iniquo, non goda il regno né la desiderata
luce, ma muoia, in età ancora giovane
e rimanga insepolto su un'arida sabbia!
Questo prego, quest'ultima voce esalo col sangue.
E infine voi, miei Tiri,[11] perseguitate la stirpe
di lui, tutta la sua discendenza futura
con odio inestinguibile: offrite questo dono
alla mia povera cenere. Nessun amore ci sia
mai tra i nostri due popoli, nessun patto. Ah, sorga,
sorga dalle mie ossa un vendicatore,[12] chiunque
egli sia, e perseguiti i coloni troiani
col ferro e col fuoco, adesso, in avvenire, sempre
finché ci siano forze! Io maledico, e prego
che i lidi siano nemici ai lidi, i flutti ai flutti,
le armi alle armi: combattano loro e i loro nipoti».

[...]
Allora Didone, tremante, esasperata
per il suo scellerato disegno, volgendo
attorno gli occhi iniettati di sangue, le gote sparse
di livide macchie e pallida della prossima morte,
irrompe nelle stanze interne della casa
e sale furibonda l'alto rogo,[13] sguaina
la spada dardania, regalo non chiesto per simile scopo.[14]
Dopo aver guardato le vesti lasciate da Enea
e il noto letto, dopo aver indugiato un poco
in lagrime e pensieri, si gettò su quel letto
lunga distesa e disse poche, estreme, parole:
«O reliquie, che foste cosí dolci finché
lo permettevano i Fati e un Dio: ora accogliete

6. Ecate: Diana (la greca Artemide), divinità infernale la cui immagine era posta in corrispondenza degli incroci di tre strade (*trivi*) e veniva invocata con grida.
7. Furie: divinità infernali che tormentavano chi si era macchiato di qualche colpa in vita.
8. Elissa: altro nome di Didone.
9. Teucri: Troiani.
10. Julo: Ascanio, il figlio di Enea.
11. Tiri: fondatori di Cartagine erano coloni provenienti da Tiro, città della Fenicia.
12. vendicatore: il riferimento qui è ad Annibale, fiero nemico dei Romani durante le guerre puniche.
13. l'alto rogo: il rogo che Didone ha fatto allestire facendo credere di voler fare un rituale per dimenticare Enea bruciandone i cimeli.
14. dardania ... scopo: la spada troiana (*dardania*) regalatale da Enea non per questo fine (cioè il suicidio).

quest'anima, scioglietemi da tutti i miei tormenti.
Vissi, ho compiuto il cammino concessomi dalla Fortuna,
e adesso un'immagine grande di me se ne andrà sottoterra.
Fondai, una grande città, vidi sorgerne alte le mura,
vendicai mio marito, inflissi al fratello nemico
giuste pene:[15] felice, ahi, troppo felice se solo
non fossero mai arrivate ai nostri lidi sabbiosi
navi dardanie!» Disse e premé la bocca sul letto.
«Moriamo senza vendetta – riprese. – Ma moriamo.
Cosí, anche cosí giova scendere alle Ombre.
Il crudele Troiano[16] vedrà dall'alto mare
il fuoco e trarrà funesti presagi dalla mia morte».
Tra queste parole le ancelle la vedono abbandonarsi
sul ferro e vedon la lama spumante di sangue,
vedono sporche di sangue le mani. Un grido si leva
per tutta la reggia, la fama s'avventa
infuria per la città, le case fremono d'urla,
di lamenti e di gemiti di donne, l'aria suona
di grandi pianti, come se Cartagine o Tiro
invase dai nemici crollassero, e rabbiose
le fiamme s'attorcessero tra le case ed i templi.
La sorella sentí la notizia e atterrita
con una corsa affannosa, graffiandosi la faccia
con le unghie, picchiandosi i pugni contro il petto,
attraversa la folla chiamando la morente
per nome: «Sorella, per questo mi volevi? Che inganno
doloroso! Per questo volevi il rogo, i fuochi
e gli altari? Che cosa dovrò pianger di piú:
la tua morte o questo disperato esser sola
nella morte? Sorella, perché non m'hai voluta
tua compagna morendo? M'avessi tu chiamata
ad una stessa morte: un eguale dolore
ed una stessa ora ci avrebbe colte entrambe.
Ed io con queste mani eressi il rogo, invocai
gli Dèi patrii,[17] per essere da te lontana nell'ora
della morte! Sorella, hai ucciso te e me
e il popolo e i padri sidoni[18] e tutta la tua città!
Ma adesso lasciatemi lavare la ferita,
lasciatemi raccogliere con le labbra l'estremo
suo alito, se ancora le aleggia intorno un soffio
di vita!» Precipitosa era salita sugli alti
gradini del rogo e abbracciata la sorella morente
la stringeva gemendo al seno e con la veste
tentava di asciugare il nero sangue. Didone
mentre cerca di alzare gli occhi che non riuscivano
a stare aperti sviene; la ferita profonda
nel petto stride. Tre volte riuscí a levarsi sul gomito,

15. vendicai ... pene: il fratello di Didone, Pigmalione, aveva ucciso Siche, marito di Didone, per sottrarre loro i tesori della metà di regno su cui i due sposi regnavano, Didone allora era fuggita portando con sé tutti i tesori che, sottratti al fratello, sono la punizione di cui parla qui la regina.
16. Troiano: Enea.
17. Ed io ... patrii: la sorella di Didone era stata incaricata da lei di portare le offerte e di prepararsi al rituale votivo. Ora qui si duole di essere stata ingannata e così tenuta lontana dalla sorella morente.
18. padri sidoni: della città di Sidone.

Giambattista Tiepolo (1696-1770), *Mercurio compare a Enea*, 1757.

tre volte ricadde sul letto: nell'alto cielo cercò
con gli occhi erranti la luce, vedendola gemette.
Allora Giunone, pietosa del suo lungo dolore
e della straziante agonia, mandò giú dall'Olimpo
Iride,[19] che liberasse l'anima che lottava
invano per svincolarsi dai legami del corpo.
Poiché lei non moriva di giusta morte, decisa
dal Fato, ma anzitempo, in un accesso d'ira,
Proserpina[20] non le aveva strappato ancora di testa
il biondo fatale capello e non aveva ancora
consacrato il suo capo all'Inferno e allo Stige.[21]
La rugiadosa Iride con le sue penne di croco[22]
brillanti contro sole di mille varii colori
volò attraverso il cielo e si fermò su di lei.
«Questo capello – disse – porto e consacro a Dite[23]
per ordine divino, e ti sciolgo da queste
tue membra». Con la destra strappò il capello: insieme
si spense il calore nel corpo, la vita svaní nel vento.

da Virgilio, *Eneide*, traduzione di C. Vivaldi, Edisco, Torino 1981

19. Iride: messaggera degli dèi e dea dell'arcobaleno.
20. Proserpina: gli antichi credevano che la vita finisse quando Proserpina, regina dell'Ade, strappava un capello al morente.
21. Stige: fiume infernale.
22. croco: è lo zafferano, qui sta per colore dell'oro.
23. Dite: nome greco di Plutone.

STRUMENTI DI LETTURA

La disperazione di un'eroina

Il brano, composto di due lunghi monologhi, analizza i sentimenti di Didone con profonda attenzione. La prima immagine la ritrae mentre osserva dall'alto l'amato Enea allontanarsi con le sue navi. Dall'impotenza di questo momento nasce un nuovo sentimento, la furia e la sete di vendetta. Qui sembra riemergere per un momento la regina, alla guida di un regno che sorge potente. Segue il pentimento per aver ceduto all'amore, e infine lo sprezzo per l'uomo fino a poco prima venerato. È da questo sprezzo che prende avvio la maledizione. Il secondo monologo, che inizia dopo che la donna è salita sul letto, dichiara la resa interiore, l'abbandono alla decisione di morire, perché la vita non ha più senso senza l'amato.

Il silenzio di Enea

La disperazione di Didone è messa in risalto anche dal contrasto con il comportamento di Enea. Nel momento più tragico egli è già in alto mare, è fuggito. Quanto più è muto il suo addio, tanto più è clamorosa la disperazione di Didone. La figura della regina si contrappone a quella dell'eroe per la sua passionalità, per la sua capacità di ricorrere alle preghiere e alle suppliche per salvare il suo amore, ma anche per il terribile odio in cui si converte il suo amore al vedersi abbandonata.

Alessandro Tiarini (1577-1668), *La morte di Didone*, 1620 ca.

Le parole chiave

Vendicatore: nel primo dei due monologhi di Didone è centrale la maledizione. Sappiamo che è la celebrazione della storia di Roma a rappresentare il filo conduttore del poema di Virgilio. Più di una volta vi compaiono allusioni, o persino dettagliate descrizioni, di ciò che avverrà in futuro (il futuro rispetto al poema, ma il passato dalla prospettiva di Virgilio). Ai fini della vicenda che Virgilio vuole narrare, la maledizione che Didone lancia contro Enea serve a giustificare la futura inimicizia tra Roma e Cartagine. L'augurio dell'arrivo di un vendicatore allude ad Annibale, che durante le guerre puniche fu un nemico terribile per i Romani. In questo modo il poeta può dare corpo e concretezza storica alla maledizione della regina, rendendola ancora più efficace.

Moriamo: nel secondo monologo è la resa di fronte alla morte a dominare su tutto. I segni della disperazione che già avevamo visto agire nell'interiorità di Didone, ora prendono concretezza nella parabola tragica, e grande, della regina tradita, che si dà la morte per l'uomo che ama, e che anche in questo ultimo gesto abdica al suo ruolo di regina in favore di quello di donna innamorata, scegliendo di morire invendicata (*Moriamo senza vendetta. Ma moriamo*).

Il narratore

Il racconto degli ultimi istanti e delle ultime parole della regina Didone è fatto con profonda partecipazione da parte del narratore, infatti in Virgilio è sempre attivo un sentimento fondamentale: la compassione per il dolore. Nella figura di Didone sembra riflettersi il dolore di tutti gli esseri umani, che non trovano conforto alla loro sofferenza. Anche se le ragioni del destino e della storia sono vincenti nell'economia della vicenda, nei versi di Virgilio esse suonano deboli di fronte alla concretezza con cui è analizzato il dolore e all'adesione emotiva con cui è tratteggiato questo suicidio.

Laboratorio

LABORATORIO

Comprensione

difficoltà

1 In quale momento del giorno Didone vede le navi troiane allontanarsi?

2 Quali comandi rivolge al suo popolo nella sua immaginazione?

3 Che cosa si rammarica di non aver fatto?

4 Quali divinità invoca nella sua preghiera?

5 Quale maledizione lancia contro Enea?

6 Quale profezia formula sui rapporti tra i loro due popoli?

7 A quale situazione storica si riferisce con la parola "vendicatore"?

Analisi

difficoltà

I personaggi Vedi a p. 8

8 Ripartisci i versi che riportano le parole di Didone secondo le seguenti suddivisioni:

- impotenza: vv. ....
- rancore: vv. ....
- pentimento: vv. ....
- sprezzo: vv. ....
- maledizione: vv. ....
- esasperazione e resa: vv. ....

Il narratore Vedi a p. 6

9 Ti sembra che il narratore riferisca i fatti manifestando partecipazione o impersonalità? (Motiva la risposta).

10 La narrazione è costituita prevalentemente di:

- [ ] dialoghi
- [ ] racconti del narratore
- [ ] monologhi

11 In quali versi ti sembra che il narratore partecipi con maggiore emozione all'episodio?

Laboratorio

Le parole chiave Vedi a p. 14

12 Il brano è diviso in due fondamentali parti tematiche, attribuisci un titolo a ciascuna delle due:

- vv. 705-765: ....
- vv. 779-856: ....

13 Individua i versi in cui emerge il rancore di Didone nei confronti di Enea. Sottolinea i termini e le espressioni che si collegano a "rancore" da un punto di vista semantico.

14 Evidenzia tutte le parti in cui la regina appare vinta dal dolore.

La lingua e lo stile Vedi a p. 11 e 12

15 Il brano riporta ripetizioni e perifrasi. Rintracciale tutte e riportale nella tabella qui sotto.

Ripetizioni	Perifrasi
....	....
....	....
....	....
....	....
....	....
....	....
....	....
....	....
....	....
....	....
....	....
....	....
....	....
....	....
....	....
....	....
....	....
....	....
....	....
....	....
....	....
....	....

Produzione

difficoltà

16 Fa' la parafrasi dei discorsi diretti legati.

Virgilio
La discesa agli Inferi

genere
poema epico

tratto da
Eneide
(libro VI, vv. 372-415)

anno
I secolo a.C.

luogo
Roma

IL BRANO

Dal mare Enea vede il rogo di Didone e ha oscuri presagi. Il viaggio tocca prima la Sicilia, dove Enea, ospite del re Aceste, celebra solenni giochi funebri in memoria di Anchise.
Dopo che le donne troiane, stanche di viaggiare, hanno dato fuoco alle navi, distruggendone quattro, l'eroe decide di lasciare vecchi, donne e bambini in Sicilia per proseguire il viaggio con i soli uomini alla volta del Lazio. Nella notte Anchise appare in sogno a Enea, esortandolo a consultare la Sibilla Cumana per avere da lei consigli su come scendere agli Inferi, dove si incontrerà con lui che gli dirà come proseguire il viaggio. Le navi restanti salpano, ma Nettuno, che promette a Venere di favorire il loro viaggio, pretende in cambio una vittima. Durante la traversata infatti il pilota Palinuro cade in mare addormentato. Approdato a Cuma, Enea si reca a consultare la Sibilla che lo istruisce sul modo di scendere agli Inferi per interrogare sul suo destino l'ombra del padre. Durante la notte si compiono i sacrifici agli dèi infernali, e all'alba Enea e la Sibilla scendono all'Averno, giungendo al fiume Acheronte.

Di là[1] parte la strada che conduce alle onde
del Tartareo Acheronte.[2] Il suo gorgo è un'immensa
voragine, che bolle fangosa e si riversa
nel Cocito.[3] Custode di questi fiumi è Caronte,[4]
spaventoso nocchiero dall'orrenda sporcizia:
bianco foltissimo pelo gli pende incolto dal mento,
gli occhi pieni di fiamme stan fissi, stralunati,
ha un sudicio mantello legato sulle spalle.
Spinge lui stesso la barca con un palo, e governa
le vele, traghettando i morti sul bruno scafo:
vecchio ma Dio, di fiera e vegeta vecchiezza.[5]
Tutta una folla immensa correva verso le rive:
uomini e donne, corpi di magnanimi eroi
usciti di vita,[6] fanciulli e vergini fanciulle,
giovani posti sui roghi davanti ai genitori;
come le foglie, che cadono a milioni nei boschi
staccate dal primo gelo d'autunno, o come gli uccelli
che si ammucchiano a schiere fittissime sulla spiaggia
venendo dall'alto mare, quando la fredda stagione
li spinge oltre l'oceano in paesi assolati.
Pregavano di passare per primi quell'acqua, le mani
tese nel desiderio della riva di fronte.[7]
Ma il triste[8] nocchiero ne sceglie solo qualcuno
e scaccia gli altri via dalla sponda sabbiosa.

1. Di là: dall'ingresso dell'Aldilà, l'Averno, detto anche Tartaro.
2. Acheronte: uno dei quattro fiumi infernali (gli altri sono il Cocito, lo Stige e il Flegetonte).
3. Cocito: vedi nota 2.
4. Caronte: traghettatore delle anime oltre il fiume Acheronte, nel regno dei morti.
5. vecchio ... vecchiezza: Caronte appare vecchio, ma vigoroso.
6. usciti di vita: morti.
7. desiderio ... fronte: le anime desiderano raggiungere la riva opposta per trovare pace.
8. triste: sta per tristo, malvagio.

Enea, stupito e commosso da un tale tumulto, disse:
«Vergine,[9] che vuol dire questo affollarsi al fiume?
Che vogliono le anime? E per quale motivo
alcune sono costrette a abbandonare la riva
mentre le altre coi remi solcano l'onda livida?»[10]
La vecchia sacerdotessa gli rispose con poche
parole: «Figlio d'Anchise, sicura prole divina,[11]
tu vedi gli stagni profondi di Cocito e la Stigia
palude, invocata nei grandi giuramenti
degli Dèi che non possono offenderne la potenza
giurando il falso.[12] La folla cacciata via dal fiume
sono i morti insepolti, quelli che l'onda porta
invece sono sepolti: il nocchiero è Caronte.
Non si può attraversare le rive fosche e le roche
correnti[13] prima che l'ossa riposino nella tomba.
Chi non è seppellito erra per cento anni
intorno a questi lidi; poi finalmente è accolto
nella barca e rivede gli stagni desiderati».
Enea si fermò attonito, pensando a molte cose,
commiserando il destino triste di quelle anime.

da Virgilio, *Eneide*, traduzione di C. Vivaldi, Edisco, Torino 1981

9. Vergine: Enea si rivolge alla Sibilla.
10. livida: di uno scuro colore bluastro, cioè che ricorda la morte.
11. sicura prole divina: Enea è figlio di Venere.
12. invocata ... falso: quando gli dèi compivano un solenne giuramento giuravano sullo Stige, e neppure loro osavano giurare il falso di fronte alla potenza di questo fiume.
13. roche correnti: il mormorio delle acque ha un suono rauco, in sintonia con l'atmosfera lugubre.

STRUMENTI DI LETTURA

Il personaggio infernale

Da questo canto e dalla descrizione di alcuni personaggi infernali prese le mosse l'ispirazione di Dante Alighieri per la *Divina Commedia*. Troviamo qui Caronte, lo spaventoso nocchiero che traghetta le anime dei defunti nel regno dei morti.
La sua caratterizzazione colpisce soprattutto per la forza che emana, una forza però a cui non corrisponde un'immagine di giovinezza, al contrario è una forza che proviene dalla fissità e dalla durezza di una figura spietata, che ha il compito inesorabile di condurre le anime al loro destino eterno.

Le anime dei morti

Alla figura di Caronte si contrappone la folla delle anime in attesa di raggiungere l'Averno. Qui compaiono ritratti eterogenei, una varietà di uomini, donne e bambini, tutti uniti nell'unica sorte dolorosa che è il misterioso destino umano: la morte. Qui la drammaticità della scena è espressa non attraverso grida e lamenti di dolore, ma mediante il silenzio di queste anime infelici e sperdute, anelanti solo a trovare una pace definitiva nel luogo della morte. Il destino di queste anime diventa qui la metafora della condizione esistenziale dell'uomo (di Enea come di ognuno di noi) costretto a vagare alla perenne ricerca di pace. Due splendide immagini paragonano il movimento e la tensione della folla umana a quello delle foglie e degli uccelli, le prime in balia del loro destino caduco, i secondi spinti da una forza misteriosa e naturale alla ricerca di pace. Questi versi definiscono così un'atmosfera, prima autunnale e poi invernale, che ben descrive il limitare della vita sul quale si trovano queste anime.

Laboratorio

LABORATORIO

Comprensione

difficoltà

1 Chi è a guidare Enea agli Inferi?

2 Che funzione ha Caronte?

3 Perché alcune anime non possono essere traghettate verso l'Averno?

Analisi

difficoltà

I personaggi Vedi a p. 8

4 Descrivi con parole tue le caratteristiche fisiche di Caronte.

5 Quale atteggiamento hanno le anime sulla riva dell'Acheronte?

La lingua e lo stile Vedi a p. 13

6 Sottolinea le metafore e similitudini.

LESSICO

7 Riporta qui sotto tutte le aggettivazioni che sono riferite all'ambientazione.

Produzione

difficoltà

8 Fa' la parafrasi delle similitudini.

9 Scrivi un breve brano di commento all'ultimo verso.

Virgilio
Eurialo e Niso

genere
poema epico

tratto da
Eneide
(libro IX, vv. 220-279; 449-546)

anno
I secolo a.C.

luogo
Roma

IL BRANO

Enea, partito per l'Italia, giunge sulle coste del Lazio, dove governa il re Latino, che lo accoglie benevolmente e gli offre in moglie sua figlia Lavinia. Quest'ultima, però, era già stata promessa, per volere della regina Amata, a Turno, re dei Rutuli. Giunone, indispettita per il successo che stanno ottenendo gli esuli, scatena la guerra tra le popolazioni latine, capeggiate da Turno, e i Troiani, che hanno trovato validi alleati negli Arcadi e negli Etruschi. Mentre Enea è assente, perché si trova in missione diplomatica presso gli Etruschi, suoi alleati, Turno cinge d'assedio il campo troiano. Due giovani troiani che sono di guardia, legati da profonda amicizia, decidono di compiere, col favore delle tenebre, una sortita nel campo nemico per raggiungere Enea e informarlo della difficile situazione.

Presidiava una porta Niso, il forte guerriero
figlio d'Irtaco, maestro nel lancio del giavellotto
e delle rapide frecce, mandato con Enea
da sua madre Ida,[1] ninfa cacciatrice. Con lui
c'era Eurialo, il piú bello di tutti gli Eneadi
il piú ragazzo di quanti portarono armi troiane,
dal volto appena fiorito d'una peluria leggera.
E tutti i due s'amavano d'un identico affetto,
stavano sempre insieme, correvano insieme a battaglia:
anche allora montavano di guardia alla stessa porta.
Dice Niso: «I Celesti forse infondono all'anima
dell'uomo quest'ardore che sento, Eurialo, o forse
per ognuno diventa Dio la propria violenta
passione?[2] Da tanto il cuore mi sospinge
a combattere o a fare qualche cosa di grande,
non vuole accontentarsi della placida quiete.
Guarda i Rutuli, come sono sicuri di sé
e della situazione. Pochi fuochi risplendono,
i soldati riposano in preda al sonno e al vino,
c'è un gran silenzio intorno. Senti allora che idea
s'è levata improvvisa nella mia mente. Tutti,
i capi come il popolo, vorrebbero che Enea
venisse richiamato, che un messaggero vada
a dirgli quanto accade. Se mi daranno quello
che chiederò per te[3] (a me basta la gloria
dell'impresa) andrò io: laggiú, sotto quel poggio,
mi sembra di riuscire a trovare una strada

1. Ida: la ninfa cacciatrice madre di Niso.
2. Celesti ... passione: Niso si domanda se l'ardore che sente gli è ispirato da qualche dio o se sia quella passione a trasformarsi in un dio per ciascuno.
3. Se ... te: non è chiarito quale compenso intenda chiedere Niso per l'impresa.

che conduca alla rocca e ai muri pallantei».[4]
Eurialo, pensoso, posseduto da immenso
desiderio di gloria, stupí; all'ardente amico
risponde: «Forse, Niso, non vuoi che ti accompagni
in questa splendida azione? Credi che io ti lasci
andare solo incontro a un pericolo estremo?
Mio padre Ofelte, avvezzo alla guerra, non m'ha
educato da vile, indurendomi in mezzo
ai travagli[5] di Troia, nel terrore dei Greci:
e non ho agito mai cosí con te, seguendo
il magnanimo Enea e la sua sorte ultima.
Ho un cuore che disprezza la vita[6] e crede bene
pagare con la vita la gloria che tu cerchi».
E Niso: «Non temevo quello che credi, no,
non l'avrei mai potuto; cosí il gran Giove, o chi
dei Celesti rivolge un occhio favorevole
ai miei progetti possa riportarmi in trionfo,
e salvo, a te![7] Ma se il caso (come succede spesso,
lo sai, in simili imprese) o un Dio mi trascinassero
alla rovina, vorrei che tu sopravvivessi:
la tua tenera età è piú degna di vivere.
Avrò cosí qualcuno che affiderà alla terra
il mio corpo, una volta sottratto alla mischia
o riscattato:[8] o almeno – se il Fato non vorrà –
qualcuno che onori d'un sepolcro e di offerte
funebri l'ombra assente. Non voglio essere causa
di dolore a tua madre, la sola che abbia osato
seguirti, abbandonando il regno del grande Aceste».
«Che pretesti da nulla! – Eurialo gli rispose.
– Ho deciso: impossibile farmi cambiar parere.
Affrettiamoci!» Subito sveglia le sentinelle,
che danno loro il cambio. Lasciato il posto di guardia
Eurialo e Niso vanno a cercare il re Ascanio.

[Eurialo e Niso chiedono a Julo il permesso, che viene loro accordato, di compiere l'impresa: penetrano così nel campo nemico, facendo strage di Rutuli addormentati in preda all'ubriachezza e riportando un ingente bottino, del quale fa parte un elmo che Eurialo si pone sul capo.]

Alcuni cavalieri spediti in avanguardia
dalla città latina,[9] mentre il grosso attendeva
schierato per i campi, venivano a portare
un messaggio al re Turno: eran trecento giovani,
tutti armati di scudo, guidati da Volcente.[10]
S'avvicinavano al campo, erano sotto le mura,
e vedono da lontano i due prendere in fretta
un sentiero a sinistra: l'elmo tradí[11] l'incauto

4. pallantei: di Pallanteo, la città in cui si era recato Enea.
5. travagli: sofferenze.
6. disprezza la vita: che non teme la morte.
7. cosí ... a te: la speranza di ritornare salvo dall'impresa è per riabbracciare l'amico.
8. Avrò ... riscattato: se Eurialo non si sottoporrà ai rischi di questa impresa, Niso potrebbe stare certo che se dovesse perire l'amico riscatterebbe ai nemici il suo corpo per dargli sepoltura.
9. città latina: Laurento.
10. Volcente: un comandante latino.
11. tradì: rivelò.

Eurialo nell'ombra pallida della notte
splendendo a un raggio di luna. Quel brillío fu notato.
Volcente d'in mezzo ai suoi grida forte: «Alto là!
Dove andate? Perché siete in marcia a quest'ora?
Chi siete?» Nessuna risposta: i due corrono in fretta
verso il bosco, sperando nel buio.[12] I cavalieri
si gettano qua e là verso i noti sentieri
bloccandone ogni sbocco con sentinelle armate.
Era un bosco foltissimo, per tutta la sua larghezza
orrido di cespugli e di lecci d'inchiostro,[13]
gremito da ogni parte di fittissimi rovi.
Solo pochi sentieri s'aprivano nella macchia.
L'ombra densa dei rami e il carico del bottino
impacciavano Eurialo, la paura lo inganna;
perde la strada. Intanto Niso se ne va via[14]
senza pensare a nulla. Ed era già sfuggito
ai nemici lasciando quei luoghi, detti in seguito
dal nome di Alba albani[15] (allora il re Latino
vi aveva dei profondi pascoli), quando attonito
si ferma, rivolgendosi a cercare l'assente
amico. «Eurialo infelice dove mai t'ho lasciato?
Dove ti cercherò?» Percorrendo di nuovo
i sentieri intricati di quel bosco ingannevole
subito segue a ritroso le tracce dei suoi passi
ed erra tra i cespugli silenziosi. Poi sente
i cavalli, il rumore, i richiami che lanciano
gli inseguitori. Dopo non molto gli perviene
un clamore di grida e vede Eurialo, tradito
dal luogo e dalla notte,[16] sgomento dal tumulto
improvviso, serrato in mezzo ad una squadra
nemica e portato via nonostante i suoi sforzi.
Che fare? Con quali armi osare liberarlo?
Forse è meglio gettarsi nel fitto dei nemici
cercando in fretta una morte gloriosa in battaglia?
Rapido, tratto indietro il braccio e palleggiato[17]
il giavellotto, guardando l'alta Luna la prega:
«O Dea, sii favorevole alla mia impresa, tu
che sei lo splendore del firmamento e proteggi,
silenziosa figlia di Latona,[18] le selve.
Se Irtaco[19] ti portò delle offerte, pregando
per me, se ne portai molte volte io stesso
– prede delle mie cacce – appendendole in cima
alla facciata del tempio o alla volta: deh, lascia
che scompigli il nemico, dirigimi quest'arma!»
Con tutta la forza del corpo avventa il giavellotto:
l'asta volando sferza le ombre della notte

12. sperando nel buio: sperando che il buio li nasconda mettendoli in salvo.
13. lecci d'inchiostro: neri lecci, alberi dal fogliame scuro, simili alle querce.
14. se ne va via: si allontana.
15. detti ... albani: Alba Longa, fondata da Julo, da cui il nome di Albani.
16. tradito ... notte: messo in difficoltà dall'intrico della vegetazione e del buio della notte.
17. palleggiato: fatto oscillare.
18. figlia di Latona: la luna era identificata con Diana (l'Artemide greca).
19. Irtaco: padre di Niso.

e penetra nel corpo di Sulmone,[20] si spezza
trafiggendogli il cuore con una scheggia di legno.
Il guerriero già freddo rotola a terra, sprizzando
caldo sangue dal petto, con un rantolo lungo.
Smarriti si guardano attorno. Fiero del suo successo
Niso libra un secondo giavellotto all'altezza
dell'orecchio. I Latini son lí, tremanti: l'asta
sibilando attraversa le tempie di Tago,[21]
tiepida resta infissa nel cervello trafitto.
Il feroce Volcente s'adira ma non riesce
a vedere l'autore del colpo ed a capire
con chi prendersela. «Tu, intanto, mi pagherai
col sangue caldo la morte dei miei compagni!» dice
lanciandosi su Eurialo, la spada sguainata.
Allora Niso, atterrito, fuori di sé, non può
nascondersi piú a lungo nell'ombra e sopportare
tanto dolore. Grida: «Io! Sono io il colpevole!
Volgete quelle armi contro di me: l'inganno
è stato mio. Costui non ha colpa di nulla,
ne chiamo a testimoni il cielo e le stelle che sanno:
ha solo amato troppo il suo amico infelice!»
Tardi.[22] La nuda spada violenta ha già squarciato
le costole e trafitto quel petto bianco, puerile.[23]
Eurialo è travolto dalla morte, va il sangue
giú per le belle membra e il collo senza forza
ricade sulle spalle: come un fiore purpureo
reciso dall'aratro morendo illanguidisce,
come abbassano il capo i papaveri, stanchi
sul loro stelo, quando la pioggia li colpisce.
Ma Niso si precipita tra i nemici, di tutti
vuole solo Volcente, cerca solo Volcente.
Intorno a lui i guerrieri premono, da ogni parte
lo stringono, fittissimi. Egli insiste, ruotando
la spada come un fulmine, finché l'immerge in gola
all'urlante Volcente: cosí morendo ruba
l'anima al suo nemico. Poi trafitto si getta
sul corpo dell'amico esanime e qui infine
trova eterno riposo nella placida morte.
Tutti e due fortunati! Se valgono i miei versi,
se hanno qualche potere, nessun giorno che scorra
lungo il fiume del tempo mai vi cancellerà
dalla memoria, finché l'alta stirpe di Enea
abiterà sul solido sasso del Campidoglio
e il Padre della patria, imperera sul mondo.

da Virgilio, *Eneide*, traduzione di C. Vivaldi, Edisco, Torino 1981

20. Sulmone: guerriero latino.
21. Tago: altro guerriero latino.
22. Tardi: troppo tardi Niso si è rivelato per fermare Volcente.
23. quel ... puerile: quello del giovanissimo Eurialo.

STRUMENTI DI LETTURA

Il valore dell'amicizia

Il valore dell'amicizia, esaltato attraverso l'episodio che abbiamo letto, completa la triade dei valori cardine su cui si regge l'intero poema: *pietas*, amore e amicizia. A differenza del primo, che agisce nella società in senso verticale, vincolando la volontà del singolo a quella dei genitori, della patria e del fato, l'amicizia e l'amore agiscono in senso orizzontale, rafforzando i legami tra gli uomini.

Pablo Picasso (1881-1973), *Amicizia*, 1908.

I personaggi

Niso è più maturo e i suoi ideali e il suo ardore gli fanno parere bello il rischio e, se occorre, anche il sacrificio. Egli, infatti, ha meditato a lungo e ha già maturato il disegno che lo condurrà alla morte e all'immortalità.
Eurialo è poco più che un fanciullo, giovane e inesperto, e dopo la meraviglia per il progetto di Niso, passa dall'ammirazione per la coraggiosa decisione dell'amico, alla preoccupazione di non lasciare che affronti il rischio da solo, fino alla decisione di accompagnarlo nell'impresa.
Le principali caratteristiche dei due personaggi sono la giovinezza, la baldanza eroica e la nobiltà dei loro sentimenti.

La sensibilità di Virgilio

L'intero poema è caratterizzato da una generale tonalità di mestizia, da una centralità del problema del dolore nella vita umana, da un senso di smarrimento di fronte alle vittime innocenti che muoiono anzitempo. Emerge nella descrizione di questo triste episodio il segno più autentico della sensibilità virgiliana che si concretizza nella riflessione su alcuni temi: la crudeltà della guerra, la sofferenza individuale e l'incapacità dell'uomo di sondare il mistero del destino umano.
Da notare alla fine dell'episodio l'entrata nel poema della voce narrante di Virgilio in prima persona, che conferma la propria partecipazione emotiva e sancisce l'adesione ai valori condivisi dai due personaggi.

Laboratorio

LABORATORIO

Comprensione

difficoltà

1 Quale intenzione manifesta Niso a Eurialo?

2 Niso vuole andare da solo o in compagnia dell'amico?

3 Come risponde Eurialo?

4 Con quali motivazioni Niso giustifica la volontà di non essere accompagnato da lui?

5 Da chi sono notati prima che arrivino a mettersi in salvo?

6 Che cosa rivela ai nemici la presenza di Eurialo?

7 Che cosa fa Niso quando si accorge di non avere con sé il compagno?

8 Quale preghiera rivolge Niso alla luna?

9 Come reagisce Volcente all'attacco di Niso?

10 Quale decisione prende allora Niso?

Analisi

difficoltà

La storia Vedi a p. 9

11 Il luogo in cui è ambientato l'episodio è uno spazio aperto o chiuso?

12 L'ambientazione spaziale e temporale conferisce all'episodio un tono:
- ☐ sereno
- ☐ cupo
- ☐ neutro

Il narratore Vedi a p. 6

13 La narrazione dell'episodio è condotta da un narratore:
- ☐ esterno
- ☐ interno

14 Il narratore è:
- ☐ impersonale
- ☐ partecipa emotivamente

15 C'è un punto in cui il narratore parla in prima persona? In caso affermativo, indica i versi e il contenuto del passo.

Laboratorio

16 Nel brano compaiono sia discorsi diretti legati che discorsi indiretti liberi. Indica i versi in cui si trovano gli uni e gli altri.

- discorsi diretti legati: vv.: ....
- discorsi indiretti liberi: vv.: ....

I personaggi Vedi a p. 8

17 Per quale dei due personaggi si accenna anche a una caratterizzazione fisica e anagrafica?

LESSICO

18 Basandoti sulle sue parole e azioni, definisci attraverso un elenco di aggettivi a tua scelta il carattere di Eurialo.

19 Compi la stessa operazione per il personaggio di Niso.

La lingua e lo stile Vedi a p. 13

20 Nel brano c'è una bellissima similitudine. Sottolinea i versi e riassumila. Indica poi gli effetti che secondo te produce sulla narrazione del fatto narrato.

Produzione

difficoltà

21 Inventa un testo in cui due amici, i protagonisti, vivono una stessa avventura e uno dei due interviene in aiuto dell'altro.

Virgilio

Il duello finale tra Enea e Turno

genere
poema epico

tratto da
Eneide
(libro XII, vv. 985-1047; 1102-1180)

anno
I secolo a.C.

luogo
Roma

IL BRANO

Il conflitto tra Troiani e Latini si sta trascinando da lungo tempo: molti guerrieri di entrambi gli schieramenti sono morti. Dopo una tregua per seppellire i cadaveri, si decide di risolvere le sorti della guerra con un duello tra i capi dei due eserciti, Enea e Turno. Se vincerà Enea, il popolo troiano potrà stabilirsi nel Lazio e unirsi con quello di Latino; l'eroe sposerà Lavinia. Al contrario, in caso di vittoria di Turno, i Troiani si dovranno ritirare presso Evandro, sul colle Palatino, e sarà Turno a sposare Lavinia.

Intanto il re dell'Olimpo onnipotente[1] parla
a Giunone[2] che assisa su una nuvola fulva[3]
osservava il duello: «Cosa succederà,
o moglie? Come andrà a finire? Tu sai
e lo ammetti che Enea è destinato al cielo,
dove sarà un Dio indigete,[4] innalzato alle stelle
dai Fati. Che prepari? Che cosa speri ancora,
ostinata, tra queste nubi gelide? Forse
è giusto che un futuro Nume sia stato offeso
da una ferita umana, che la spada perduta[5]
(nulla avrebbe potuto Giuturna senza di te)
venga ridata a Turno,[6] e che a un vinto rinascano
le forze? Smettila ormai, cedi alle mie preghiere:
non voglio che il dolore ti consumi in silenzio,
non voglio piú sentire quei lamenti che escono
dalla tua dolce bocca. Oggi è il giorno fatale.
Hai potuto far male ai Teucri,[7] tormentarli
e per mare e per terra, scatenare una guerra
tremenda, rovinare una famiglia, unire
alle nozze la morte:[8] ti proibisco di andare
piú in là!» Giunone allora gli risponde, con volto
sottomesso: «Gran Giove, conosco il tuo volere;
per questo ho abbandonato, malvolentieri, Turno
e la terra. Oh, se no! Certo non mi vedresti
in cielo a sopportare cose giuste ed ingiuste:
ma starei, tutta cinta di fuoco, accanto ai Rutuli,
e spingerei i Troiani a scontri sfavorevoli.

1. re ... onnipotente: Giove.
2. Giunone: moglie di Giove.
3. fulva: rossastra perché colpita dai raggi del sole al tramonto.
4. Dio indigete: Enea diventerà una divinità protettrice di Roma.
5. la spada perduta: Turno, avendo lasciato la sua spada sulla biga, nel combattimento ne aveva usata un'altra, che era stata poi spezzata da Enea, ma la sorella Giuturna, una ninfa delle acque dolci, aveva restituito a Turno la sua.
6. nulla avrebbe ... Turno: Giove qui accusa Giunone di essere intervenuta fin troppo per aiutare Turno attraverso la sorella di lui che esegue la volontà di Giunone.
7. Teucri: Troiani.
8. rovinare ... morte: Giove allude al fatto che Amata, madre di Lavinia, si sia uccisa e per Lavinia il matrimonio con Enea si unirà al dolore per la perdita della madre.

Lo confesso, fui io a persuadere Giuturna
a correre in aiuto del povero fratello,
volli che osasse tutto per salvargli la vita,
ma senza lanciare frecce, senza tendere l'arco.[9]
Lo giuro per la fonte dello Stige, implacabile:
unico giuramento valido per i Celesti.[10]
E adesso mi ritiro, abbandono sdegnata
la lotta. Ma ti chiedo, per la maestà dei tuoi
e per il Lazio, ciò che non è stabilito
da alcuna legge del Fato.[11] Quando ratificheranno
la pace con felici nozze (e sia pure!), quando
si metteranno d'accordo sul trattato, disponi
che i Latini non cambino l'antica denominazione,
che non siano Troiani neanche di nome,
che non mutino lingua né moda. Ci sia il Lazio
coi re albani nei secoli dei secoli, ci sia
la stirpe romana, potente per il valore italico:
Troia è caduta, lascia che cada anche il suo nome».[12]
Sorridendo l'autore degli uomini e delle cose
disse: «Sei la sorella di Giove, sei la figlia
di Saturno, davvero! Lo vedo dalla forza
del furore che in petto ti bolle. Ma va bene,
calma quest'ira inutile: ti accordo ciò che vuoi,
m'arrendo volentieri. Gli Ausoni[13] serberanno
il modo di parlare e i costumi dei padri,
il nome rimarrà quello che è: i Troiani
si uniranno con loro solo nel corpo. Io
in persona darò loro col culto i riti
sacrificali e farò che siano tutti Latini
con un'unica lingua. Vedrai nascere un popolo
che grazie al sangue ausonio crescerà, salirà
al di sopra degli uomini, al di sopra dei Numi
per religiosità. E nessun'altra gente
ti sarà tanto devota». Giunone acconsentí
felice. Finalmente non è piú ostile a Enea:
e se ne va dal cielo, abbandona la nuvola.

[Raggiunto l'accordo tra i due dei, Giove decide di intervenire in aiuto di Enea mandando sulla terra una delle Furie che, mutatasi in aspetto di uccello di malaugurio, svolazza intorno a Turno, privandolo delle forze.]

Enea avanza, vibrando l'enorme lancia simile
a un albero, e con animo feroce grida: «O Turno,
perché indugi e ti attardi? Non si tratta di correre
ormai, ma di combattere corpo a corpo, con armi
brutali. Assumi pure tutte le forme che vuoi,
raduna tutto il coraggio e le astuzie che puoi:

9. ma senza ... arco: senza pericolo per Enea.
10. Lo giuro ... Celesti: i giuramenti degli dèi sono fatti sullo Stige.
11. Ma ti chiedo ... Fato: Giunone chiede a Giove una concessione che non è prescritta dal Fato.
12. Quando ... nome: Giunone accetta che nasca una nuova stirpe dall'unione dei Latini coi Troiani, ma non vuole che questa abbia continuità con l'odiato popolo troiano.
13. Ausoni: Italici, poiché "Ausonia" era un altro nome dell'Italia.

spera magari di alzarti con le ali sino alle stelle,
o chiuderti al sicuro nella terra profonda...».[14]
E Turno, scuotendo il capo: «Non sono le tue parole
a atterrirmi, o crudele, ma i Numi e Giove avverso».
Non disse altro. Volgendosi scopre un enorme, antico
macigno, che giaceva in mezzo alla pianura,
messo lí per segnare il confine d'un campo
contro eventuali liti. Dodici uomini quali
produce oggi la terra lo reggerebbero a stento
sulle spalle, ma Turno lo solleva con mano
febbrile e a tutta corsa, levandosi piú in alto
che può, riesce a scagliarlo contro il nemico. Eppure
né nel correre, né nel camminare, né
nell'alzare e avventare quell'enorme macigno
riconosce se stesso: le ginocchia gli tremano,
il sangue è intorpidito per il freddo. La pietra
rotolando nel vuoto non supera l'intero
spazio né porta a segno il colpo. Come in sogno,
di notte, quando una languida quiete ci ha chiuso gli occhi,
ci sembra di volere inutilmente correre,
correre a perdifiato, e in mezzo ai nostri sforzi
crolliamo giú, impotenti: senza moto la lingua,
spento il noto vigore del nostro corpo, privi
di parole e di voce. Cosí la Dea terribile[15]
rifiuta ogni speranza, ogni successo a Turno
dovunque il suo valore tenti una strada. Allora
nel fondo del suo petto s'agitano sentimenti
contraddittorii. Guarda i Rutuli e la città,

14. Assumi ... profonda: Enea si riferisce al fatto che Turno è stato aiutato dalla sorella Giuturna sostenuta da Giunone.
15. Dea terribile: la Furia inviata da Giove che sta volando sulla testa di Turno sotto forma di uccello del malaugurio privandolo delle forze.

Due guerrieri si affrontano con le spade; base di una lampada di bronzo, I secolo a.C.

la paura lo attarda, trema all'avvicinarsi
della morte; e non sa come fuggire o come
affrontare il nemico, non vede in nessun luogo
il carro e la sorella trasformata in auriga.[16]
Enea, mentre egli indugia, agita in aria il lampo
della lancia fatale: colto con gli occhi il punto
preciso, vibra il colpo da lungi, a tutta forza.
Mai stridono cosí i macigni lanciati
da macchine d'assedio, mai cosí fragorosa
scoppia la folgore. L'asta volando come un turbine
porta con sé la morte: sibilando attraversa
gli orli della corazza e dello scudo fatto
di sette strati di cuoio, si pianta nella coscia.
Il grande Turno cade, piega il ginocchio a terra.
Balzano in piedi i Rutuli gridando, la montagna
tutt'intorno ne echeggia, le profonde foreste
ripercuotono il suono per lungo tratto. Turno
supplichevole, umile, rivolgendosi a Enea
con gli occhi e con le mani in atto di preghiera,
gli dice: «Ho meritato la mia sorte e non chiedo
perdono: segui pure il tuo destino. Solo,
ti prego, se hai pietà di un infelice padre
(come Anchise lo fu) sii misericordioso
della vecchiaia di Dauno,[17] restituisci ai miei
me vivo od il mio corpo privato della vita,
come ti piace. Hai vinto, gli Ausoni hanno veduto
Turno sconfitto tenderti le mani: già Lavinia
è tua, non andar oltre nella vendetta!». Enea
fiero nelle sue armi ristette,[18] pensieroso,
guardando l'avversario e trattenendo il colpo.
E quasi le preghiere riuscivano a commuoverlo,
già dubitava, quando gli apparve, sulla spalla
del vinto,[19] il disgraziato cinturone, fulgente
tutto di borchie d'oro, del giovane Pallante,[20]
che Turno aveva ucciso con un colpo mortale
e di cui indossava come trofeo la spoglia.[21]
Vista quella cintura, ricordo d'un dolore
terribile, infiammato di rabbia, acceso d'ira:
«Tu forse, che hai indossato le spoglie dei miei amici,
vorresti uscirmi vivo dalle mani? Pallante –
disse – solo Pallante ti sacrifica, e vendica
la sua fine col sangue ~~tuo~~ scellerato».[22] Pianta
furibondo la spada nel petto avverso. Il corpo
di Turno si distende nel freddo della morte,
la sua vita sdegnosa cala giú tra le Ombre.

da Virgilio, *Eneide*, traduzione di C. Vivaldi, Edisco, Torino 1981

16. non vede ... auriga: la sorella Giuturna aveva aiutato Turno guidando il suo carro al posto del cocchiere, ma poi aveva visto la Furia e aveva compreso che ogni speranza era cessata, aveva dovuto desistere e si era ritirata dall'impresa.
17. Dauno: padre di Turno.
18. ristette: indugiò.
19. vinto: Turno.
20. Pallante: valoroso guerriero figlio di Evandro, alleato di Enea e ucciso da Turno.
21. spoglia: le armi del nemico ucciso di cui si appropria il vincitore.
22. Pallante ... scellerato: è per vendicare Pallante che Enea non ha pietà di Turno.

STRUMENTI DI LETTURA

Il compiersi del Fato

Questi sono i versi che chiudono il poema: vi è narrata la morte di Turno per volere del Fato. Giunone dichiara espressamente che a causa di questo è costretta ad abbandonare Turno al suo destino. Neppure Giove può impedire che il Fato si compia. L'accondiscendenza della dea ha uno scopo ben preciso: lascerà che Turno segua il suo destino, e in compenso chiede che la vittoria di Enea non significhi sottomissione degli Italici, popolo a lei caro, alla supremazia straniera. Gli Italici conserveranno la lingua, il nome e i loro usi tradizionali, mentre i Troiani si fonderanno con gli Italici scomparendo come popolo.

L'influsso del modello omerico

Nell'episodio del duello tra Enea e Turno è evidente più che mai l'influsso del modello omerico, basta pensare al duello tra Ettore e Achille dell'*Iliade*: con la morte di Ettore la città di Troia cadeva, con la morte di Turno si conclude la guerra. Turno, come Ettore, è impaurito di fronte al nemico; entrambi sono sconfitti per intervento divino; anche Turno, come Ettore, quando capisce di essere sconfitto implora la restituzione del corpo ai familiari, ed Enea lo colpisce a morte quando vede che indossa come trofeo il cinturone del giovane Pallante, analogamente ad Achille che si infuria quando vede che Ettore indossa le armi dell'amico Patroclo.

L'originalità dell'*Eneide*

Se nell'*Iliade* il duello finale, con l'uccisione di Ettore, riporta la situazione tra Greci e Troiani su un piano di parità, dove la giustizia, seppur dolorosa e portatrice di morte, è stata fatta, qui l'unico motivo che domina gli eventi è il Fato. I due eroi simboleggiano le sorti dei due popoli che sono costretti a scontrarsi a causa del Fato: uno per la difesa della propria terra, l'altro per la conquista del proprio spazio vitale. Sul destino di entrambi, vincitori e vinti, incombe la tragica necessità del Fato.

I personaggi: la morte di Turno

Quando il duello volge ormai al termine, si sviluppa intorno a Turno un crescendo sempre più intenso e tragico di particolari che preludono alla tragedia finale e aumentano sempre più nel lettore un senso di profonda pietà per la giovane e generosa vittima del destino.

Nel momento in cui si avvicina la fine, Turno è come smarrito: guarda i Rutuli incapaci di prestargli aiuto e guarda la città, che avrebbe dovuto essere un giorno la capitale del suo regno e nella quale c'è Lavinia. È l'ultimo sguardo al suo mondo, l'ultimo pensiero alle cose e alle persone amate. Nel suo sguardo c'è lo smarrimento, l'amore, il rimpianto di chi capisce che la fine è prossima e si rende conto che non c'è possibilità di scampo.

Su questa vittima della guerra si chiude il poema di Virgilio, l'ultimo verso è dedicato a un nemico morente, a cui va l'incondizionata pietà del poeta.

Scena di combattimento su una moneta romana del I secolo a.C.

Laboratorio

LABORATORIO

Comprensione

difficoltà

1 Quale richiesta fa Giove alla sua sposa?

2 Di che cosa l'accusa?

3 Che cosa ammette Giunone?

4 Che cosa giura Giunone di non avere fatto?

5 Quale condizione pone Giunone a Giove?

6 Da che cosa si dichiara atterrito Turno?

7 Che cosa cerca di scagliare Turno contro Enea?

8 Che cosa chiede Turno ferito a Enea?

9 Quale effetto ottengono le parole di Turno?

10 Perché infine Enea non cede alla misericordia?

Analisi

difficoltà

La storia Vedi a p. 9

11 La prima parte del brano si può considerare come un'unica sequenza: prova a fornirne un titolo.

12 Abbiamo diviso il resto del brano in sequenze, trovale sul testo e riporta i versi a cui si riferiscono:

Contenuto delle sequenze	Versi
Enea e Turno si fronteggiano	....
Turno scaglia vanamente il macigno	....
Le fasi della lotta; Turno prega Enea	....
Enea vede il balteo di Pallante	....
Enea uccide Turno	....

Laboratorio

I personaggi

Vedi a p. 8

13 Chi svolge il ruolo di protagonista?

14 Chi è l'antagonista?

15 Il personaggio di Enea ti sembra statico o dinamico?

16 E quello di Turno?

La lingua e lo stile

Vedi a pp. 13-14

17 Trova e sottolinea le similitudini del brano.

18 Compare anche la figura retorica della iperbole. Segnala dove, riassumendone il senso e spiegando perché l'espressione si deve considerare "iperbolica".

Produzione

difficoltà

19 Fa' il riassunto scritto dell'episodio, usando il presente e servendoti delle sequenze evidenziate.

20 Fai un confronto intertestuale tra questo duello e quello finale dell'*Iliade*, a p. 169 e sgg.; indicando analogie e differenze.

Verifica

VERIFICA FINALE

genere
poema epico

autore
Virgilio

tratto da
Eneide
(libro VI, vv. 551-591)

anno
I secolo a.C.

luogo
Roma

Questo brano è da inserire nell'episodio della discesa agli Inferi di Enea. Prima di accedere ai Campi Elisi, dove incontrerà il padre Anchise, Enea attraversa l'anti-inferno, dove sostano le anime senza pace dei morti prima del tempo. Tra questi ci sono i suicidi per amore, e tra loro Didone.

L'ultimo incontro con Didone

Poco piú in là si vede, estesa in lungo e in largo,
la pianura che chiamano i Campi del Pianto.[1]
Qui segreti sentieri nascondono coloro
che un amore crudele consumò, ed una selva
di mirti[2] li protegge: nemmeno nella morte
trovano requie al dolore.
[...]
La fenicia Didone con la ferita ancor fresca[3]
s'aggirava nel bosco. Quando l'eroe troiano
le fu vicino, e la vide, e la riconobbe, oscura
nell'ombra, come chi vede o crede di vedere
un'esilissima falce di luna all'inizio del mese
sorgere tra le nubi, si sciolse in pianto e le disse
con dolce amore: «Infelice Didone, dunque era vera
la voce che eri morta, che avevi obbedito al tuo estremo
destino col ferro. Ahimè, io sono stato la causa
della tua morte? Lo giuro per le stelle e i Celesti,
per quel che c'è di piú sacro sotto la terra profonda,
ho lasciato il tuo lido, regina, mio malgrado.
Mi spinsero a fuggire gli ordini degli Dei,
che m'obbligano adesso a andare attraverso le ombre
per un cammino spinoso e un'altissima notte;
non avrei mai creduto di darti un tale dolore
partendo da Cartagine. Fermati, non sottrarti
alla mia vista! Chi fuggi? Questa è l'ultima volta,
per volere del Fato, che io posso parlarti».
Cosí Enea cercava di calmare quell'anima
ardente di furioso dolore, dagli sguardi
torvi, e volgerla al pianto.[4] Ma Didone, girando
la testa, teneva gli occhi fissi sul suolo,
senza commuoversi in volto per quel discorso, piú
che fosse un'aspra selce o una rupe di Marpesso.[5]
Infine scappò via, si rifugiò sdegnata
nel bosco ombroso, dove il primo marito Sicheo[6]
condivide i suoi affanni e ricambia il suo amore.
Ma Enea la seguí in lagrime per lungo tratto, mentre
s'allontanava, pietoso, dolente della sua sorte.

da Virgilio, *Eneide*, traduzione di C. Vivaldi, Edisco, Torino 1981

1. Campi del Pianto: si chiamano così perché qui risiedono i morti suicidi che piangono ancora il loro amore.
2. mirti: pianta sacra alla dea dell'amore, Venere.
3. la ferita ... fresca: la ferita della spada con cui si uccise, ma anche la ferita dell'amore.
4. al pianto: alla commozione.
5. piú ... Marpesso: più dura di una selce (pietra) o di una roccia del Marpesso, monte dell'isola di Paro, famoso per il marmo.
6. Sicheo: il primo marito di Didone era morto ucciso dal di lei fratello; Didone l'aveva vendicato e gli era rimasta fedele fino all'arrivo di Enea.

Comprensione

difficoltà

1 In quale gruppo di anime si trova Didone?

2 Come reagisce Enea quando riconosce Didone?

3 Come giustifica Enea la sua partenza da Cartagine?

4 Come reagisce Didone?

Analisi

difficoltà

La storia Vedi a p. 9

5 Abbiamo diviso il brano in sequenze. Trascrivi qui sotto i versi cui si riferiscono:

1. Enea giunge ai Campi del Pianto: vv.: ....
2. Riconoscimento di Didone: vv.: ....
3. Giustificazioni di Enea: vv.: ....
4. Reazione di Didone: vv.: ....

6 Nel brano è contenuta un'analessi. Indica i versi che occupa e sintetizzala.

7 Chi pronuncia l'analessi?
☐ Enea ☐ Didone

I personaggi Vedi a p. 8

8 Ti sembra che in questo brano il comportamento di Enea sia mutato rispetto al momento della partenza da Cartagine?

9 Sottolinea i passaggi in cui emerge la sofferenza di Didone.

10 Quali sentimenti esprime Enea? Giustifica la tua risposta.

11 Perché secondo te Didone rimane muta e scappa verso Sicheo?

La lingua e lo stile Vedi a p. 13

12 Spiega a che cosa si riferisce l'espressione *la ferita ancora fresca*.

13 Nel brano ci sono due similitudini, trovale e spiegale.

14 Al verso 570 è contenuta una figura retorica. Quale tra queste?
☐ Sineddoche ☐ Metafora ☐ Metonimia

sezione III

1 L'epica medievale

2 L'epica umanistica e rinascimentale

OBIETTIVI

- **1a** Conoscere le trasformazioni, sia sociali e politiche sia linguistiche, che hanno caratterizzato il Medioevo.
- **1b** Apprendere la nascita e la diffusione della letteratura cavalleresca: il ciclo carolingio e il ciclo bretone.
- **1c** Leggere esempi significativi della letteratura cavalleresca, imparando a interpretarli e a contestualizzarli.
- **2a** Comprendere le linee essenziali dell'Umanesimo e del Rinascimento.
- **2b** Imparare come si evolve il poema cavalleresco e quali sono i nuovi valori che esprime, attraverso la lettura di brani esemplari.
- **2c** Conoscere i motivi della Controriforma e il suo influsso sull'ultima produzione epica.
- **2d** Comprendere i motivi che segnano la fine della produzione epica.

Epica cavalleresca

Una pagina di manoscritto altomedievale del *Romanzo di Tristano*. I tre cavalieri rappresentati sono Tristano, Galahad e Lancillotto.

IL RACCONTO EPICO MEDIEVALE

Nel racconto epico medievale si mescolano elementi storici, mitici, fiabeschi e religiosi. I **fatti storici** a cui si fanno vaghi e oscuri riferimenti (e che sono comunque sempre trasfigurati) si riferiscono all'Alto Medioevo; la **mitologia** prevalente è quella nordica celtica, germanica; gli **elementi fiabeschi** appartengono alla tradizione orale nordeuropea; la **religione** è il cristianesimo. Se l'epica classica era ricca di riferimenti mitologici, quella medievale è contraddistinta da **riferimenti magici e magico-religiosi**; le lingue dell'epica classica erano il greco e il latino, quelle dell'epica medievale sono **le lingue volgari romanze**, derivate dal latino e parlate dal *volgo*, *cioè dal popolo*. In questo quadro anche la figura dell'eroe assume caratteristiche particolari: pur conservando il tipico ruolo di guerriero, **il cavaliere e il paladino proteggono con le armi il loro paese**, l'intera società, mettono in primo piano l'**onore** che consiste nella **fedeltà**, nel **rispetto dei patti**, nel **coraggio** e nel conseguente **disprezzo del tradimento**. A questi principi si affiancano generalmente valori spirituali e religiosi.

IL RACCONTO EPICO RINASCIMENTALE

L'epica rinascimentale e barocca ci introduce in un mondo complesso, in cui ancora si muovono i personaggi dell'epica medievale, riletti alla luce di una sensibilità completamente diversa: **più articolati e intensi risultano sentimenti e passioni, più vario lo scenario in cui questi prendono forma**.
I valori espressi dalle vicende sono valori umani, gli stessi della cultura del rinascimento: **la centralità dell'uomo** con la grandezza delle sue passioni, con i suoi desideri e le sue aspirazioni; **l'idea dell'arte e della poesia come "armonia"; l'assenza di uno spirito religioso vissuto come paura del peccato; l'apertura al "maraviglioso", cioè all'immaginario**.

1 L'epica

"Mamma li turchi sono proprio tanti" disse guardando in ogni direzione non fece in tempo ad infilarsi i guanti che si trovò già eroe nella canzone...

da R. Vecchioni, *Chanson de Roland*

Simone Martini (1284 ca.-1344), *Guidoriccio da Fogliano*, 1328, particolare.

medievale

Il vasto affresco occupa la parete di fronte a quella raffigurante la *Maestà* nel Palazzo Pubblico di Siena e fu commissionato a Simone per ricordare la sottomissione da parte di Guidoriccio, capitano generale dell'esercito senese, dei castelli di Montemassi e Sassoforte. Nello squisito, sobrio accordo cromatico, nell'eleganza del disegno, «*l'elogio del condottiero prende così il garbo, la cadenza libera e ritmata di una canzone; e la stessa insistenza sui motivi araldici diventa un fatto poetico, essendo dell'anima eletta la tendenza a esprimersi per simboli o emblemi*» (Giulio Carlo Argan).

La letteratura cavalleresca

LE TRASFORMAZIONI DEL MEDIOEVO

MEDIOEVO
"età di mezzo", dal latino *aevum*, "durata".

La parola "**Medioevo**" indica **l'età compresa tra la fine del mondo antico e l'inizio dell'età moderna**. Il Medioevo si divide in **Alto Medioevo**, fino alla cosiddetta "rinascita" dell'anno Mille, e **Basso Medioevo**, dal secolo XI in poi. La nozione di "età di mezzo" fu introdotta dagli uomini dell'età umanistico-rinascimentale che considerarono la propria epoca come l'erede dello splendore della classicità antica e liquidarono il periodo precedente come un'età di decadenza e di barbarie: il Medioevo va dunque dal declino dell'impero romano fino al XV secolo. Come data di inizio, si pone tradizionalmente il 476 d.C., anno della caduta dell'impero romano d'Occidente con la deposizione dell'ultimo imperatore Romolo Augustolo. Da questo momento i Romani perdono, anche formalmente, l'autorità politica sulla parte occidentale dell'impero e cominciano a strutturarsi nuove realtà politiche (i regni romano-barbarici) che si basano sull'apparato amministrativo ereditato dai Romani, attraverso l'integrazione di elementi romani e germanici.

Miniatura tedesca del XIII secolo raffigurante la costruzione di un castello.

Il feudalesimo

FEUDO
di origine longobarda, il termine proviene da *fiu*, "proprietà", "avere".

VASSALLO
di origine incerta, alcuni lo fanno discendere dal celtico, altri dal latino contaminato dalle lingue barbare, nel quale il termine *vassus* significherebbe "servo".

BENEFICIO
dal latino *bene-facere*, "fare bene", quindi "favore", "servigio".

In realtà già da tempo i Germani erano penetrati all'interno dell'impero romano, fondendosi con la popolazione romana ed entrando a far parte dell'esercito. Si era così consolidato un sistema di consuetudini e di relazioni, basato più sul rapporto personale che sul diritto romano. Nell'Alto Medioevo questo sistema di rapporti diede vita a **una forma di organizzazione politico-militare che va sotto il nome di feudalesimo**. Il sovrano concedeva uno o più diritti su un determinato territorio (il **feudo** appunto) a un signore che gli prometteva fedeltà divenendo suo **vassallo**. Il vassallo offriva al re la propria fedeltà e il proprio servizio militare a cavallo, e ne riceveva in cambio l'uso del feudo. A sua volta egli poteva concedere in **beneficio** una parte delle proprie terre a un altro uomo, che si legava a lui con analogo vincolo di fedeltà. Questa trama di rapporti di vassallaggio costituiva il cemento che teneva insieme l'intera classe dominante, dalla piccola aristocrazia militare fino al re. La gerarchia sociale medievale ve-

Il signore feudale, circondato dai suoi vassalli, distribuisce benefici e riceve l'omaggio dei feudatari; miniatura dal Codice di Manesse.

Pagina di un manoscritto francese del XIV secolo.

deva alla sommità del suo sistema piramidale gli alti gradi del clero e della nobiltà (con la catena formata da vassalli, valvassori, valvassini) e in basso la gran massa della popolazione dedita all'agricoltura, nella condizione servile.
Nell'**area francese**, prima di altre aree europee, **la monarchia raggiunse** una certa **stabilità politica** e, grazie ai rapporti vassallatici, riuscì a dotarsi di **una cavalleria forte e ben organizzata** in grado di contrastare le incursioni dei cavalieri arabi stanziati in Spagna. Nel 732 la vittoria a Poitiers del francese Carlo Martello contro gli Arabi lo consacrò difensore della cristianità e pose le basi del rapporto di alleanza che si sarebbe creato tra Franchi e papato.

Le trasformazioni linguistiche

Nell'Alto Medioevo l'unica lingua scritta era il latino, conosciuto solo da una ristretta cerchia di ecclesiastici. **La lingua parlata era andata differenziandosi**, a seconda delle aree geografiche, in relazione ai diversi apporti provenienti dalle lingue germaniche dei popoli stanziati nei regni romano-barbarici. Progressivamente queste lingue assunsero delle caratteristiche proprie e si cominciò a usare per loro la definizione di **lingue romanze**. Il termine "**romanzo**" verrà poi usato per indicare **il prodotto letterario di queste lingue** (*romances*) in primo luogo **la narrativa cavalleresca di area francese**.

LINGUE ROMANZE dall'avverbio latino *romanice*, usato nell'espressione *romanice loqui* che significava "parlare come i cittadini che in origine erano romani".

LA DIFFUSIONE DELLA LETTERATURA CAVALLERESCA

All'inizio del Basso Medioevo (**XI secolo**) cominciamo ad avere testimonianze scritte del diffondersi, nella **Francia del Nord**, della ***chanson de geste*** ("canzone di gesta") in lingua d'*oïl*, il francese antico: si tratta di un poema, originariamente destinato al canto, che racconta le imprese guerresche di un eroe. Secondo alcuni, i primi esemplari documentati di tali poemi sarebbero stati preceduti, in modo analogo ai poemi omerici, da una lunga fase di trasmissione orale a opera di cantori anonimi o **giullari**, che già nel IX secolo, girando di castello in castello, avrebbero diffuso il racconto delle imprese, trasformate dal ricordo e ingigantite dalla leggenda, di personaggi storici cari alla collettività; secondo altri questi poemi sarebbero invece dovuti all'iniziativa di singoli poeti colti.

GIULLARI
dal latino *ioculares*, il termine indicava coloro i quali, con l'esercizio di qualche arte, intrattenevano e divertivano il pubblico.

La letteratura cavalleresca di area francese si svilupperà poi secondo due filoni, il ciclo carolingio e il ciclo bretone:

- il **ciclo carolingio**, narra le imprese dei **paladini di Carlo Magno**, fondandosi su avvenimenti storici poi rielaborati in forma leggendaria;
- il **ciclo bretone**, prende le mosse dalla **leggenda di re Artù** e dei cavalieri della Tavola Rotonda, la materia si arricchisce di elementi avventurosi e amorosi e si caratterizza per il gusto del meraviglioso e del fiabesco, assente nel primo ciclo.

In **Spagna** a partire dalla seconda **metà del XIII secolo** si diffonde la narrativa popolare dei **cantari**, componimenti per lo più in ottava rima, recitati da giullari o cantastorie nelle piazze, talora con accompagnamento musicale. L'opera più famosa è il ***Cantar del mio Cid***, poema anonimo in versi, scritto in lingua castigliana (da cui deriva lo spagnolo contemporaneo), che narra le imprese di un cavaliere, El Cid Campeador, che lotta contro l'invasione degli Arabi in Spagna. Nei *cantari* spesso sulla materia cavalleresca si innestano temi e atmosfere propri del ciclo bretone che danno luogo a imprese mirabolanti e peripezie, connotate da un forte gusto del fiabesco.

Nell'**Europa del Nord** (soprattutto in Germania e in Inghilterra), le prime forme di poesia epica, che venivano trasmesse oralmente da poeti girovaghi che intonavano i loro canti alle corti dei re, risalgono a tempi antichissimi. Intorno al XIII secolo viene composto da un autore anonimo austriaco il capolavoro dell'epica germanica, il ***Cantare dei Nibelunghi***, poema in cui confluiscono materiali dell'antica tradizione orale (l'esaltazione dell'eroe dalle caratteristiche sovrumane, fondatore della stirpe germanica, le storie di natura mitico-religiosa sulla creazione del mondo e la nascita degli dei, gli intrecci magici e fiabeschi) e motivi derivati dalla letteratura cavalleresca francese (come il tema del cavaliere difensore dei deboli e della cristianità).

Questa grande statua di Hagen, mentre getta il tesoro nel fiume, è stata innalzata sulle rive del Reno a Worms in ricordo del mito dei Nibelunghi.

La fortuna del ciclo carolingio

Cavalieri crociati in una miniatura della *Cronaca di Guglielmo di Tiro*, XIV secolo.

L'ORIGINE E IL SUCCESSO

Il cosiddetto **ciclo carolingio** nacque in Francia dalle narrazioni delle imprese dei paladini di Carlo Magno (vissuto nel IX secolo). L'origine e il successo di questo genere sono da ricondursi al ruolo di guida assunto dalla monarchia carolingia nella **difesa dell'Occidente cristiano di fronte alla minaccia musulmana**.
L'aspetto ideologico del confronto spiega anche il rapido successo di questa produzione negli altri paesi europei. Ma la fortuna del genere è dovuta alla concomitanza di una serie di fattori storici, culturali e di costume:

- il **fervore religioso** che pervade la società europea all'epoca delle prime crociate (quando l'opera venne redatta e cominciò a diffondersi);
- i caratteri della **società feudale, dominata da un ceto nobiliare guerriero**;
- l'affermarsi delle **lingue romanze**, che consentiva una fruizione abbastanza larga dei prodotti culturali, prima riservati ai pochi ecclesiastici che conoscevano il latino.

REALTÀ STORICA E LEGGENDA NELLA CANZONE DI ROLANDO

La prima in ordine di tempo e la più importante tra le canzoni di gesta del ciclo carolingio è la ***Chanson de Roland*** (*Canzone di Rolando*, vedi a p. 174) **probabilmente composta tra la metà e la fine dell'XI secolo da un autore non sicuramente identificabile**. L'ultimo verso suona: «*Qui finisce la gesta che Turoldo racconta*». Ma non si sa con certezza chi sia questo Turoldo, che alcuni identificano con uno scrittore di lingua francese, altri con un giullare normanno; né è assodato se sia un semplice traduttore, un raccoglitore di tradizioni orali preesistenti, o un poeta di autonoma capacità creativa. Sicuramente un uomo dotato di buona cultura, con esperienza dei classici e familiarità con i testi liturgici, che fanno pensare a una sua appartenenza al clero.

La *Chanson de Roland* **prende spunto da un fatto storico** su cui, però, la documentazione è molto scarsa. Carlo Magno, re dei Franchi e non ancora imperatore del Sacro Romano Impero (lo sarebbe divenuto poco più di vent'anni dopo), nipote di quel Carlo Martello che nel 732 d.C. aveva bloccato a Poitiers l'espansione degli Arabi dalla Spagna in Francia, riprese a combatterli nella penisola iberica, assediando la città di Saragozza; essendo stato richiamato ai confini della Germania per domare la rivolta di alcune tribù tedesche, abbandonò l'assedio e risalì i Pirenei, ma la sua retroguardia sarebbe caduta in un agguato da parte di popolazioni basche, venendo decimata. Lo scontro sarebbe avvenuto, a quanto pare, il 15 agosto del 778, nella gola di Roncisvalle sui Pirenei; un biografo di Carlo Magno, il monaco Eginardo, cita tra i paladini uccisi un certo Hruodlandus, prefetto della marca di Bretagna.

In tale incertezza di dati, nel fervore di sentimenti antimusulmani che pervadeva l'Europa cristiana al tempo delle crociate in cui fu composta l'opera, **la leggenda si è impadronita dell'evento**: **lo scontro di Roncisvalle**, del tutto irrilevante nelle imprese di Carlo Magno, **diventa un evento fondamentale nella lotta per la difesa della cristianità**; i montanari baschi sono trasformati in perfidi Saraceni e lo stesso personaggio storico di Carlo Magno, che all'epoca aveva solo 36 anni, diviene un vegliardo austero e venerabile, simbolo della religione e della lotta contro gli "infedeli".

Charles de Steuben (1788-1856), *Carlo Martello alla battaglia di Poitiers*, 1837 ca., particolare.

Il mondo dei valori della *Chanson de Roland*

Nella *Canzone* trovano espressione i valori cardine del mondo feudale:

- la **fedeltà al sovrano** e la **lealtà verso il proprio superiore** quale trasposizione dei legami di dipendenza personale del sistema vassallatico;
- l'**onore**, il **coraggio**, l'**eroismo guerriero**, fondamentali in un'epoca in cui la classe dominante è formata da una grande e piccola nobiltà il cui unico mestiere è quello delle armi;
- la **fede** e la **difesa della religione di Cristo** in un'Europa che nella contrapposizione al mondo degli "infedeli" ritrova la propria identità culturale.

Su questi valori si innesta il **codice di comportamento** dei cavalieri, basato sulla **cortesia**, cioè l'insieme di virtù proprie della corte feudale, che caratterizzano la **nobiltà d'animo** necessaria per servire **l'ideologia cavalleresco-cristiana**.

CORTESIA dall'aggettivo provenzale *cortes*, cioè "della corte". A sua volta dal latino *cortis*, cioè il territorio attorno al castello del feudatario.

Stile e struttura

La *Chanson de Roland* è un poema di 4002 versi decasillabi, distribuiti in 290 strofe, le *lasse*, dal numero variabile di versi (da un minimo di 5 a un massimo di 35), collegate non dalla rima ma dall'assonanza (la coincidenza delle vocali, ma non delle consonanti finali). Ogni lassa riprende parzialmente il contenuto della strofa precedente e vi aggiunge qualcosa, dando luogo a una struttura narrativa in cui le sequenze si sovrappongono parzialmente. Senza dubbio un'eredità della tradizione orale per dare forza e vigore alla narrazione. L'opera è scritta in lingua d'*oïl*, la lingua "romanza" parlata nel nord della Francia e si caratterizza per quello stile formulare (ripetizione di formule, frasi ed espressioni che identificano alcuni personaggi), già riscontrato nei poemi epici antichi.
La *Canzone di Rolando* si può dividere in **tre nuclei narrativi**: l'assedio di Saragozza, la resistenza e la morte di Rolando a Roncisvalle, la giustizia di Carlo.

Carlo Magno guida i suoi soldati in battaglia.

La diffusione del ciclo bretone

Cavalieri della Tavola Rotonda alla corte di re Artù, miniatura del manoscritto francese *Perceval* di Chrétien de Troyes, XIV secolo.

LE ORIGINI E LA FORTUNA DEL CICLO BRETONE

Accanto a questa materia del ciclo carolingio, nacque e si sviluppò nella **Francia settentrionale** del XII secolo una letteratura che va sotto il nome di **ciclo bretone**, o **arturiano**, detto così perché prendeva spunto dal leggendario sovrano della Britannia del VI secolo, **re Artù**, e dei suoi soldati, i **cavalieri della Tavola Rotonda**. Quest'epica si basava sul **fondamento storico** delle lotte condotte tra il V e il VI secolo dai Britanni, stanziati nell'odierna Gran Bretagna, contro le invasioni di popoli di origine germanica, già oggetto di narrazioni in Inghilterra tra l'VIII e il X secolo.
I racconti di materia arturiana, **espressione di una società più raffinata di quella carolingia**, ebbero come **primo pubblico il ceto aristocratico delle corti** di cui esprimevano i valori, appunto, "cortesi", ma presto, con il diffondersi di una certa istruzione tra gli strati più elevati dei ceti cittadini, cominciarono a **circolare tra le persone più colte**. Redatti prima in versi e poi in prosa, sono detti **romanzi bretoni** perché scritti in **lingua d'*oïl***, cioè in una lingua romanza.

Le caratteristiche del ciclo bretone

Il ciclo arturiano è di **ispirazione sostanzialmente diversa da quello carolingio**: nei romanzi bretoni sono narrate le avventure dei cavalieri, le prove che essi, più che subire, ricercano, mossi non solo da motivi religiosi (in questo caso la ricerca del Sacro Graal, la leggendaria coppa in cui sarebbe stato raccolto il sangue di Cristo), di onore, di fedeltà feudale, ma soprattutto dall'amore, dal puro gusto dell'avventura e dal desiderio di sperimentare la propria forza morale e realizzare la propria identità. Perciò, **in atmosfere spesso prodigiose e fiabesche**, in un succedersi di eventi, casuale e disorganico, affrontano guerre e duelli, viaggi e incantesimi, sempre **alla ricerca di qualcosa che in realtà è dentro di loro**.
I protagonisti di questo ciclo sono Artù e i suoi cavalieri, detti della Tavola Rotonda dal tavolo dove sedevano in perfetta uguaglianza. Ricordiamo, tra questi, **Perceval**, il cavaliere che ritrovò il Sacro Graal e ne divenne il supremo custode, **Lancillotto**, innamorato della regina Ginevra, e **Ivano**, il cavaliere perfetto. Questi personaggi sono i protagonisti dei romanzi del francese **Chrétien de Troyes**, l'autore più noto del ciclo bretone. A Perceval, che riassume in sé tutti i valori cavallereschi di cortesia e fervore spirituale, è dedicato il romanzo

Perceval o Il racconto del Graal (vedi a p. 181) mentre a Lancillotto, il cavaliere innamorato della regina Ginevra, moglie di re Artù, è dedicato l'omonimo romanzo ***Lancillotto o Il cavaliere della Carretta*** (vedi a p. 189).

L'originalità dell'opera

Chrétien de Troyes è considerato il maggior poeta medievale prima di Dante. È una figura reale, di cui conosciamo le opere e, attraverso di esse, alcune notizie biografiche. Era originario della regione di Champagne e soggiornò prevalentemente alla corte di Troyes, legandosi infine alla corte di Filippo d'Alsazia al quale dedicò il *Perceval* che rimase **incompiuto** per la sua morte. All'origine della storia è il tema dell'**eroe puro e ingenuo** (Perceval è stato allevato dalla madre in una foresta perché restasse lontano dalla vita cavalleresca, dopo che il padre e i suoi fratelli erano rimasti uccisi in imprese di cavalleria) **che scopre la propria identità** e realizza la propria dimensione umana dopo aver casualmente scoperto la cavalleria e aver seguito la sua dura scuola di vita. In quest'opera il cavaliere Perceval **non agisce come Rolando all'interno di una dimensione collettiva e militare** il cui obiettivo è la difesa del proprio sovrano e dell'identità cristiana, **ma agisce come singolo individuo** per iniziativa personale, **alla ricerca della propria identità e del proprio ruolo sociale**. L'universo in cui si muove l'eroe è molto più vario rispetto a quello maschile e militare di Rolando: vi troviamo anche personaggi femminili, luoghi fantastici e remoti, situazioni fiabesche che danno modo al protagonista di far emergere una **personalità complessa** e una **ricchezza di sentimenti**, sconosciuti ai paladini di Carlo Magno.
In *Lancillotto* il protagonista è totalmente soggiogato dal proprio sentimento d'amore per Ginevra, la moglie del re a cui egli ha giurato fedeltà. È proprio grazie a questo personaggio che l'autore ha modo di indagare la **complessità del sentimento amoroso**: da un lato infatti l'amore sembra sconvolgere talmente la mente di Lancillotto da fargli trasgredire le regole del codice cavalleresco, dall'altro gli conferisce una forza e un'energia eccezionali che lo mettono in grado di superare qualsiasi prova, fino a varcare i limiti dell'umano.

Ferdinand Leeke (1859-1925), *Perceval alla ricerca del Santo Graal*, 1912.

La struttura

Mentre le storie dei paladini del ciclo carolingio si organizzano strettamente intorno alla figura di Carlo Magno, le **storie del ciclo bretone** sono caratterizzate da cavalieri i cui destini li portano ad allontanarsi da re Artù, **all'inseguimento di avventure fantastiche e personaggi misteriosi**. Da questa caratteristica narrativa deriva **una diversa struttura dei romanzi** in cui gli episodi si susseguono tra loro spesso in modo piuttosto casuale senza un chiaro disegno di fondo. Generalmente il cavaliere parte alla ricerca di qualcosa (una donna amata, un oggetto...) e, in modo simile al protagonista di una fiaba, si trova a dover sostenere **una serie di prove**, attraverso le quali ha modo di mettere in luce le proprie virtù (il coraggio, la lealtà, il senso di giustizia, la generosità...) in cui si riflette **l'insieme dei valori della società cortese**. È proprio grazie al superamento di queste prove che **l'eroe si realizza come tale** e vede riconosciuto il proprio ruolo sociale.

genere
canzone di gesta

tratto da
Chanson de Roland
(lasse 80-89)

anno
XI secolo

luogo
Francia

Anonimo

Olivieri invita Rolando a suonare l'olifante

L'OPERA

L'assedio di Saragozza

Nel campo di Carlo Magno, che combatte da sette anni in Spagna contro il re saraceno Marsilio ed è impegnato nell'assedio della città di Saragozza, giungono ambasciatori, da parte del sovrano musulmano, che offrono doni e ostaggi, assicurando, in cambio della cessazione dell'assedio, la sottomissione e la decisione del re di convertirsi al cristianesimo. Il giorno dopo Carlo convoca il consiglio per discutere l'offerta di Marsilio: Rolando è diffidente, mentre gli altri baroni, e particolarmente Gano di Maganza, patrigno di Rolando, sono dell'opinione di accettare la proposta. Si devono scegliere gli ambasciatori per trattare la resa, e Rolando si offre, ma Carlo rifiuta e decide, su suggerimento dello stesso Rolando, di conferire l'incarico a Gano, il quale pensa che il figliastro (che voleva in realtà fargli onore) l'abbia fatto con intenzioni malevole, e accetta, ma giura di vendicarsi. Recatosi alla corte di Marsilio, Gano ordisce il tradimento: il re saraceno pagherà un riscatto perché Carlo abbandoni la Spagna, poi Marsilio attaccherà di sorpresa la retroguardia. Gano torna da Carlo con un apparente successo: ostaggi, ricchezze e le chiavi di Saragozza. I Franchi si mettono in marcia per varcare i Pirenei, lasciando a capo della retroguardia Rolando, su proposta di Gano.

Resistenza e morte di Rolando

Quando i Franchi sono ormai in vista della Francia, Marsilio aggredisce la retroguardia nella gola di Roncisvalle. Udendo avvicinarsi le schiere nemiche, il paladino Olivieri consiglia Rolando di suonare l'olifante perché Carlo, udendolo, venga in loro aiuto, ma egli rifiuta. Ha inizio un'accanita battaglia e in un primo momento i cristiani sembrano vincitori, ma quando si presenta un nuovo smisurato esercito saraceno i Franchi soccombono alle forze soverchianti del nemico. Si riaccende il contrasto tra i due paladini, e stavolta Rolando è disposto a suonare l'olifante, ma Olivieri dice che è troppo tardi e che, se si salveranno, gli rifiuterà la mano della bella Alda, sua sorella, già promessagli. L'arcivescovo Turpino li fa riconciliare e Rolando finalmente soffia nel corno con tanta forza da rompersi una vena della tempia. Carlo l'ode e capisce di essere stato tradito da Gano, che viene subito messo in catene. Intanto sopraggiunge una terza schiera di Saraceni e nell'ultimo scontro il paladino assiste alla fine sia dell'arcivescovo Turpino che di Olivieri, il quale in punto di morte gli conferma la sua amicizia. Anche Rolando, gravemente ferito e rimasto ormai solo sul campo di battaglia, muore raccomandandosi a Dio.

La giustizia di Carlo

Carlo ha sentito il suono del corno, torna indietro, e si pone all'inseguimento degli infedeli, che stermina sulle rive dell'Ebro. Marsilio, rifugiato in Saragozza, chiama in suo aiuto l'emiro di Babilonia Baligante, a cui in punto di morte lascia in eredità il regno di Spagna. Mentre Carlo, tornato sul campo di Roncisvalle, provvede a dare degna sepoltura alle salme di Rolando e degli altri paladini, all'improvviso compaiono le avanguardie del nuovo esercito saraceno. La battaglia si protrae per tutto il giorno; al calar del sole i due capi supremi, Carlo e Baligante, si affrontano in un duello finale, da cui il campione cristiano esce vincitore. Carlo torna in Francia e processa per tradimento Gano di Maganza, giudicato da un tribunale di suoi pari e assistito dai suoi parenti: egli ammette la sua colpa, ma sostiene di non aver tradito Carlo e che la sua fu una vendetta nei confronti di Rolando, che l'aveva offeso.

Carlo decide allora di affidare il giudizio alla prova delle armi e al superiore intervento di Dio. Un parente di Gano, Pinabello, si offre di difenderlo, ma viene sconfitto e ucciso. Gano e i suoi parenti vengono ritenuti colpevoli: questi sono impiccati, quello è squartato vivo, con le membra legate a quattro cavalli spronati in direzioni opposte. Il racconto si conclude con i lamenti dell'imperatore, vecchio e stanco, a cui l'arcangelo Gabriele ordina nuove imprese perché un altro pericolo insidia il suo impero.

IL BRANO

Siamo nella parte centrale del poema, all'inizio del secondo nucleo narrativo: mentre Carlo, indotto dalle menzogne di Gano, è in marcia verso la Francia con il grosso dell'esercito, la retroguardia comandata da Rolando è assalita nella gola di Roncisvalle, sui Pirenei, da soverchianti forze nemiche. Il paladino Olivieri cerca di convincere l'eroe a suonare l'olifante, il potente corno da guerra che, udito dall'imperatore, lo farebbe accorrere in loro aiuto, ma Rolando rifiuta per non mostrarsi vile di fronte al pericolo.

80

Olivieri è sopra un'altura montato;
guarda sulla destra per entro una valle erbosa;
così vede venire la massa dei pagani;
e si rivolse a Rolando, il suo compagno:
«Dalla parte di Spagna vedo venire un tal fracasso,
tanti lucidi usberghi,[1] tanti elmi rilucenti!
Costoro daranno ai nostri Francesi gran fastidio.
Gano lo sapeva, quel fellone,[2] quel traditore,
che ci indicò[3] davanti all'imperatore».
«Taci, Olivieri;» il conte Rolando risponde;
«mio patrigno è; non voglio che verbo[4] ne dica».

81

Olivieri è sopra un'altura montato;
or vede egli bene di Spagna il reame
e i Saraceni che in tanti si son adunati:
rilucono gli elmi, che in oro incastonate han gemme,
e gli scudi e gli usberghi inzaffirati[5]
e gli spiedi,[6] i pennoncelli attaccati.
Solo, le schiere non può egli contare:
tante ce n'è che valutarle non sa;
dentro di sé n'è molto sconcertato.
Quant'egli prima poté, dall'altura è disceso;
venne dai Francesi; tutto loro ha raccontato.

82

Disse Olivieri: «Io ho i pagani veduto:
Giammai alcun uomo in terra ne vide di più.
Quelli di testa[7] son centomila, con scudi,
elmi allacciati e lucidi usberghi indosso;
alzate le aste, brillano gli spiedi bruniti[8]
Battaglia avrete; giammai simile ci fu.
Signori Francesi, da Dio abbiate animo!
In campo reggete,[9] sì che non siamo vinti!».
Dicono i Francesi: «L'ira di Dio abbia chi se ne fugge!
Certo, a costo di morire non vi abbandonerà un solo».

1. usberghi: armature a maglie di metallo, usate per riparare il busto e il collo.
2. fellone: traditore, infido.
3. ci indicò: ha fatto il nostro nome, ci ha designati a guidare la retroguardia.
4. verbo: parola.
5. inzaffirati: adorni di pietre preziose.
6. spiedi: asta di ferro lunga, sottile e appuntita.
7. di testa: delle prime file.
8. bruniti: dalle punte metalliche luccicanti.
9. reggete: resistete.

83
Disse Olivieri: «I pagani hanno grandi forze;
di nostri Francesi qui mi sembra ci sia assai poco numero.
Compagno Rolando, suonate il vostro corno:
così l'udrà Carlo e ritornerà l'esercito».
Risponde Rolando: «Io agirei da pazzo!
nella dolce Francia per ciò perderei la mia fama.
Subito picchierò con Durindarda[10] grandi colpi;
sanguinante ne sarà la lama fino all'oro.[11]
I felloni pagani per loro disgrazia vennero ai valichi:
io v'assicuro che tutti son votati a morte».

84
«Compagno Rolando, l'olifante,[12] su, suonate!
così l'udrà Carlo; farà l'esercito ritornare;
ci soccorrerà il re con tutto il suo baronaggio».
Risponde Rolando: «Non piaccia a Domineddio
che i miei parenti per me siano infamati
e la dolce Francia mai cada in disdoro.[13]
Piuttosto qui picchierò con Durindarda assai,
la mia buona spada che porto cinta al fianco:
tutta ne vedrete la lama insanguinata.
I felloni pagani per loro disgrazia qui si sono adunati;
io vi assicuro che tutti sono a morte destinati».

85
«Compagno Rolando, suonate il vostro olifante:
così l'udrà Carlo che sta ai valichi passando.
Io vi assicuro che subito ritorneranno i Franchi».
«Non piaccia a Dio» così gli risponde Rolando,
«che ciò sia detto da nessun uomo vivente
e a causa di pagani che mai suoni il corno!
Certo non ne avranno disonore i miei parenti!
Quando io sarò nella battaglia grande
e io darò e mille colpi e settecento,
di Durindarda vedrete l'acciaio sanguinante.
I Francesi son bravi[14] e si batteranno valorosamente;
certo quelli di Spagna non avranno chi da morte li scampi».

86
Disse Olivieri: «In quello non so io infamia.[15]
Io ho veduto i Saraceni di Spagna:
coperte ne sono le valli e le montagne
e i pendii e tutti quanti i piani.
Grandi son gli eserciti di quella gente esotica;[16]
noi qui abbiamo molto piccole forze».
Risponde Rolando: «Il mio talento[17] per ciò è più grande.

10. Durindarda: è il nome della spada di Rolando.
11. fino all'oro: fino all'elsa d'oro.
12. l'olifante: il corno di Rolando ricavato da una zanna di elefante.
13. disdoro: disonore.
14. bravi: valorosi.
15. In quello ... infamia: non vedo disonore nel suonare il corno (a causa della sproporzione tra le forze in campo).
16. esotica: straniera, di razza diversa.
17. talento: il desiderio di mostrare il mio valore.

Non piaccia a Domineddio e ai suoi angeli
che mai per me perda sua gloria la Francia!
Preferisco morire piuttosto che onta[18] mi venga.
Perché bene ci battiamo l'imperatore più ci ha cari».

87
Rolando è prode[19] e Olivieri è saggio;
ambedue hanno straordinaria bravura:[20]
una volta ch'essi sono a cavallo e in armi,
nemmeno a costo di morire schiveranno[21] battaglia.
Valorosi sono i conti[22] e le loro parole elevate.
I felloni pagani rabbiosamente avanzano.
Disse Olivieri: «Rolando, guardate un po'.
Questi ci son presso, ma troppo da noi è lungi[23] Carlo.
Il vostro olifante, di suonarlo voi sdegnaste.
Se fosse qui il re, ora non avremmo danno.
Guardate in su verso i valichi di Spagna;
veder potete: sventurata è la retroguardia:
chi a questa partecipa, mai più parteciperà ad altra».[24]
Risponde Rolando: «Non dite tale enormità!
Maledetto il cuore che nel petto si fa codardo![25]
Noi resteremo saldi sul posto:
da noi qui verranno e i colpi e i fendenti».[26]

88
Quando Rolando vede che la battaglia ci sarà,
più si fa fiero di leone e leopardo.
I Francesi incita; a Olivieri si volge:
«Signor compagno, amico, non dirlo più!
L'imperatore, che dei Francesi ci lasciò,
siffatti ventimila ne trascelse
che a suo avviso tra loro non c'era un codardo.
Per il suo signore deve il vassallo soffrire gran mali
e durare e forti freddi e gran caldi;
e ne deve il vassallo perdere, di sangue e di carne!
Colpisci con la [tua] lancia e io con Durindarda,[27]
la mia buona spada, che il re mi donò;
se io qui muoio, dire può chi l'avrà
che ella appartenne a un nobile guerriero».

89
Da altra parte è l'arcivescovo Turpino.[28]
Il suo cavallo sprona e sale su un pendio;
ai Francesi si rivolge; un sermone[29] loro ha detto:
«Signori baroni, Carlo ci lasciò qui;
per il nostro re dobbiamo noi ben morire.
Il cristianesimo aiutate a sostenere!

18. onta: vergogna.
19. prode: ardito.
20. bravura: valore.
21. schiveranno: si sottrarranno alla.
22. conti: paladini.
23. lungi: lontano.
24. chi ... altra: chi partecipa a questa morrà e perciò non potrà combatterne altre.
25. codardo: vigliacco.
26. fendenti: colpi dati con la spada dall'alto verso il basso.
27. Durindarda: vedi nota 10.
28. l'arcivescovo Turpino: figura storica, arcivescovo di Reims nel 774. La leggenda raccolta dalla *Chanson* lo volle partecipe alla battaglia di Roncisvalle e lì morto, mentre visse fino al 790 circa. La tradizione lo considerava invece superstite allo scontro e suo testimone diretto come autore di una *Vita di Carlo Magno e storia di Rolando*, che fu in realtà composta solo nel XII secolo.
29. sermone: discorso di esortazione.

Battaglia avrete; voi ne siete tutti certi,
ché coi vostri occhi vedete i Saraceni.
Dite il vostro *mea culpa*[30] e pregate da Dio grazia!
Vi assolverò per salvare le vostre anime.
Se voi morirete, sarete santi martiri,
seggi avrete nel più alto Paradiso».
I Francesi discendono; a terra si sono messi;
e l'arcivescovo nel nome di Dio li benedice;
come penitenza loro comanda di colpire.

da *La Canzone di Rolando / Turoldo*, a cura di Silvio Pellegrini, UTET, Torino 1971

30. *mea culpa*: espressione latina che significa "per mia colpa" usata nella preghiera del pentimento, recitata durante la confessione; perciò la frase significa "pentitevi dei vostri peccati".

STRUMENTI DI LETTURA

La concezione dell'onore

In questo brano è espresso molto chiaramente il complesso di valori che sta alla base della concezione celebrativa della società cristiana feudale: compare l'ideale cristiano del cavaliere, che non solo sente come un compito quello di combattere per Dio, ma lo vive come un onore concesso (*E Dio ce la conceda!*); si esalta il rapporto di fedeltà vassallatica, che afferma la devozione totale del vassallo al suo re; emerge la concezione dell'onore come legato alla fama che eternamente si rinnova nelle narrazioni, dando valore a un intero popolo; risalta infine la convinzione, granitica e dogmatica del cristianesimo in epoca medievale, che contrappone nettamente il bene cristiano e il male che risiede ovunque la fede in Cristo non abbia prevalso.

I personaggi

Due sono i personaggi principali che si contrappongono in questo brano: Rolando e Olivieri.

Dalle battute che si scambiano, dalle loro azioni e dagli elementi di caratterizzazione forniti dal narratore si può riscontrare una fondamentale differenza tra loro: da un lato l'onore è incarnato da un guerriero ardimentoso, Rolando, che sprezza il pericolo, e che è pronto a buttarsi in battaglia anche in evidente inferiorità numerica, certo dell'alto valore del suo esercito. Dall'altro quello stesso valore è incarnato dalla saggezza di Olivieri, che teme la sconfitta e confida nella lealtà del proprio re Carlo.
La prudenza di Olivieri mette in risalto il coraggio di Rolando.

Un suonatore di corno, miniatura della *Chanson de Roland*, manoscritto di San Gallo, XIII secolo.

Laboratorio

LABORATORIO

Comprensione

difficoltà

1 Quali sono le armi dei pagani?

2 Come reagisce Rolando quando Olivieri prevede la battaglia?

3 Che cosa dice Olivieri di Gano?

4 Perché Rolando non vuole che se ne parli male?

5 Che cosa racconta Olivieri dopo essere disceso dall'altura?

6 Perché Olivieri invita Rolando a suonare l'olifante?

7 Che cosa decide di fare Rolando?

8 A compiere quali azioni Turpino esorta i Francesi?

9 Che cosa meriteranno con la morte in battaglia?

Analisi

difficoltà

Le parole chiave Vedi a p. 14

10 In che cosa consiste l'onore di un cavaliere?

11 Che cosa deve fare un vassallo per il suo re?

12 Sottolinea nel testo tutti i passaggi che esprimono la concezione cristiana medievale.

Il narratore Vedi a p. 6

13 La narrazione dell'episodio è condotta da un narratore:

☐ esterno ☐ interno

14 In questo brano prevalgono le parti dialogate o le parti narrative? Conta i versi:

- Dialoghi: vv. ....
- Parti narrative: vv. ....

I personaggi Vedi a p. 8

LESSICO

15 Ritrova nel testo gli aggettivi con cui il narratore qualifica i due personaggi, trascrivendoli accanto al nome e indicando il verso in cui si trovano:

- Rolando ....
- Olivieri ....

Laboratorio

Lingua e stile Vedi a p. 10, 11 e 14

16 Trovi in questo brano formule ripetute? In caso affermativo, segnala i punti con i relativi righi.

17 Dove compare la figura dell'iperbole? Trascrivila e commentala.

18 Dal punto di vista sintattico, trovi periodi:
☐ lunghi e complessi ☐ brevi ed essenziali

19 Le lasse presentano un numero di versi:
☐ fisso ☐ variabile

Produzione

difficoltà

20 Riassumi sul quaderno le azioni compiute da Rolando e quelle compiute da Olivieri.

21 Riporta brevemente il senso delle battute scambiate dai due personaggi.

22 Ricava da questi elementi un testo di circa 10-15 righi in cui sintetizzerai i loro caratteri, adoperando opportunamente i seguenti termini: orgoglioso, ostinato, prudente, saggio, eroismo, lealtà, senso dell'onore, rispetto dei vincoli feudali.

Chrétien de Troyes
Perceval incontra i cavalieri

genere
romanzo cavalleresco

tratto da
Perceval

anno
XII secolo

luogo
Francia

L'OPERA

Perceval, orfano di un cavaliere di razza celtica, è stato allevato dalla madre nella foresta in completo isolamento. Poco più che adolescente incontra nella foresta un gruppo di cavalieri di re Artù, splendidamente armati, e ne resta affascinato. Desidera recarsi alla corte del leggendario re Artù, volendo a lui chiedere l'investitura. Separandosi dalla madre, Perceval parte. Comincia così la serie delle avventure che fanno parte del suo apprendistato di cavaliere, al seguito di un altro cavaliere di nome Gornemant de Goort. Proprio davanti al castello di re Artù, sfida e disarciona il temuto Cavaliere Vermiglio, ne prende la lancia e riceve l'investitura dal re. Avviene per caso anche la sua iniziazione amorosa: fermatosi nella città di Beaurepaire, dove la dama Biancofiore lo accoglie e rifocilla, Perceval sfida e batte in torneo il malvagio re Aguingueron, che aveva cinto di assedio le mura.

Re Artù a colloquio con i cavalieri della Tavola Rotonda in una miniatura del VI secolo d.C.

Perceval decide di raggiungere la madre, e nel viaggio incontra il re Pescatore, afflitto da un'inguaribile ferita, che lo accoglie a palazzo: qui assiste a una processione, durante la quale dei paggi recano una lancia da cui cola sangue insieme al Graal, la coppa in cui Giuseppe d'Arimatea raccolse il sangue di Cristo. Ma il giovane cavaliere, timoroso di far domande, non comprende il misterioso significato di tale incontro e riparte. Venuto a sapere della morte della madre, Perceval torna alla corte di Artù. Qui le sue vicende si intrecciano con quelle di Galvano, altro cavaliere della corte di Artù, a cui è dedicata buona parte del romanzo. Nel frattempo Perceval viene a sapere che la madre è morta di dolore perché lui non è più tornato a trovarla. Dopo cinque anni di continuo errare, caratterizzato anche dalla perdita della memoria, Perceval incontra un eremita a cui chiede di confessarsi. Costui gli rivela che il re Pescatore e lui stesso sono ambedue suoi zii, inoltre gli spiega che la sua colpa è quella di non aver posto nel momento giusto l'unica essenziale domanda, quando vide con i suoi propri occhi la Sacra Lancia e la coppa del Graal nella quale sono conservate le ostie, unico alimento che può sostentare il re Pescatore. Il dolore ed il pentimento di Perceval sono profondi e sinceri. Fatta così la scoperta della sofferenza, parte per la sua più ardua e affascinante impresa: il ritrovamento del Graal, di cui la leggenda vuole che egli sia il custode supremo.

IL BRANO

Perceval ha vissuto tutta l'infanzia e l'adolescenza isolato dal mondo e non ha mai sentito parlare di cavalieri perché la madre, dopo aver perso il marito e due figli in imprese cavalleresche, lo ha tenuto lontano da ogni ambizione del genere. Un giorno Perceval incontra nella foresta un gruppo di cavalieri di re Artù. Da questo incontro nascono in lui il desiderio di diventare cavaliere e la decisione di recarsi alla corte di Artù.

Ecco che sente arrivare fra gli alberi cinque cavalieri armati di tutte le loro armi. Gran rumore producevano le armi di quelli che venivano, ché spesso urtavano i rami delle querce e dei carpini.[1] I giachi[2] ne fremevano, le lance battevano gli scudi, risuonava il bosco e risuonava il ferro degli scudi e dei giachi.

Il giovane sente ma non vede chi arriva a buona andatura. Molto si stupisce e dice: «Per l'anima mia, disse il vero mia madre, la mia signora, che mi assicurò che i diavoli sono la cosa più brutta del mondo e mi apprese a segnarmi[3] per proteggermi da loro. Ma non mi curerò del suo insegnamento! Davvero, non mi segnerò! Anzi, sceglierò il più forte. Subito lo colpirò col mio giavellotto. Credo che nessuno degli altri si avvicinerà!»

Così dice a se stesso prima di scorgerli. Ma quando sono allo scoperto, ché erano usciti dal bosco, vede i giachi brillare, gli elmi politi[4] luccicare, e il bianco e il vermiglio risplendere contro il sole, e l'oro e l'azzurro e l'argento. Tutto gli appare molto bello e nobile e dice: «Ah, signore Iddio, perdono! Sono angeli quelli che vedo! In verità ho molto peccato, e ho molto mal agito dicendo che erano diavoli! Non mi raccontò favole mia madre quando disse che gli angeli sono le più belle cose che esistono, eccetto Dio, il più bello di tutti. Credo di vedere il signore Iddio, poiché ce n'è uno così bello che, Dio mi protegga, coloro che l'accompagnano sono dieci volte meno belli di lui! Come mi disse mia madre, dobbiamo sopra tutti adorare Dio, supplicarlo e onorarlo. E io adorerò costui e tutti gli angeli con lui».

Subitamente si getta a terra e recita il credo e tutte le orazioni che sapeva e

1. carpini: piante della famiglia delle betulacee
2. giachi: parte della cotta di maglie di metallo che proteggeva il cavaliere.
3. mi apprese a segnarmi: mi insegnò a farmi il segno della croce.
4. politi: eleganti.

che la madre gli aveva insegnato.

Quando il capo dei cavalieri lo scorge dice ai compagni:

«Restate indietro! Questo giovane è caduto a terra dalla paura che gli abbiamo fatta. Se ci avviciniamo tutti insieme credo che sarà così spaventato che forse ne morrà, e non potrà più rispondere a quanto gli voglio domandare».

I compagni si fermano e il loro capo si avvicina velocemente al giovane. Lo saluta e lo rassicura. Gli dice:

Chrétien de Troyes nacque intorno al 1135, forse nella Champagne. Fu probabilmente un chierico, vista la sua formazione, ma c'è anche chi sostiene che fu uomo d'armi, a causa della ricchezza di informazioni. Scrisse, in ordine di composizione, *Erec e Enide* (*Erec et Enide*), *Cligès*, *Lancillotto o Il cavaliere della carretta* (*Lancelot ou Le chevalier à la carrette*), terminato da Geoffroy de Lagny, *Ivano o Il cavaliere del leone* (*Yvai ou Le chevalier au lion*), e infine l'incompiuto *Perceval o Il racconto del Graal* (*Perceval ou le Cont du Graal*). Morì nel 1190 alla corte di Fiandra presso il conte Filippo d'Alsazia.

«Ragazzo, non aver paura!»

«Non ho paura» dice il ragazzo «per il Salvatore in cui credo! Siete voi Dio?»

«Certo che no!»

«Allora, chi siete?»

«Un cavaliere».

«Cavaliere? Non ne conobbi mai! Non ne vidi mai, né mai ne intesi parlare! Ma voi siete più bello di Dio. Vorrei essere splendente e in tutto simile a voi!»

Il cavaliere gli va più vicino e gli domanda:

«Vedesti oggi passare per questa landa cinque cavalieri e tre damigelle?»

Ma il ragazzo è curioso d'altre notizie e vuol porre domande. Tende la mano verso la lancia, la prende e dice:

«Mio bel signore, voi che avete nome cavaliere, cos'è questa che tenete in mano?»

«In verità sono cascato bene! Credevo, mio dolce amico, di ricevere notizie dalla tua bocca e sei tu a volerne apprendere da me! Te lo dirò: è la mia lancia».

«Volete dire che la si scaglia come faccio io con i giavellotti?»

«Mai più, ragazzo, sei proprio uno sciocco! Serve a menare un gran colpo».

«Allora val meglio uno dei tre giavellotti che vedete qui: qualunque cosa io voglia uccidere, fiere o uccelli secondo il bisogno, li uccido da tanto lontano come potrei fare con un dardo».

«Ragazzo, di questo non so che farmene. Dimmi piuttosto cosa sai dei cavalieri che cerco. Dove sono? Dove sono le damigelle?»

Ma il giovane afferra il bordo dello scudo e apertamente domanda:

«Cos'è questo? A che vi serve?»

«Ragazzo» dice «questa è astuzia: parlarmi di quello che non ti domando. Credevo, che Dio m'aiuti, che mi dessi notizie invece di chiedermele, e tu vuoi ch'io te le apprenda. Te lo dirò perché sto volentieri con te: scudo è il nome di ciò che porto».

«Scudo è il nome?»

«Ma sì. E non devo averlo in spregio perché è così fidato che mi protegge, arrestandoli, dai colpi di lancia o di freccia. Questo è il servizio che mi rende».

I cavalieri rimasti indietro raggiungono velocemente il loro signore. Gli domandano:

«Signore, cosa vi dice questo Gallese?»

«Non conosce le buone maniere» egli dice. «Che Dio mi protegga, non ri-

Perceval e Galahad si imbattono in un cervo e quattro leoni in una miniatura del 1300-1310.

sponde mai direttamente a cosa che io gli chieda. Lo interessa solo ciò che vede. Me ne domanda il nome, e come si usa».

«Signore, sapete certo che i Gallesi sono di natura più sciocchi di animali al pascolo. Questo qui è come una bestia. Folle è chi con lui si ferma se non lo fa per diletto, e perde il tempo in fole».[5]

«Non lo ignoro, ma, per l'amor di Dio, non partirò prima di aver risposto alle sue domande».

Poi gli chiede ancora:

«Di', ragazzo, non ti adontare,[6] ma parlami dei cinque cavalieri e delle damigelle. Dimmi se li hai incontrati o visti».

Il ragazzo lo tira per il lembo del giaco e lo trattiene.

«Ditemi, bel signore, cosa avete indosso?»

«Ragazzo» dice il cavaliere «non lo sai?»

«Io, no».

«Ragazzo, questo è il mio giaco, pesante come il ferro. È di ferro, lo vedi bene».

«Di ciò non so nulla, ma come è bello, che Dio mi salvi! Cosa ne fate? A cosa vi vale?»

«Ragazzo, è facile dirlo. Se tu mi scoccassi una freccia o mi lanciassi uno dei tuoi giavellotti, non potresti farmi del male».

«Signor cavaliere, che Dio tenga lontani tali giachi dai cervi e dalle cerve, ché

5. fole: favole, frottole, chiacchiere inutili.
6. adontare: offendere.

non potrei più ucciderne! E allora, perché inseguirli?»
E il cavaliere gli ridice:
«Dio ti salvi, ragazzo, mi darai notizie dei cavalieri e delle damigelle?»
Ma colui che ha ben poco giudizio prosegue:
«Siete nato così vestito?»
«Certamente no! Nessuno può nascere così!»
«Chi vi vestì in questa guisa?»
«Ragazzo, te lo dirò con piacere».
«Ditelo dunque».
«Molto volentieri. Non sono passati cinque anni interi dacché re Artù mi donò e mi rivestì di quest'armatura. Ma, ancora una volta, dimmi che ne è stato dei cavalieri che vennero per di qua conducendo tre damigelle. Andavano al passo o fuggivano?»
E quello risponde:
«Guardate, signore, l'alto bosco che fa corona a quella montagna. Là si trovano le gole di Valbona».
«Bene e poi, fratello?»
«Gli erpicatori[7] di mia madre vi lavorano, arando e coltivando le sue terre. Se sono passati di là, li hanno visti e ve lo diranno».
E i cavalieri dicono che andranno con lui se li condurrà da coloro che erpicano l'avena.
Il ragazzo salta a cavallo e va là dove gli erpicatori erpicavano le terre arate e dove l'avena veniva seminata. Quando i contadini scorsero il loro signore, tremarono tutti di paura. E sapete perché? Per i cavalieri che videro con lui venire armati, ché ben sapevano che se i cavalieri gli avessero detto il loro stato e la loro condizione, egli avrebbe voluto esser cavaliere. E la madre ne avrebbe persa la ragione. S'era creduto esser riusciti a non fargli mai vedere un cavaliere né conoscere la cavalleria.
Il ragazzo dice ai bifolchi:
«Vedeste passare cinque cavalieri e tre damigelle?»
«Sì, in tutto il giorno non riuscirono a percorrere questa gola».
Il ragazzo si volge al cavaliere che tanto aveva con lui parlato. Dice:
«Signore, i cavalieri e le damigelle sono passati per di qua. Ora, ditemi ancora del re che fa i cavalieri e del luogo in cui dimora».
«Ragazzo» dice «ti voglio dire che il re soggiorna a Carduel.[8] Vi fui, e non sono passati cinque giorni da che lo vidi. Se non ve lo trovi, tutti ti indicheranno dov'è, per quanto lontano sia andato. Ora, ti prego, dimmi con quale nome ti devo chiamare».
«Signore, ve lo dirò: sono chiamato "figlio caro"».
«Figlio caro? Penso che avrai anche un altro nome».
«Signore, in fede mia, mi chiamano "caro fratello"».
«Ti credo, ma se vuoi dirmi il vero, fammi sapere anche il tuo giusto nome».
«Signore, ve lo posso ben dire: il mio vero nome è "caro signore"».
«Che Dio mi salvi, è un bel nome! Ne hai altri?»
«Signore, invero non ne udii mai».
«Che Dio mi salvi, ho udito meraviglie! Il prodigio più grande che abbia mai ascoltato e che, a quanto credo, potrò mai ascoltare».

7. erpicatori: coloro che sminuzzano il terreno con l'uso dell'erpice.
8. Carduel: forse Carlisle nel Cumberland.

Il cavaliere si allontana al galoppo perché ha fretta di raggiungere quelli che cerca. Il ragazzo torna lesto a casa dove la madre ha il cuore cupo e dolente per la sua assenza. Ha gran gioia a rivederlo e non può celare la letizia che prova. Come madre che molto l'ama corre verso di lui e così lo chiama: «Figlio caro! Figlio caro!» più di cento volte.

«Figlio caro, il mio cuore ha troppo sofferto della vostra assenza. Ho avuto tanta pena che poco è mancato che ne morissi. Dove siete stato oggi così a lungo?»

«Dove, signora? Ve lo dirò! In nulla vi mentirò perché ho provato gran gioia di una cosa che vidi. Madre, mi dicevate che gli angeli e Iddio nostro signore sono le creature più belle che Natura fece mai, e che nel mondo non v'è nulla di più bello».

«Sì, figlio caro, e lo ripeto. Lo dico e lo ridico».

«Madre, tacete! Perché oggi nella Guasta Foresta ho visto le più belle cose che esistano. Sono più belle di come immagino siano Dio e tutti i suoi angeli».

La madre lo prende fra le braccia. Dice:

«Figlio caro, ti raccomando a Dio perché ho gran paura per te. A quanto credo, tu hai visto gli angeli di cui le genti si dolgono perché uccidono tutto quello che toccano».

«No davvero, madre. Oh, no! No! Dicono che il loro nome è cavalieri».

da *Perceval*, traduzione di P.G. Beltrami, Edizioni dell'Orso, Alessandria 2004

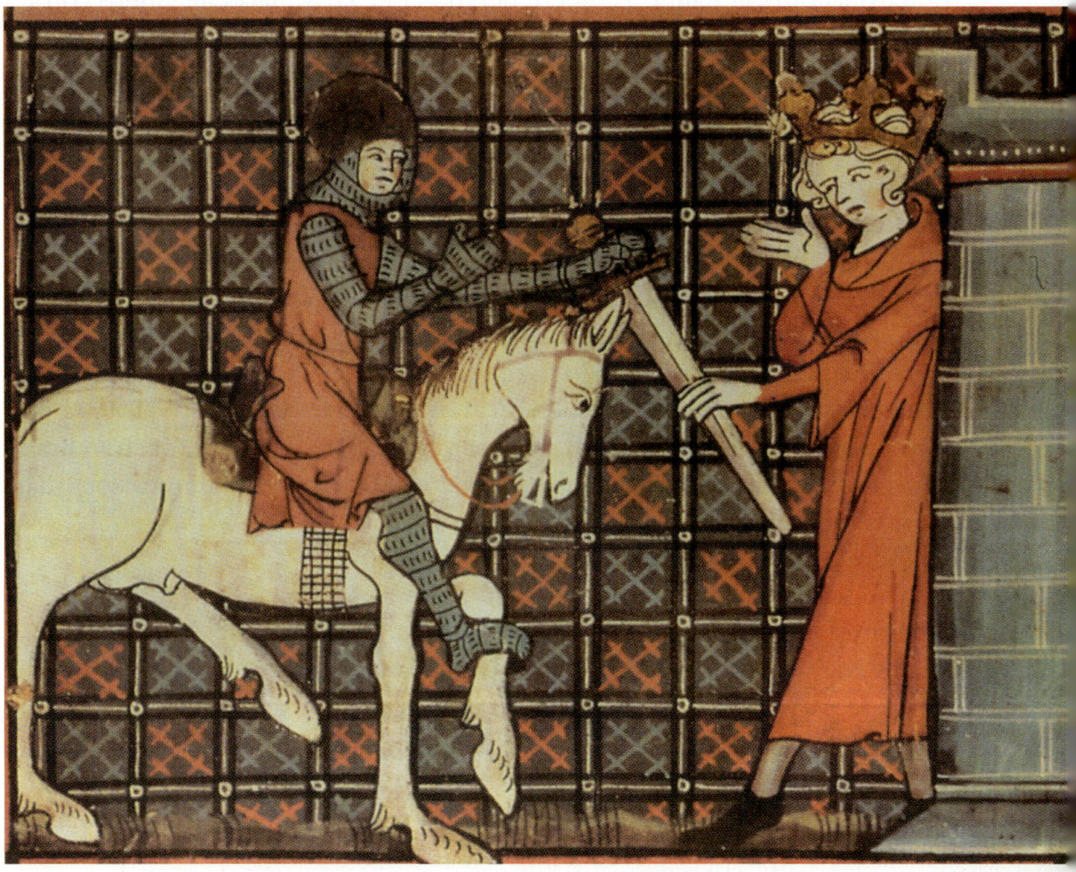

STRUMENTI DI LETTURA

Il personaggio di Perceval

La caratteristica principale di Perceval è l'ingenuità, dovuta al fatto di avere vissuto tutta l'infanzia isolato dal resto del mondo. Quando il suo sguardo si posa sui cavalieri, quindi, è lo sguardo della assoluta purezza. È tale purezza la caratteristica che fa del personaggio il più adatto alla missione spirituale che presto accoglierà su di sé: la ricerca del Sacro Graal.

Dopo questo incontro coi cavalieri infatti l'iniziazione di Perceval è triplice: prima di tutto apprenderà i codici dei cavalieri, l'arte delle armi, la fedeltà al re. In seguitò avverrà anche la sua iniziazione amorosa, attraverso l'incontro con Biancofiore, che egli libera e difende. Il terzo e più importante apprendimento sarà quello spirituale, per il quale Perceval passerà attraverso l'esperienza del dolore e del pentimento, identificandosi con il martirio di Cristo e accedendo così al desiderio di conoscere il mistero cristiano. Da questo desiderio nasce l'eroe del Sacro Graal, di cui la leggenda vuole che Perceval sia il custode.

Le parole chiave

Cavalieri: i cavalieri compaiono mentre sono in cerca di alcuni altri cavalieri e di alcune dame: non vengono chiarite le circostanze di questo inseguimento, ma si comprende che essi sono impegnati in una delle classiche imprese cavalleresche volte a difendere i deboli, conservare l'onore, dimostrare il coraggio.

Grazie all'espediente del ragazzo selvaggio cresciuto lontano dal mondo, la loro descrizione, fatta attraverso gli occhi vergini di Perceval, provoca una suggestione profonda. Lo splendore delle loro armature, l'impressione che provocano le loro armi, la luminosità che emanano, e che fa credere al ragazzo di trovarsi di fronte a delle creature ultraterrene, rendono l'immagine degli eroici cavalieri di re Artù conforme all'aura leggendaria che li circonda.

Perceval giunge nel castello del re Pescatore e vede per la prima volta il graal, in una miniatura tedesca del *Perceval* di Chrétien de Troyes.

Laboratorio

LABORATORIO

Comprensione

difficoltà

1 Qual è la prima sensazione che Perceval ha della presenza dei cavalieri?

2 Qual è la prima reazione di Perceval?

3 Che cosa stanno cercando i cavalieri nella foresta?

4 Come dice di chiamarsi Perceval?

5 Perché la madre di Perceval è tanto in apprensione?

Analisi

difficoltà

La storia Vedi a p. 9

6 Dividi il brano in sequenze e dai a ciascuna un titolo in stile nominale.

I personaggi Vedi a p. 8

7 Spiega le subitanee reazioni di Perceval alla comparsa dei cavalieri.

8 Elenca le ipotesi che fa Perceval mentre cerca di capire chi ha davanti.

9 Da che cosa è attratto in particolare Perceval?

10 Sottolinea, nel dialogo coi cavalieri, le domande di Perceval che più rivelano il suo candore.

Le parole chiave Vedi a p. 14

11 Riporta sul tuo quaderno i passaggi chiave che riportano le caratteristiche tipiche dei leggendari cavalieri di Artù.

LESSICO

12 Come definiresti il comportamento del cavaliere con cui Perceval si trattiene? Scegli tra gli aggettivi elencati qui sotto:

☐ gentile ☐ arrogante ☐ seccato ☐ cortese ☐ sprezzante

Produzione

difficoltà

13 Stendi un riassunto del brano aiutandoti con la suddivisione in sequenze.

genere
romanzo cavalleresco

tratto da
Lancillotto

anno
XII secolo

luogo
Francia

Chrétien de Troyes

La notte d'amore tra Lancillotto e Ginevra

L'OPERA

Nella prima parte della narrazione il protagonista parte alla ricerca di Ginevra (moglie di re Artù) che è stata rapita da un misterioso cavaliere che rappresenta le forze del male. Dopo molte avventure e altrettante prove, Lancillotto arriva alla reggia del re di Gore, regno da cui nessuno fa più ritorno. Ma l'amore per la regina è talmente forte che Lancillotto riesce a raggiungere la torre dove Ginevra è prigioniera nel paese del non ritorno. Dopo aver passato una notte d'amore con lei, la libera insieme agli altri prigionieri che con lei iniziano il viaggio che li riporterà alla corte di re Artù, guidati dal prode cavaliere Galvano. Lancillotto, dopo aver liberato i prigionieri, viene fatto rapire dal malvagio Meleagant, che egli aveva sconfitto per raggiungere la regina, e viene rinchiuso in prigione. Ottiene successivamente di poter partecipare a un torneo in incognito per poter rivedere Ginevra. Così accade: tra i presenti solo la regina lo riconosce e gli richiede nuove prove per testimoniare il suo amore. Al termine del torneo, Lancillotto, fedele alla parola data al suo carceriere, torna in prigione e viene rinchiuso in una torre del tutto inaccessibile. Da questa torre uscirà grazie all'intervento di una donna a cui egli prometterà il suo amore. Tornato alla corte di re Artù, egli sosterrà il duello finale con Meleagant risultando vincitore. Il ritorno a corte dell'eroe coincide con la fine del suo amore per Ginevra, di cui nell'opera non si fa più menzione.

IL BRANO

Nel brano scelto Lancillotto, dopo aver superato le prove più rischiose e più umilianti per amore di Ginevra (come quella di salire su una carretta destinata ai colpevoli di vergognosi delitti) giunge finalmente da lei, nella torre dove è tenuta prigioniera. Lancillotto riesce a eludere la sorveglianza del castello ma le finestre della stanza della regina sembrano invalicabili perché protette da grosse inferriate.

Quando egli vede la regina
che dalla finestra s'inclina,[1]
che di grossi ferri è ferrata,
dolcemente l'ha salutata.
Ella il saluto ha presto resto,
ché grande desiderio preso
lei di lui e lui di lei ha.
Di villania né di viltà[2]
discorso alcuno o accordo fanno.
L'uno vicino all'altro vanno,
e le loro mani congiungono.
Che ad essere insieme non giungono
dispiace loro a dismisura,
e ne incolpan la ferratura.
Ma Lancillotto si fa vanto,

1. s'inclina: si affaccia.
2. Di villania né di viltà: nonostante i protagonisti stiano per consumare un adulterio, l'autore sottolinea che nelle loro parole e nei loro atteggiamenti non vi è nulla di illecito, di furtivo o di violento.

se piace alla regina tanto,
che andrà dentro e insieme staranno:
i ferri non lo tratterranno.
«Ma non vedete», ella a lui fa,
«come son questi ferri qua
forti a infrangerli, duri a fletterli?
Non potrete tanto sconnetterli
né tirarli a voi né strapparli
abbastanza da sradicarli».
«Dama», fa lui, «non ve ne importi!
Non conta se i ferri son forti:
niente oltre voi mi può impedire
che io possa da voi venire.
Se concesso da voi mi sia,
tutta libera m'è la via;
ma se la cosa non v'è grata,
allora m'è così sbarrata
che per niente vi passerei».
«Certo che lo voglio», fa lei,
«dalla mia volontà non siete
trattenuto, però attendete
che a coricarmi me ne vada,
che far rumore non v'accada;
non sarebbe un gioco o un diletto
se il siniscalco[3] ch'è qui a letto
si svegliasse per il trambusto.
Che me ne vada è perciò giusto;
nessuno potrebbe pensare
bene, vedendomi qui stare».
«Dama», egli fa, «dunque ora andate,
ma per nulla vi preoccupate
ch'io debba fare del baccano.
Leverò i ferri piano piano,
credo, e impaccio non troverò,
e nessuno risveglierò».
La regina se ne va allora,
e lui si prepara e lavora
a sconficcare l'inferriata.
Prende i ferri, dà una scrollata,
tira e tutti li piega, e fuori
li estrae dal muro via dai fori.
Ma poiché il ferro era affilato,
s'è al dito mignolo tagliato
fino al nervo la prima giunta,
e all'altro dito dalla punta
tutta la prima giunta; ma
del sangue che gocciando va

3. siniscalco: servitore anziano.

né di quelle ferite sente,
poiché a tutt'altro intende, niente.
La finestra non era bassa;
pure, Lancillotto ci passa
presto, senza essere impedito.
Vede nel letto Keu assopito,
e va al letto della regina,
e l'adora, ed a lei s'inchina,
perché non c'è reliquia a cui
creda più. E la regina a lui
le braccia distende, e l'abbraccia,
e stretto al petto se l'allaccia;
se l'è a fianco nel letto tratto,
ed il più bel viso gli ha fatto
che possa fargli che da Amore
le viene ispirato e dal cuore.
Questa gioia da Amore viene
che gli mostra,[4] e se l'ama bene
lei, centomila volte più
lui, perché nei cuori altrui fu
Amore niente, al suo rispetto;
ma rifiorì tutto nel petto
di lui, e fu tanto intero Amore,
che fu vile in ogni altro cuore.
Lancillotto ora ha ciò che brama:
la regina lo accoglie, ed ama
che stia con lei e che le faccia
piacere: tiene fra le braccia
lui lei, e lei lui tra le sue.
È così dolce il gioco ai due
e del baciare e del sentire,
che n'ebbero, senza mentire,
una gioia meravigliosa
tanto che mai una tale cosa
non fu udita né conosciuta;
ma da me resterà taciuta:
nel racconto non può esser detta.
Delle gioie fu la più eletta
quella, la gioia che più piace,
che il racconto ci cela e tace,
Gran piacere ebbe, e gioia vera
Lancillotto la notte intera.
Ma viene il giorno, e gran dolore
ha, perché s'alza dal suo amore.
Vero martire fu ad alzarsene,
tanto penoso fu di andarsene:
martirio è il dolore che ha.

da *Lancillotto*, traduzione di P.G. Beltrami, Edizioni dell'Orso, Alessandria 2004

William Morris (1834-1896), *La regina Ginevra*, 1858.

4. Questa ... mostra: questa gioia che gli mostra viene da Amore.

STRUMENTI DI LETTURA

La storia

L'incontro amoroso costituisce il punto culminante dell'intero racconto: conclude il percorso di ricerca dell'eroe, che occupa tutta la prima parte della storia e apre alla seconda parte in cui i prigionieri liberati faranno ritorno alla corte di re Artù e il malvagio sarà definitivamente sconfitto nel duello finale, liberando la corte del re dal pericolo della sua disgregazione.

Il personaggio e l'amore

L'episodio mette a fuoco le caratteristiche fondamentali del personaggio in cui si concretizzano tutti gli aspetti, anche quelli più contraddittori, del sentimento amoroso. L'amore è infatti la fonte da cui si origina ogni azione del protagonista e grazie all'amore Lancillotto riesce a portare a termine imprese eccezionali (come quella di sconficcare la potente inferriata che lo separa da Ginevra) che conferiscono al suo personaggio caratteristiche quasi sovrumane (egli infatti riuscirà fare ritorno dal paese del "non ritorno"). L'amore ha anche un forte potere taumaturgico (curativo) poiché Lancillotto, colmo di felicità per aver raggiunto il proprio oggetto del desiderio, non avverte neppure il dolore delle dita che si sono ferite nello sforzo di svellere l'inferriata. Tuttavia proprio quando l'amore si realizza, Lancillotto viene meno al vincolo di fedeltà contratto nei confronti di re Artù, mettendo in crisi il ruolo di perfetto cavaliere cortese: inizia qui quella contrapposizione tra amore e onore (tra i valori individuali e i valori sociali) che costituirà la base di tanti intrecci della narrativa moderna e contemporanea.

La componente spirituale dell'amore

Nel corso della descrizione dell'incontro amoroso l'autore utilizza spesso un lessico di origine religiosa: Lancillotto si inchina di fronte a Ginevra e l'adora come una reliquia. L'amore del cavaliere, pur essendo concreto e carnale come testimonia il prosieguo del racconto, assume qui le caratteristiche della devozione religiosa nei confronti di una santa. Questo tipo di rappresentazione è una caratteristica comune nella produzione cortese, che propone un modello di amore connotato da una forte componente di spiritualizzazione.

Lancillotto e Ginevra, miniatura di un manoscritto del 1470 ca.

Laboratorio

LABORATORIO

Comprensione

difficoltà

1 Chi è la regina di cui si parla nel testo?

2 La regina è consenziente a che Lancillotto entri nella sua stanza? Sottolinea i righi che avvalorano la tua risposta.

3 In che cosa consiste il martirio del protagonista?

4 L'amore di cui narra la storia è ideale o concreto?

Analisi

difficoltà

Il personaggio Vedi a p. 8

5 Sottolinea tutte le espressioni pronunciate da Lancillotto che ne mettono in luce le caratteristiche spirituali, proponendo l'ideale di amore cortese.

6 La regina dimostra di essersi accorta delle ferite di Lancillotto? In caso di risposta affermativa sottolinea i righi che avvalorano la tua risposta.

Il narratore Vedi a p. 6

7 Sottolinea il punto in cui il narratore parla in prima persona.

8 Perché il narratore sostiene che la gioia dell'amore «*nel racconto non può essere detta*»?

Produzione

difficoltà

9 Sottolinea i righi in cui la parola amore compare con la lettera maiuscola e fornisci una breve spiegazione scritta.

Verifica

VERIFICA FINALE

genere **romanzo cavalleresco**

autore **Anonimo**

tratto da **Chanson de Roland** *(lasse 168-175)*

anno **XII secolo a.C.**

luogo **Francia**

La morte di Rolando, Orlando in questa traduzione, è il momento culminante del poema, dove i toni si accendono di più alta commozione. Il paladino, sentendo ormai prossima la fine, dopo aver tentato inutilmente di spezzare la sua spada Durendal perché non cada in mano agli infedeli, ricorda le conquiste che con lei ha compiuto per il suo sovrano; poi si sdraia sotto un pino, col viso volto verso la Spagna, perché Carlo sappia che egli non ha dato le spalle al nemico, e mette sotto di sé la spada e l'olifante; confessa quindi i suoi peccati, per i quali chiede perdono a Dio, e pronuncia le preghiere degli agonizzanti. Alla sua morte, l'anima viene portata in Paradiso.

Morte di un paladino

168
I monti[1] sono alti e altissime le piante;
quattro pietre son là di marmo risplendente.
Sull'erba verde sviene[2] il conte Orlando.
Un saraceno[3] tuttavia lo spia,
si finge morto e giace in mezzo agli altri;
ha sporcato di sangue il corpo e il viso,[4]
s'alza in piedi e di corsa s'avventa.
Bello era e forte e di gran valore;
per orgoglio commette follia mortale:
afferra Orlando e il suo corno[5] e le sue armi,
e dice solamente: «È vinto il nipote di Carlo!
Questa spada porterò in Arabia».[6]
A quel tirare il conte si riprende un poco.

169
Orlando sente che gli sottrae la spada.
Apre gli occhi e dice solamente:
«Ch'io sappia, tu non sei dei nostri!».
Stringe l'olifante, che non volle perder mai,
lo colpisce sull'elmo ch'era gemmato e d'oro:
spezza l'acciaio e la testa e le ossa,
gli occhi gli fa schizzare fuori dal capo,
giù ai suoi piedi l'ha abbattuto morto.
Quindi gli dice: «Vile, come fosti così temerario[7]
d'afferrarmi, né a torto né a ragione?
Chi lo saprà, ti prenderà per folle.
S'è spezzato il padiglione[8] del mio olifante,
caduti sono il cristallo e l'oro».

1. monti: la gola di Roncisvalle si trova nella catena montuosa dei Pirenei.
2. sviene: Orlando è ormai prossimo alla morte.
3. saraceno: musulmano, dell'esercito nemico.
4. ha sporcato ... viso: è un espediente per ingannare Orlando fingendosi morto.
5. corno: è l'olifante, corno ricavato dalla zanna d'elefante.
6. Arabia: nella sua terra di origine.
7. temerario: imprudente, avventato.
8. padiglione: la parte dove il corno si allarga.

170

Orlando sente che la vista ha perduto;
si drizza in piedi, si sforza quanto può;
il suo viso ogni colore ha perduto.
Davanti a lui c'è una pietra bruna:
vibra dieci colpi con dolore ed ira;
stride l'acciaio, ma non si spezza o spunta.
«Ah! - dice il conte - Santa Maria, aiuto!
Ah! Mia buona Durendal,[9] pietà di voi!
Poiché io muoio, di voi non ho più cura.
Tante battaglie sul campo con voi ho vinto
e tante vaste terre ho conquistato,
che tiene[10] Carlo, dalla barba canuta![11]
Non v'abbia mai chi per un altro fugge![12]
Un buon vassallo vi ha tenuto a lungo:
Francia la libera mai ne avrà uno simile».

171

Colpisce Orlando la pietra di Cerritania:[13]
stride l'acciaio, ma non si scheggia o spunta.
Quando comprende che non può spezzarla,
dentro di sé comincia a piangerla:
«Ah! Durendal, come sei chiara e bianca!
Contro il sole come splendi e fiammeggi!
Era Carlo nelle valli di Moriane,[14]
quando Dio dal cielo gli ordinò per[15] un angelo[16]
che ti donasse a un conte capitano:[17]
allora me la cinse il re gentile, il grande.
Con lei gli ho conquistato l'Anjou[18] e la Bretagna,[19]
con lei gli ho conquistato e Poitou[20] e Maine,[21]
con lei gli ho conquistato Normandia[22] la nobile,
con lei gli ho conquistato Provenza[23] ed Aquitania[24]
e Lombardia[25] e tutta la Romagna;[26]
gli ho conquistato Baviera[27] e l'intera Fiandra[28]
e Bulgaria[29] e tutta la Polonia,[30]
Costantinopoli, di cui ebbe l'omaggio,[31]
ed in Sassonia[32] può tutto ciò che vuole;[33]
con lei gli ho conquistato Scozia e Irlanda
e l'Inghilterra[34] che "sua camera" chiamava;[35]
con lei gli ho conquistato paesi e terre tante,
che tiene Carlo dalla barba bianca.
Per questa spada ho dolore e pena:
preferisco morire che abbandonarla tra i pagani.[36]
Dio padre, non lasciare che Francia sia disonorata!».

9. Durendal: la spada di Orlando (detta anche Durindarda o Durlindana).
10. tiene: governa.
11. che ... canuta: che ha la barba bianca (è un'espressione formulare che vuol indicare la saggezza del sovrano).
12. chi ... fugge: vile.
13. Cerritania: regione dei Pirenei dove si svolge la battaglia, ricca di granito.
14. Moriane: la valle del fiume Arc in Savoia.
15. per: per mezzo di.
16. angelo: l'arcangelo Gabriele.
17. conte capitano: un grande vassallo posto a capo di milizie.
18. Anjou: l'Angiò è una regione della Francia nord-occidentale (l'elenco delle conquiste di Carlo Magno che inizia qui mescola dati reali e altri d'invenzione).
19. Bretagna: regione della Francia nord-occidentale.
20. Poitou: regione francese sull'Atlantico.
21. Maine: regione della Francia nord-occidentale.
22. Normandia: regione della Francia settentrionale.
23. Provenza: regione della Francia sud-orientale.
24. Aquitania: regione francese tra i Pirenei e l'Atlantico.
25. Lombardia: l'Italia settentrionale.
26. Romagna: la regione dell'Esarcato, comprendente all'incirca Romagna e Marche.
27. Baviera: regione della Germania meridionale.
28. Fiandra: marca carolingia situata tra Francia e Belgio.
29. Bulgaria: termine generico per indicare la penisola balcanica.
30. Polonia: in altre traduzioni il termine francese ("Pullaine") è inteso come "Puglia".
31. Costantinopoli ... omaggio: l'impero bizantino, dal cui imperatore ebbe il riconoscimento del suo titolo imperiale.
32. Sassonia: regione della Germania centrale.
33. può ... vuole: ha il potere assoluto.
34. Scozia ... Inghilterra: le regioni dell'attuale Gran Bretagna.
35. che ... chiamava: che considerava suo dominio personale.
36. pagani: non cristiani, musulmani.

Verifica

172
Orlando sferra colpi su una pietra grigia:
più ne frantuma di quanto io sappia dire.
Stride la spada, non si scheggia o spezza,
rimbalza in alto contro il cielo.
Quando il conte vede che non potrà spezzarla,
dolcissimamente la piange dentro sé:
«Ah! Durendal, come sei bella e santa!
Il tuo pomo[37] d'oro è colmo di reliquie:[38]
il dente di san Pietro,[39] il sangue di san Basilio[40]
e i capelli del signor mio san Dionigi;[41]
e un lembo della veste di santa Maria.
Non è giusto che t'abbiano i pagani;
dai cristiani dovete esser servita.
Non v'abbia mai chi faccia codardia![42]
Con voi avrò conquistato tante vaste terre,
che tiene Carlo dalla barba fiorita,
e così l'imperatore è potente e ricco».

173
Orlando sente che la morte lo invade,
dalla testa sul cuore gli discende.
Sotto un pino se ne va correndo,
sull'erba verde s'è coricato prono,[43]
sotto di sé mette la spada e il corno.
Ha rivolto il capo verso la pagana gente:[44]
l'ha fatto perché in verità desidera
che Carlo dica a tutta la sua gente
che da vincitore è morto il nobile conte.[45]
Confessa la sua colpa rapido e sovente,
per i suoi peccati tende il guanto[46] a Dio.

174
Orlando sente che il suo tempo è finito.
Sta sopra un poggio scosceso, verso Spagna;
con una mano s'è battuto il petto:
«Dio! *mea culpa*,[47] per la grazia tua,
dei miei peccati, dei piccoli e dei grandi,
che ho commesso dal giorno che son nato
fino a questo giorno in cui sono abbattuto!»
Il guanto destro ha teso verso Dio.
Angeli dal cielo sino a lui discendono.

175
Il conte Orlando è disteso sotto un pino,
verso la Spagna ha rivolto il viso.
Di molte cose comincia a ricordarsi,

37. pomo: ornamento terminale dell'impugnatura di forma sferica.
38. reliquie: resti di santi, per cui il Medioevo ebbe un vero e proprio culto.
39. san Pietro: l'apostolo cui fu conferito da Cristo il ruolo di capo della Chiesa.
40. san Basilio: Basilio di Cesarea (329-379), scrittore greco cristiano, dottore della Chiesa.
41. san Dionigi: il patrono della Francia, che fu il primo vescovo di Parigi (III secolo d.C).
42. codardia: viltà.
43. prono: a faccia in giù.
44. verso ... gente: verso la Spagna, caduta sotto il dominio dei musulmani.
45. da vincitore ... conte: Orlando muore dopo aver vinto i nemici.
46. tende il guanto: nella cerimonia di investitura feudale offrire il guanto significava riconoscersi vassallo di un signore.
47. *mea culpa*: espressione latina che significa "per mia colpa" usata nella preghiera del pentimento, recitata durante la confessione; perciò la frase significa "pentitevi dei vostri peccati".

di tante terre che ha conquistato, il prode,[48]
della dolce Francia, della sua stirpe,
di Carlomagno, suo re, che lo nutrì;[49]
non può frenare lacrime e sospiri.
Ma non vuol dimenticar se stesso,
proclama la sua colpa, chiede pietà a Dio:
«O padre vero, che giammai mentisci,
tu che resuscitasti Lazzaro da morte[50]
e Daniele salvasti dai leoni,[51]
salva l'anima mia da tutti i pericoli
per i peccati che in vita mia commisi!»
A Dio ha offerto il guanto destro:
san Gabriele con la sua mano l'ha preso.
Sopra il braccio teneva il capo chino;
con le mani giunte è andato alla sua fine.
Dio gli manda l'angelo Cherubino[52]
e san Michele del Pericolo del mare;[53]
insieme a loro venne san Gabriele:
portano in paradiso l'anima del conte.

da *La chanson de Roland*, traduzione di G. Ruffini, Guanda, Parma 1981

48. prode: coraggioso.
49. nutrì: allevò.
50. che resuscitasti ... morte: della resurrezione di Lazzaro parlano i vangeli.
51. Daniele ... leoni: salvasti Daniele, il profeta che fu gettato in una fossa con i leoni, come si racconta nell'Antico Testamento.
52. Cherubino: i cherubini costituiscono una delle gerarchie angeliche.
53. san Michele ... mare: l'arcangelo Michele, che sconfisse gli angeli ribelli, venerato in un monastero sulla Manica come protettore dei naviganti in pericolo.

Miniatura del XIV secolo raffigurante Rolando, con l'olifante dietro la schiena, mentre combatte a Roncisvalle.

Verifica

Comprensione

difficoltà

1 Chi spia Orlando morente?

2 Che cosa tenta di fare questo personaggio?

3 Qual è la reazione del paladino?

4 Come apostrofa il nemico ormai morto?

5 Che cosa fa Orlando con la spada?

6 Perché cerca di romperla?

7 Che cosa contiene nel suo pomo?

8 Quali sentimenti prova l'eroe per la sua spada?

9 Chi è il personaggio storico che Orlando ricorda prima di morire?

10 Quali sue conquiste sono citate?

11 Perché alla fine Orlando si adagia sotto un pino col viso rivolto verso la "pagana gente"?

12 Che cosa significa il gesto di tendere il guanto a Dio?

13 Che cosa chiede l'eroe al Signore?

14 Quali angeli portano in Paradiso la sua anima?

Analisi

difficoltà

La storia

Vedi a p. 9

15 Abbiamo diviso il brano in sette sequenze a cui abbiamo dato un titolo. Trova sul testo i versi a cui si riferiscono.

Sequenza	Titolo	Versi
1	Orlando è assalito dal saraceno	....
2	Orlando uccide il nemico	....
3	Orlando cerca vanamente di infrangere la spada	....
4	Orlando ricorda le conquiste fatte per Carlo Magno	....
5	Orlando si stende sotto un pino	....
6	Orlando chiede perdono per i suoi peccati	....
7	Orlando muore e la sua anima viene portata in Paradiso	....

16 **In questo brano i fatti narrati sono pochi e spesso sono ripresi in punti diversi, alcuni anche più volte, con minime progressioni dell'azione e aggiunta di alcuni dettagli. Riporta i versi qui sotto.**

Il tentativo di rompere la spada sulla pietra	In quali versi è narrato la prima volta?	vv. ....
	Dove è ripreso?	vv. ....
	Con quali variazioni?	
Le conquiste fatte per Carlo	In quali versi sono enumerate dettagliatamente?	vv. ....
	Dove il tema è anticipato?	vv. ....
	Dove è ripreso?	vv. ....
L'atto di stendersi sotto un pino	In quali versi è compiuto?	vv. ....
	Dove si dice nuovamente che Orlando è disteso sotto un pino?	vv. ....
La richiesta di perdono per i peccati	In quali versi è formulata una preghiera?	vv. ....
	Dove precedentemente Orlando esprime il suo pentimento?	vv. ....
La venuta degli angeli	In quali versi è narrata?	vv. ....
	Dove è anticipata?	vv. ....

Le parole chiave Vedi a p. 14

17 **Nell'episodio della morte di Orlando si esprime, in sintesi, il mondo dei valori della società feudale. Indica i versi in cui emergono i seguenti elementi:**

- fede profonda e sottomissione a Dio: vv. ....
- guerra come missione in difesa della religione: vv. ....
- amore della patria: vv. ....
- orgoglio e desiderio di gloria: vv. ....
- esaltazione del coraggio e disprezzo per la viltà: vv. ....
- senso del dovere: vv. ....
- fedeltà e lealtà verso il sovrano: vv. ....

La lingua e lo stile Vedi a p. 10 e 11

18 **Individua le iterazioni presenti nel brano indicando i versi in cui compaiono.**

19 **In quali versi riconosci delle anafore?**

20 **La struttura dei periodi è prevalentemente:** ☐ paratattica ☐ ipotattica

21 **Puoi riscontrare l'uso di epiteti formulari? Indicali e commentali.**

2 L'epica
e

E se nel dolore l'uomo ammutolisce, a me un Dio ha concesso di dire quanto soffro.

da J.W. Goethe, *Torquato Tasso*, Marsilio, Venezia 2001

Jacopo Robusti detto il Tintoretto (1518 ca.-1594), *San Giorgio e il drago*, 1555 ca., particolare.

umanistica rinascimentale

Fu la *Legenda Aurea* di Jacopo da Varagine a fissare la figura di san Giorgio in quanto eroico cavaliere, influenzando attraverso i secoli l'ispirazione figurativa degli artisti, da Vitale da Bologna a Paolo Uccello, da Raffaello a Tintoretto. Quest'ultimo, con i peculiari accenti della sua "fretta" esecutiva, dà luogo a una figurazione drammatica e leggiadra al tempo stesso, tragica e mondana. Si notino, infatti, l'apertura degli spazi, il colore chiaro e vibrante, e, al contempo, l'albero che sembra sradicato dal soffio diabolico del mostro e il livido cadavere in primo piano.

L'evoluzione del poema cavalleresco

Un moderno pupo siciliano, raffigurante uno dei paladini dell'epopea carolingia.

LA DIFFUSIONE DEI CANTARI

Nel XIV secolo si diffonde in Italia, e soprattutto in Toscana, un tipo di componimento poetico, il "**cantare**", che prende spunto dalla materia cavalleresca e amorosa dei cicli carolingio e bretone. Tale componimento **si rivolge al nuovo pubblico cittadino**, protagonista della vita del Comune, formato da artigiani, commercianti e contadini, **estraneo alla letteratura colta**; pertanto non si tratta di un'opera destinata alla lettura ma viene **recitata nelle pubbliche piazze** da cantastorie (i "canterini"), che spesso vengono assoldati dai Comuni per cercare il consenso dei ceti popolari. Legato alla tradizione orale e all'improvvisazione, il "cantare" è composto in **ottava rima** (strofe di otto endecasillabi con rime alternate nei primi sei versi e rime baciate negli ultimi due) e **presenta i tipici meccanismi narrativi delle storie destinate alla trasmissione orale**: le formule, le ripetizioni, gli ambienti ricorrenti, i personaggi fissi ecc.

Nel corso del XV secolo, in seguito alla nascita e alla diffusione del movimento culturale dell'**Umanesimo**, che segna una ripresa dell'uso della scrittura e della lingua latina come strumento di comunicazione a livello europeo, i cantari cominciano a essere **destinati alla lettura**, costituendo il modello di riferimento per le opere di argomento cavalleresco composte in seguito da Boiardo, Ariosto e Tasso.

DALL'UMANESIMO AL RINASCIMENTO

Il movimento letterario e filosofico dell'**Umanesimo** nasce in Italia e si diffonde rapidamente in tutta Europa. A differenza della concezione medievale dell'esistenza umana come totalmente subordinata ai disegni divini, l'Umanesimo **inaugura una visione del mondo che valorizza la vita umana, sottolineando la funzione centrale assegnata all'uomo**, dalla stessa divinità, all'interno dell'universo. Questo implica una **rivalutazione di tutte le componenti della natura umana**, da quelle più razionali a quelle legate alla dimensione artistica, che darà poi luogo a quella **rinascita culturale e artistica della civiltà italiana** (ed europea), che verrà successivamente definita **Rinascimento**, e che darà i suoi frutti fino al XVI secolo. Nel corso del Rinascimento si attua il passaggio da una società di tipo agricolo e feudale a una società urbana legata al commercio. Assistiamo perciò alla fioritura economica e culturale di città come Firenze, Milano, Ferrara, Mantova e Venezia, al cui interno si diffonde la prosperità economica e fioriscono le manifestazioni artistiche.

In questo contesto il nuovo luogo di aggregazione culturale e artistica è la **corte del signore che accoglie presso di sé intellettuali e artisti**, offrendo loro, non solo sostentamento e protezione, ma anche i mezzi per lo svolgimento della loro attività e un pubblico di riferimento. In cambio il signore richiede il sostegno ai propri progetti politici e soprattutto la produzione di opere che accrescano il suo prestigio personale e quello della sua città.

LA CORTE DI FERRARA E L'*ORLANDO INNAMORATO*

Alla fine del secolo XV vede la luce l'***Orlando innamorato*** di **Matteo Maria Boiardo**, poema cavalleresco in tre libri, di cui l'ultimo incompiuto (vedi a p. 206). Il poema è dedicato agli Este, signori di Ferrara. Qui, **in una corte strutturata ancora secondo le caratteristiche feudali**, incontravano una perdurante fortuna le tradizioni cavalleresche e si leggevano con interesse gli antichi testi epici medievali francesi, primi fra tutti quelli che raccontavano la storia del paladino Orlando e celebravano il suo eroismo, la sua fedeltà al sovrano, il suo senso dell'onore, la sua dedizione alla patria e alla difesa della religione. Boiardo introduce nella narrazione epica un nuovo elemento: il **motivo encomiastico**, cioè l'elogio della dinastia estense, facendo del giovane eroe pagano Ruggiero il capostipite della famiglia degli Este.

IL NUOVO UNIVERSO DI VALORI

L'opera si può considerare una **rilettura della tradizione cavalleresca alla luce dei nuovi ideali promossi dall'Umanesimo**. Se Boiardo mostra nostalgia per gli «antiqui tempi» e gli «antiqui signori e cavalieri», è anche vero che i suoi eroi non hanno più molto di quelli della *Chanson*: mancano loro l'austerità e lo spirito di sacrificio, il culto dell'onore e la dedizione all'ideale fino all'estremo. E soprattutto mancano il fervore religioso e lo spirito di crociata degli antichi paladini.

L'universo di Boiardo è **laico e materiale**, legato a questo mondo e alle realizzazioni dell'uomo su questa terra: gli eroi combattono per una donna, non per uno scopo trascendente; viaggiano da un capo all'altro del mondo conosciuto, inseguendo sogni di gloria mondana; affrontano giganti e animali fantastici, superano magie e incantesimi per spirito di avventura e per mettere alla prova se stessi. Sono accomunati nella stessa simpatia campioni cristiani e musulmani, ugualmente cortesi e partecipi di un nobile sentire, animati da reciproca ammirazione, generosità e pietà nei confronti del nemico. Tutto questo rivela come nel poema alla tradizione epica cavalleresca si sovrappongano **temi e valori propri dell'Umanesimo**: il poema non è proiettato verso il passato, ma legato al presente, alla nuova gioia di vivere e fiducia nell'uomo dei suoi tempi.

Uomini e donne riccamente abbigliati si intrattengono con giochi, musiche e letteratura. Miniatura da un manoscritto della corte estense del XV secolo.

L'INNOVAZIONE DELL'*ORLANDO FURIOSO*

La corte di Ferrara fu la culla culturale, ampliata e abbellita di palazzi, parchi e giardini, anche dell'***Orlando furioso*** di **Ludovico Ariosto**, ultimato nella sua redazione definitiva nel 1532 (vedi a p. 211).

L'*Orlando furioso* si pone **volutamente come la continuazione dell'opera di Boiardo** sia per la trama, sia per le **modalità narrative**, sia per il **motivo encomiastico**. Ma di questa "continuazione" Ariosto fece **qualcosa di totalmente nuovo**. Infatti sia **a livello tematico**, sia **a livello strutturale e linguistico** l'opera di Ariosto costituisce **un modello originale**, in cui, grazie alla materia cavalleresca, l'autore è riuscito a rappresentare **valori, aspirazioni e disillusioni degli uomini del proprio tempo**, dando concretezza a una concezione del mondo, dell'uomo e dell'arte ormai pienamente rinascimentale.

La struttura dell'opera

L'*Orlando furioso* è un poema cavalleresco in **ottave**, composto di quarantasei canti. La trama del poema prende le mosse dal punto in cui si era interrotto l'*Orlando innamorato* del Boiardo (l'assedio dei Saraceni a Parigi e l'affidamento da parte di Carlo Magno della bella Angelica, contesa fra Orlando e Rinaldo, al vecchio duca Namo di Baviera) e, secondo l'indicazione fornita dallo stesso autore nel *proemio*, ruota intorno a **tre filoni narrativi principali**:

- **filone epico**: costituito dalla guerra condotta dal re africano Agramante contro Carlo Magno, fa da cornice agli altri;
- **filone amoroso**: vede il più valente dei paladini, Orlando, giungere alla pazzia per amore di Angelica;
- **motivo encomiastico**: segue le vicende di Ruggiero e Bradamante, destinati a dar origine alla stirpe estense.

Dal punto di vista narrativo Ariosto riprende da Boiardo la tecnica di condurre le **varie vicende di diversi personaggi in parallelo** (***entrelacement***) ottenendo un risultato **apparentemente caotico**: infatti le storie germinano l'una dall'altra, si annodano e si riallacciano secondo un'invenzione narrativa che, grazie al procedimento di sospendere la narrazione di una vicenda nel momento di maggior tensione per intersecarne un'altra, può disorientare il lettore, ma tiene desta la sua attesa in un dosato gioco di *suspense*.

La vicenda sembra quasi non avere un centro di gravità, in una rappresentazione **policentrica** che sembra alludere alla sostanza stessa della vita umana.

POLICENTRICO
dal greco, composto da *polýs*, "molto", e *kéntros*, "punto centrale", quindi "che ha molti centri".

Questa scelta costituisce, infatti, **una prima metafora del nostro stare su questo mondo**, che, secondo la rappresentazione di Ariosto, non ha un centro e una periferia, una direzione e un senso. Con l'*Orlando furioso* ci troviamo di fronte a **una visione del mondo completamente nuova**: un mondo aperto al **cambiamento**, all'iniziativa e all'**investigazione** dell'uomo, senza dubbio un portato di tutta una serie di esplorazioni e viaggi che, tra la fine del Quattrocento e il Cinquecento, modificarono l'assetto geopolitico del mondo, proiettando gli uomini in un nuovo universo, potenzialmente infinito e sconosciuto.

I personaggi

Come non esiste una storia principale, **non c'è neppure un vero e proprio protagonista**: il titolo porta il nome di Orlando, ma egli compare in ritardo nel poema (nel canto VIII), scompare dalla scena per lunghi tratti e non è il suo intervento a risolvere la vicenda. Altri personaggi balzano spesso in primo piano, come Rinaldo innamorato anch'egli di Angelica e Astolfo che visita il mondo extraterreno; e ci sono le storie di Bradamante e Ruggiero, Angelica e Medoro, e poi ancora Isabella, Doralice, Olimpia, Marfisa, Cloridano, Rodomonte, Zerbino... **Ognuno di questi personaggi**, più che costituire un carattere, **incarna un tipo umano**, **un modo di affrontare la vita**, **un sentimento**: fedeltà amorosa e incostanza, violenza brutale e gentilezza, eroismo e opportunismo. Al poeta non interessa approfondirne la psicologia, bensì rappresentare con essi **la varietà degli aspetti della natura umana**, verso i quali non esprime condanne e approvazioni, evitando il coinvolgimento emotivo e mantenendo **un atteggiamento di distacco e di disponibilità ad accogliere la vita in tutte le sue sfaccettature**.

I temi

Giambattista Tiepolo (1696-1770), *Angelica e Medoro presso i pastori*, 1757, particolare.

Oltre all'**amore** di Orlando per Angelica, tante altre storie d'amore minori si intrecciano, sottolineando ancora una volta la centralità di un tema che sorregge tutta la letteratura dell'epoca. Eppure in questo poema **le vicende d'amore sono la cornice** di una proposta di argomenti ben più originali:

- la **follia**, che non è solo quella che dà il titolo al poema, cioè il furore distruttivo che travolge il paladino per gelosia: c'è la pazzia dei tanti che sprecano tutte le loro forze ed energie nell'inseguimento dell'oggetto del loro desiderio, non solo per amore, ma anche per ambizione, avidità, adulazione, e per tante altre passioni umane, dimenticando la provvisorietà e la vanità di ogni cosa;
- la **Fortuna**, che non è un'entità astratta e trascendente, ma un fattore imprevedibile che agisce in modo vario a seconda delle forze in gioco e dei contrastanti progetti degli uomini;
- il **vano errare** e l'**illusione**. Tutti i personaggi vanno continuamente alla ricerca di qualcosa o qualcuno che sfugge loro, di un **oggetto del desiderio sempre irraggiungibile**. Questo costituisce la molla delle azioni del poema e conduce i personaggi in luoghi emblematici, spesso incantati, dove s'incontrano (a volte senza riconoscersi) e si smarriscono.

La **ricerca** era una caratteristica distintiva dei cavalieri erranti, che nei romanzi arturiani si spostavano da un capo all'altro del mondo per raggiungere un bene, in genere di natura mistica e religiosa; ora, però, **ciò che viene cercato è di natura esclusivamente terrena e mondana**, e soprattutto **non è mai raggiunto**.
L'errare incessante dei personaggi è qualcosa che va al di là dell'oggetto del desiderio, diventa **emblematico di un modo di interpretare la vita**, una metafora dell'esistenza: **vaghiamo continuamente perché cerchiamo qualcosa che in effetti non esiste, senza renderci conto di quello che abbiamo accanto.** In un mondo di grandi trasformazioni (politiche, tecnologiche e culturali) come quello in cui vive il poeta, **scompaiono le certezze e i punti di riferimento** che avevano contraddistinto la vita dell'uomo medievale. La rappresentazione della follia di Orlando è anche la metafora di un uomo disorientato perché ha smarrito il senso stesso della saggezza. E proprio la definizione di un **ideale di saggezza**, adeguato alla propria epoca, sembra essere il **messaggio centrale dell'opera**: una saggezza che consiste nel comprendere **la relatività di ogni costruzione umana** e nel dare il giusto valore alle cose.

Matteo Maria Boiardo
Il *Proemio*

genere
poema cavalleresco

tratto da
Orlando innamorato
(canto I, ottave 1-3)

anno
XV secolo

luogo
corte di Ferrara

L'OPERA

L'*Orlando innamorato* è un poema cavalleresco in ottave diviso in tre libri, per un totale di 69 canti.

Libro I. L'azione ha inizio a Parigi, dove, alla corte di Carlo Magno, durante la Pentecoste, sono riuniti per un torneo numerosi cavalieri cristiani e saraceni. Qui arriva la bellissima Angelica, figlia di Galafrone re del Catai (Cina), che si presenta in compagnia di quattro giganti e del fratello Argalia e sfida i presenti a misurarsi con quest'ultimo, col patto che chi perde diventerà suo prigioniero e chi vince la otterrà in premio. Tutti i cavalieri, a partire dai più valorosi, Orlando e il cugino Ranaldo, sono conquistati dalla bellezza di Angelica. Ferraguto riesce a battere Argalia, ma Angelica non sta ai patti e fugge inseguita da Ferraguto, ma anche da Orlando e Ranaldo, mentre Astolfo, raccolta la lancia fatata, compie prodezze al torneo. Durante l'inseguimento, Ranaldo giunge nella foresta delle Ardenne, dove sgorgano due fonti magiche e, dopo aver bevuto alla fonte dell'odio, smette di amare Angelica, abbandona l'inseguimento e ritorna a Parigi, mentre la principessa, avendo bevuto all'altra fonte, s'innamora di Ranaldo. Orlando, inseguendo Angelica, ha bevuto alla fontana dell'oblio ed è stato fatto prigioniero in Circassia, nell'isola della maga Dragantina; Ranaldo è stato rapito per volontà di Angelica in un'isola incantata. Ad Albracca, su cui regna Angelica, la principessa è assediata da due pretendenti: Agricane, re di Tartaria, e il circasso Sacripante. Angelica fugge dalla città, resa invisibile da un anello magico, e va in cerca di Orlando; lo libera dalla maga e con lui torna ad Albracca, dove il paladino uccide in duello Agricane che, morendo, chiede il battesimo. Ranaldo cinge d'assedio Albracca, e Orlando affronta in duello il cugino, senza riconoscerlo. Angelica, per salvare Ranaldo che è rimasto ferito, allontana Orlando, mandandolo a distruggere il giardino incantato della maga Falerina.

Libro II. Orlando supera gli incanti della maga Falerina e della fata Morgana. Intanto il re di Biserta, Agramante, deciso a invadere la Francia per vendicare la morte del padre Troiano, ha convocato trentadue capi arabi. Uno di questi, che è anche indovino, predice che potranno vincere i cristiani solo se porteranno alla guerra il figlio della sorella di Troiano, cioè il giovane Ruggiero, che il mago Atlante tiene prigioniero per proteggerlo dal destino di morire giovane, capostipite della casa estense. Comincia così un'altra serie di avventure alla ricerca di Ruggiero, che viene liberato dal re Agramante grazie all'anello fatato. A questo punto tutti i personaggi si spostano in Francia. Ranaldo, giunto in Francia, contrasta gli invasori: mentre cerca il nemico, capita di nuovo nella selva delle Ardenne dove, dopo aver bevuto alla fonte dell'amore, si innamora di Angelica, mentre questa, giunta frattanto in occidente accompagnata da Orlando, beve alla fonte dell'odio e fugge da lui. In Parigi assediata giungono Ranaldo e Orlando, quest'ultimo recando con sé Angelica. I due cugini, rivali per amore, si sfidano a duello; interviene allora il re Carlo che decide di affidare la fanciulla al vecchio duca Namo di Baviera promettendola in premio a quello dei due cugini che manifesterà maggior valore nella imminente battaglia contro Agramante.

Libro III. Ha inizio l'amore fra Bradamante, valorosa guerriera sorella di Rinaldo, e Ruggiero, che la difende contro cinque pagani. Separatisi, si cercano invano; Ruggiero si scontra con Mandricardo e Gradasso; Bradamante invece, addormentatasi in un bosco con l'armatura, è sorpresa da Fiordespina che se ne innamora credendola un uomo. Qui il poema s'interrompe.

IL BRANO

Le prime strofe dell'*Orlando innamorato* sono occupate dal *Proemio*, tre ottave in cui ritorna, come nella tradizione epica del passato, l'indicazione del protagonista e dell'argomento. Profondamente innovativo è ora il contesto per la situazione storica e culturale in cui esso nasce, per la posizione del poeta, per le condizioni di creazione e fruizione dell'opera.

1
Signori e cavallier che ve adunati[1]
per odir cose dilettose e nove,[2]
stati attenti e quieti et ascoltati[3]
la bella istoria che 'l mio canto muove;[4]
e vedereti i gesti smisurati,[5]
l'alta fatica e le mirabil prove[6]
che fece il franco[7] Orlando per amore
nel tempo del re Carlo imperatore.[8]

2
Non vi par[9] già, signor,[10] meraviglioso[11]
odir cantar de Orlando inamorato,
ché qualunche nel mondo è più orgoglioso,[12]
è da Amor vinto, al tutto subiugato;[13]
né forte braccio, né ardire animoso,[14]
né scudo o maglia,[15] né brando[16] affilato,
né altra possanza[17] può mai far diffesa,[18]
che al fin non sia da Amor battuta e presa.[19]

3
Questa novella[20] è nota a poca gente,
perché Turpino[21] istesso la nascose,
credendo forse a quel conte valente
esser le sue scritture dispettose,[22]
poi che contra ad Amor pur fu perdente
colui che vince tutte l'altre cose:[23]
dico di Orlando, il cavalliero adatto.[24]
Non più parole ormai, veniamo al fatto.

da M.M. Boiardo, *Orlando innamorato*, Einaudi, Torino 1997

Matteo Maria Boiardo nacque a Scandiano (Reggio Emilia) nel 1441 dal feudatario del luogo, Giovanni, e da Lucia Strozzi, sorella e cugina di due umanisti. Passò i primi dieci anni a Ferrara, dove intraprese la propria formazione umanistica, ma alla morte del padre, nel 1451, ritornò con la madre nel suo feudo, di cui assunse l'amministrazione intorno al 1460, con frequenti soggiorni alla corte estense di Ferrara e presso Sigismondo d'Este a Reggio Emilia. Nel 1476 si trasferì definitivamente a Ferrara come collaboratore del duca Ercole I, di cui condivise e promosse i progetti culturali e da cui ricevette onori e incarichi. Dopo un ritorno a Scandiano nel 1478 e il matrimonio dell'anno successivo con Taddea Gonzaga, fu nominato da Ercole I capitano di Modena (1480-82) e successivamente di Reggio Emilia (dal 1487 fino alla morte). Le prime opere di Boiardo, in latino, hanno carattere encomiastico: i *Carmina de laudibus Estensium* (*Canti in lode degli Estensi*), del 1463-64; i *Pastoralia* (*Poesie pastorali*); i 31 *Epigrammata* (*Epigrammi*), del 1476. A partire dal 1469 scrisse in volgare il canzoniere per Antonia Caprara, gli *Amorum libri III* (*Tre libri di poesie d'amore*), e diede inizio al suo poema, l'*Orlando innamorato*, interrotto nel 1494 in seguito alla venuta in Italia del re di Francia Carlo VIII, poco prima della morte dell'autore, avvenuta lo stesso anno.

1. ve adunati: vi radunate (questo termine, come i seguenti "ascoltati", ecc., sono propri della lingua con forti venature emiliane del Boiardo).
2. per odir ... nove: per udire cose piacevoli e nuove.
3. ascoltati: ascoltate.
4. che ... muove: che ispira il mio canto.
5. e ... smisurati: e vedrete le imprese eccezionali.
6. l'alta ... prove: i grandi rischi affrontati e le prove meravigliose.
7. franco: valoroso, ma anche francese.
8. nel tempi ... imperatore: in realtà all'epoca dei fatti Carlo Magno non aveva ancora il titolo di imperatore, che assunse nell'800.
9. Non vi par: non vi sembri.
10. signor: o signori.
11. meraviglioso: sorprendente.
12. ché ... orgoglioso: poiché anche il più orgoglioso che c'è nel mondo.
13. al tutto subiugato: del tutto soggiogato.
14. ardire animoso: coraggiosa audacia.
15. maglia: maglia di ferro, che s'indossava sotto l'armatura.
16. né brando: né spada.
17. né altra possanza: né altra forza.
18. far diffesa: costruire una difesa.
19. che ... presa: che alla fine non sia abbattuta e catturata da Amore.
20. novella: storia.
21. Turpino: figura storica, arcivescovo di Reims nel 774. La leggenda raccolta dalla *Chanson* lo volle partecipe alla battaglia di Roncisvalle e lì morto, mentre visse fino al 790 circa. La tradizione lo considerava invece superstite allo scontro e suo testimone diretto come autore di una *Vita di Carlo Magno e storia di Rolando*, che fu in realtà composta solo nel XII secolo.
22. a quel conte ... dispettose: che i suoi scritti potessero suonare irriverenti per quel conte valoroso.
23. poi ... cose: poiché fu perdente contro Amore colui che pure aveva vinto tutte le altre battaglie.
24. adatto: abile, perfetto.

STRUMENTI DI LETTURA

La struttura del *Proemio*

Come già nei poemi epici del passato, il poema si apre con un *Proemio*.

Il *Proemio* dell'*Orlando innamorato* è costituito da tre ottave che contengono alcuni elementi fondamentali: l'allocuzione agli ascoltatori; l'anticipazione dell'argomento; la consapevolezza della sua novità rispetto alla tradizione. Come in ogni *Proemio*, qui si trova l'unico punto in cui il narratore compare esplicitamente.

Il tema

Boiardo continua l'operazione, già attuata dai canterini, di fusione tra il ciclo carolingio, incentrato sulle gesta guerresche, sull'eroismo, sulla fedeltà feudale dei paladini, e quello bretone, dove dominano l'amore, l'avventura, il meraviglioso.

La novità tematica introdotta da Boiardo (sottolineata dall'uso della maiuscola nei primi versi) consiste nella centralità assoluta dell'amore, come rivela anche il titolo (che doveva essere, secondo le fonti, quello di *Inamoramento de Orlando*), e nel fatto che esso sia la molla determinante di tutte le azioni del poema. Non la difesa della patria, non il desiderio di gloria e d'onore, non la diversità di fede religiosa rinfocolano i combattimenti e le imprese cavalleresche, ma la passione amorosa, la gelosia, l'impossibilità di rinunciare alla donna amata.

Orlando, l'eroe integerrimo della tradizione che nemmeno in punto di morte aveva avuto, nella *Chanson*, una parola di rimpianto per la sua Ada (la donna a cui era legato da una promessa d'amore), vive qui un amore terreno e sensuale, che si configura come un ideale umano in cui possono riconoscersi i contemporanei del poeta.

Il personaggio

In questo *Proemio* compare una prima caratterizzazione del protagonista, sia negli aspetti consegnati dalla lunga tradizione delle *chansons de geste* e dei cantari, sia in quelli innovativi, di cui il narratore si fa orgogliosamente portatore. Il personaggio quindi, seppure in linea con la tradizione epica medievale, si allontana dai caratteri austeri del guerriero devoto solo a Dio e al suo sovrano, per farsi servitore di un ideale, altrettanto idealizzato ed esaltato, che mette in risalto le caratteristiche umane più che quelle spirituali dell'eroe: la lealtà, la pietà, e sopra tutti questi, l'amore. Orlando è infatti, di fronte all'amore, per la prima volta, perdente, laddove è invincibile in battaglia.

Miniatura raffigurante dame e cavalieri durante un torneo.

Laboratorio

LABORATORIO

Comprensione

difficoltà

1 A chi si rivolge il narratore nei primi versi del *Proemio*?

2 Quale sarà l'argomento della narrazione?

3 Di che cosa potrebbero sorprendersi gli ascoltatori?

4 Perché questo aspetto della storia di Orlando sarebbe poco noto?

5 Quale timore avrebbe avuto l'autore a farlo conoscere?

Analisi

difficoltà

Il narratore Vedi a p. 6

6 In quali versi è contenuta l'esposizione dell'argomento?

7 Dove compare invece un invito agli ascoltatori proprio della tradizione canterina?

8 Alla fine del *Proemio* ricompare la finzione della recitazione orale. In quali parole?

9 Nel *Proemio*, il narratore appare, rispetto ai fatti narrati:
☐ esterno ☐ interno

10 Dove interviene in prima persona?

11 Dove il narratore si rivolge con la seconda persona ai destinatari del racconto?

Il tema Vedi a p. 14

12 Sottolinea i versi in cui l'amore è presentato come un vero e proprio protagonista.

13 Spiega, con riferimento al testo, in che cosa consiste l'universalità del sentimento amoroso.

I personaggi Vedi a p. 8

14 Quali sono gli aspetti tradizionali del carattere di Orlando che emergono dal *Proemio*? Trascrivi le espressioni che lo caratterizzano.

15 Indica, con i relativi versi, i punti in cui si delinea la nuova qualità del personaggio.

Lingua e stile

Vedi a p. 10 e 14

16 Nella seconda ottava compare un'enumerazione; i termini sono collegati:

☐ per asindeto ☐ per polisindeto

17 Nell'ottava i versi sono di numero:

☐ fisso ☐ variabile

18 I versi sono collegati da:

☐ assonanze ☐ consonanze ☐ rime

Produzione

difficoltà

19 Fa' la parafrasi del brano.

Stefano Mancini,
Orlando innamorato.

Ludovico Ariosto
Il *Proemio*

genere
poema cavalleresco

tratto da
Orlando furioso
(canto I, ottave 1-4)

anno
1532

luogo
corte di Ferrara

L'OPERA

La guerra tra Cristiani e Saraceni

Inizia con l'invasione della Francia da parte di Agramante, sostenuto da altri condottieri pagani: Marsilio re di Spagna, Rodomonte re d'Algeri, Mandricardo re tartaro. La battaglia si svolge sui Pirenei: l'esercito cristiano è travolto, Carlo manda Rinaldo oltre Manica per aiuti e i pagani assediano Parigi. Rodomonte penetra nella città facendo strage, ma la città è liberata dall'intervento di Rinaldo con milizie scozzesi al comando di Zerbino. In seguito all'arrivo di nuove forze pagane i Cristiani sono in difficoltà, ma la situazione volge a loro favore grazie all'intervento dell'arcangelo Michele. Agramante fugge ad Arli (Arles), inseguito dall'esercito di Carlo. Si decide di risolvere le sorti della guerra con un duello tra Rinaldo cristiano e Ruggiero pagano, ma i mori rompono i patti; sconfitti, veleggiano verso l'Africa, ma sono dispersi dalla flotta di Astolfo. Nell'isola di Lipadusa (Lampedusa) ha luogo un duello decisivo tra campioni pagani (Agramante, Sobrino, Gradasso) e cristiani (Orlando, Oliviero, Brandimarte); si risolve a favore di questi ultimi, ma rimane ucciso Brandimarte, e Orlando lo vendica uccidendo Gradasso e Agramante, mentre Sobrino passa alla fede cristiana. Anche Rodomonte sarà sconfitto e ucciso nei pressi di Parigi da Ruggiero, pagano convertito al cristianesimo.

L'amore di Orlando per Angelica

Angelica fugge dal campo cristiano, inseguita da vari spasimanti, tutti elusi; in Scozia, è catturata dai predoni dell'isola di Ebuda (le Ebridi) e incatenata su uno scoglio perché sia preda di un'orca. Orlando seguendo un presagio si dirige lì per salvarla ma, dirottato in Olanda, aiuta la figlia del re, Olimpia, a ricongiungersi con Bireno. Angelica intanto è stata salvata da Ruggiero, il quale vorrebbe sedurla, ma la donna gli si sottrae grazie a un anello magico da lui stesso donatole. Orlando trova legata sullo scoglio, perché subisca la stessa sorte di Angelica, Olimpia, abbandonata da Bireno e finita in mano ai pirati; la libera e l'affida a Oberto, re d'Irlanda, che la sposa. Orlando è attirato nel palazzo del mago Atlante dall'immagine illusoria della donna amata, così come altri cavalieri; l'incanto è rotto dalla vera Angelica, che sfugge al paladino. Egli

Ludovico Ariosto nacque da una nobile famiglia a Reggio Emilia nel 1474, primo di dieci figli. Si trasferì a Ferrara all'età di dieci anni e a quindici fu avviato dal padre agli studi di legge, che ben presto abbandonò per quelli umanistici, appassionandosi ai poeti elegiaci latini da cui sarà influenzata la composizione dei suoi *Carmina* in latino. Entrato in rapporti con Pietro Bembo, si volse agli autori in volgare e compose *Rime* di stampo petrarchesco. Nel 1497 fu accolto alla corte estense, ma dopo la morte del padre, gravato dagli obblighi della numerosa famiglia, accettò l'incarico di capitano della rocca di Canossa, che resse dal 1501 al 1503. Rientrato a Ferrara, entrò al servizio del cardinale Ippolito d'Este, per il quale svolse missioni diplomatiche. Scriveva intanto *Commedie* sul modello dei latini Plauto e Terenzio. Innamoratosi di Alessandra Benucci, alla sua vedovanza poté intraprendere una relazione, che si concluse con un matrimonio segreto solo anni più tardi per motivazioni economiche. Nel 1516 fu pubblicata la prima edizione dell'*Orlando furioso*, ma nel 1517 rifiutò di seguire Ippolito in Ungheria, interrompendo i rapporti con lui, e nel 1518 passò al servizio del fratello, il duca Alfonso I, anche da questo incaricato di missioni diplomatiche. Scriveva intanto le *Satire* in terzine a imitazione del poeta augusteo Orazio e rivedeva il poema. Inviato nel 1522 come commissario ducale nella difficile regione della Garfagnana, vi rimase fino al 1525; tornato a Ferrara, vi trascorse l'ultima parte della vita dedicandosi alla cura delle sue opere (la terza revisione del *Furioso* e la rappresentazione delle sue commedie), interrotta da pochi spostamenti, fino alla morte, avvenuta nel 1533.

la insegue, e tra le varie avventure aiuta la saracena Isabella a ricongiungersi con il cristiano Zerbino. Intanto Angelica, direttasi sulla via del ritorno verso la sua patria, il Catai (Cina), trova il giovane fante pagano Medoro ferito sul campo di battaglia, se ne innamora, lo sposa e parte con lui per il Catai. In cerca di lei, il paladino giunge nei luoghi che recano testimonianza degli amori di Angelica e Medoro e impazzisce; compie così strane imprese, attraversa a nuoto lo stretto di Gibilterra e giunge in Africa, dove Astolfo sta allestendo una flotta per muovere in aiuto dei Cristiani. Quest'ultimo vola con l'ippogrifo sulla Luna, recupera il senno di Orlando, lo raccoglie in un'ampolla e glielo fa inspirare; Orlando rinsavisce e si dedica alla guerra contro i Saraceni, fino al duello di Lipadusa. Anche Rinaldo insegue Angelica ma, giunto nella selva Ardenna, beve alla fontana del disamore e la dimentica.

Le vicende di Ruggiero e Bradamante

Il pagano Ruggiero è tenuto prigioniero in un castello incantato dal mago Atlante che vuole proteggerlo, sapendo che è destinato a morire sette anni dopo essersi convertito e aver sposato la cristiana Bradamante. Quest'ultima, gettata in un burrone da Pinabello di Maganza, la cui famiglia è nemica della sua, in una spelonca incontra la maga Melissa, ascolta una profezia e riceve il consiglio di rubare un anello magico al ladrone Brunello; grazie a esso Bradamante libera Ruggiero, ma Atlante, a cavallo dell'ippogrifo, lo conduce nell'isola della maga Alcina, a cui lo sottrae Melissa. Ruggiero con l'anello, lo scudo fatato e l'ippogrifo di Atlante, salva nell'isola di Ebuda Angelica dall'orca, ma, persi l'anello e l'ippogrifo, finisce in un altro palazzo di Atlante, dove giunge anche Bradamante; Astolfo distrugge l'incantesimo, liberandoli, e Atlante muore di dolore. I due si recano in Toscana, ma dopo poco tempo si perdono di vista: mentre Bradamante si reca a Montalbano, sua terra d'origine, Ruggiero, dopo varie avventure, imbarcatosi per l'Africa, fa naufragio presso un'isola dove un eremita lo battezza. Recatosi a Parigi per chiedere la mano di Bradamante, scopre che ella è stata promessa a Leone, erede dell'impero d'oriente, ma alla fine, eletto re dei Bulgari, ottiene la sua mano. Durante le nozze si presenta Rodomonte che sfida lo sposo a duello e vi incontra la morte.

IL BRANO

Anche l'*Orlando furioso*, come i grandi poemi epici del passato, si apre con un *Proemio* in cui si annunciano il nome del protagonista e, nelle linee generali, le vicende che saranno oggetto della narrazione.

1

Le donne, i cavallier, l'arme,[1] gli amori,
le cortesie, l'audaci imprese io canto
che furo[2] al tempo che passaro[3] i Mori[4]
d'Africa il mare,[5] e in Francia nocquer tanto,[6]
seguendo l'ire e i giovenil furori[7]
d'Agramante[8] lor re, che si dié vanto
di vendicar la morte di Troiano
sopra re Carlo imperator romano.[9]

2

Dirò d'Orlando in un medesmo tratto[10]
cosa non detta in prosa mai né in rima:
che per amore venne in furore e matto,[11]
d'uom che sì saggio era stimato prima;
se da colei che tal quasi m'ha fatto,[12]
che 'l poco ingegno ad or ad or mi lima,[13]
me ne sarà però tanto concesso,
che mi basti a finir quanto ho promesso.[14]

1. **l'arme**: le imprese guerresche.
2. **furo**: furono, si verificarono.
3. **passaro**: passarono, attraversarono.
4. **i Mori**: gli Arabi.
5. **d'Africa il mare**: il Mediterraneo nel tratto tra l'Africa e la Spagna.
6. **nocquer tanto**: provocarono tanti danni.
7. **ire e i giovenil furori**: il desiderio di vendetta e l'impeto giovanile.
8. **Agramante**: re saraceno che secondo la tradizione carolingia, accolta anche da Boiardo, sarebbe venuto in Francia con i suoi vassalli all'età di ventidue anni per vendicare l'uccisione in battaglia del padre Troiano a opera di Orlando. È personaggio non storico, così come non risponde a realtà l'invasione araba in terra francese ai tempi di Carlo Magno (ricordiamo che essa fu arrestata da Carlo Martello a Poitiers nel 732).
9. **che ... romano**: che si vantò di (poter) vendicare la morte del padre Troiano su Carlo Magno, imperatore del Sacro Romano Impero (titolo che in realtà assunse solo nell'800).
10. **in un medesmo tratto**: nello stesso tempo.
11. **venne ... matto**: perse il controllo di sé fino ad impazzire.
12. **se ... fatto**: se da colei che mi ha reso quasi tale, cioè pazzo. È la donna amata, Alessandra Benucci.
13. **che ... lima**: che poco a poco mi consuma il poco senno.
14. **che ... promesso**: che mi basti a terminare il poema promesso.

3
Piacciavi, generosa Erculea prole,[15]
ornamento e splendor del secol nostro,
Ippolito, aggradir[16] questo che vuole
e darvi sol può l'umil servo vostro.
Quel ch'io vi debbo, posso di parole
pagare in parte, e d'opera d'inchiostro;[17]
né che poco io vi dia da imputar sono;[18]
che quanto io posso dar, tutto vi dono.

4
Voi sentirete fra i più degni eroi,
che nominar con laude m'apparecchio,[19]
ricordar quel Ruggier,[20] che fu di voi
e de' vostri avi illustri il ceppo vecchio.[21]
L'alto valore e' chiari gesti[22] suoi
vi farò udir, se voi mi date orecchio,[23]
e vostri alti pensier cedino un poco,[24]
sì che tra lor miei versi abbiano loco.[25]

da Ludovico Ariosto, *Orlando furioso*, Mondadori, Milano 2006

15. Piacciavi ... prole: vogliate, nobile figlio di Ercole. Ippolito d'Este, il dedicatario dell'opera, era figlio del duca di Ferrara Ercole I.
16. aggradir: gradire.
17. Quel ... inchiostro: i debiti (di riconoscenza) che ho verso di voi, posso pagarli in parte con le parole e con la scrittura poetica (opera d'inchiostro).
18. né ... sono: né devo essere accusato di darvi poco.
19. che ... apparecchio: che mi accingo a nominare elogiandoli.
20. Ruggier: personaggio non storico, secondo una leggenda accolta anche da Boiardo sarebbe stato un principe saraceno discendente di Astianatte, il figlio di Ettore, che, convertitosi al cristianesimo, sarebbe diventato capostipite della casa estense sposando la guerriera Bradamante, sorella di Rinaldo.
21. il ceppo vecchio: il capostipite.
22. e' chiari gesti: e le illustri imprese.
23. date orecchio: prestate ascolto.
24. e ... poco: e i vostri pensieri importanti si facciano un poco da parte.
25. sì ... loco: in modo che i miei versi trovino posto tra loro.

STRUMENTI DI LETTURA

La struttura del *Proemio*

Dopo un cenno alla varietà di argomenti del poema, è anticipato il primo dei tre filoni narrativi, quello epico, rappresentato dalla guerra contro gli Arabi. Segue l'enunciazione di quello amoroso, con la presentazione di Orlando, l'irreprensibile paladino della tradizione, che, già trasformato da Boiardo in innamorato, qui diventa addirittura pazzo per amore. Questa la grande novità dell'argomento. È infine introdotto il motivo encomiastico, che narra la storia del fondatore della stirpe estense.
Compare inoltre un elemento strettamente legato alla condizione degli intellettuali nella società cortigiana del Cinquecento: la dedica al signore.
Presenti già in Boiardo, compaiono qui l'allocuzione al pubblico, e il meccanismo che ricalca la finzione della recitazione orale.

Le parole chiave

Novità: Ariosto si inserisce in una tradizione consolidata richiamandone i motivi ai quali anch'egli si rapporta. La più grossa novità del poema, che consiste nell'argomento della follia, è messa in rilievo da Ariosto stesso sottolineando che nessuno prima d'ora ha narrato della pazzia d'Orlando. Elemento nuovo quindi, ma pronunciato all'interno di una formula già presente in Boiardo che, nel suo *Proemio*, sottolineava la novità dell'argomento del suo poema.

Lingua e stile

Il *Proemio* di Ariosto, quasi a negare le esplicite dichiarazioni di modestia del poeta, si presenta stilisticamente elaborato grazie alle numerose figure retoriche. Famoso il primo verso, che lega il doppio argomento, quello amoroso e quello guerresco, in un chiasmo. Caratterizza questo *Proemio* anche la contaminazione dei registri, nella stessa ottava e a volte anche nello stesso verso: si passa spesso da un registro alto e solenne, proprio dell'epica classica e della produzione encomiastica, a uno più dimesso, confidenziale e quasi colloquiale.
Una novità è rappresentata proprio dal tono confidenziale con cui il poeta si affaccia in primo piano con le sue vicende private: ne offrono un esempio in questo *Proemio* sia la dedica al signore, condotta con bonaria e sorridente ironia, sia l'accenno alla donna amata dal poeta.

Laboratorio

LABORATORIO

Comprensione

difficoltà

1 Quale sarà l'oggetto del canto del poeta?

2 Perché i Mori invadono la Francia?

3 Da chi sono guidati?

4 Qual è la novità che Ariosto annuncia?

5 A chi è dedicato l'*Orlando furioso*?

Analisi

difficoltà

La struttura Vedi a p. 6

6 Indica i versi in cui sono annunciati i seguenti aspetti della materia che si va a trattare:

- materia epica: vv. ....
- materia amorosa: vv. ....
- materia encomiastica: vv. ....

7 In quali versi emerge in primo piano la persona del narratore?

8 In quali l'autore compie un'allocuzione al pubblico di ascoltatori?

9 Sottolinea le espressioni in cui il poeta fa professione di modestia.

10 Quali sono gli elementi da ricondurre al ciclo carolingio e quali al ciclo bretone?

Le parole chiave Vedi a p. 14

11 In che cosa consiste la novità del poema? Rispondi segnalando i versi in cui questo aspetto viene messo in luce.

12 Che analogia intercorre tra la condizione di Orlando e quella di Ariosto? Rispondi usando opportuni riferimenti testuali.

Laboratorio

La lingua e lo stile Vedi a p. 10 e 13

13 In quali versi Ariosto ricalca la finzione, presente in Boiardo, della recitazione orale?

14 Sottolinea tutte le metafore.

15 I primi due versi contengono un elenco di argomenti che il poeta canterà: è quindi una ....

16 Tra i vari termini non vi sono congiunzioni: essi sono quindi collegati per ....

17 Cita qualche esempio (almeno tre) di passaggio da un registro elevato a uno colloquiale.

Produzione

difficoltà

18 Fa' la parafrasi del brano.

Ludovico Ariosto

La pazzia del cavaliere senza macchia

genere
poema cavalleresco

tratto da
Orlando furioso
(canto XXIII, ottave 103-111; 129-135)

anno
1532

luogo
corte di Ferrara

IL BRANO

Orlando giunge nel luogo che ha visto gli amori di Angelica e Medoro: una grotta presso una fonte, dove egli trova sulla roccia e sui tronchi degli alberi circostanti i loro nomi intrecciati e la testimonianza del loro amore. Preso da furore, distrugge ogni traccia di ciò che l'offende; poi cade a terra, restando immobile, senza parlare né mangiare, per tre giorni. Il quarto giorno scoppia la sua pazzia: il folle si strappa l'armatura di dosso, ne scaglia ogni pezzo lontano e devasta ogni elemento del paesaggio.

103
Angelica e Medor con cento nodi
legati insieme,[1] e in cento lochi[2] vede.
Quante lettere son, tanti son chiodi
coi quali Amore il cor gli punge e fiede.[3]
Va col pensier cercando in mille modi
non creder quel ch'al suo dispetto[4] crede:
ch'altra Angelica sia, creder si sforza,
ch'abbia scritto il suo nome in quella scorza.[5]

104
Poi dice: «Conosco io pur[6] queste note:[7]
di tal' io n'ho tante vedute e lette.
Finger[8] questo Medoro ella si puote:[9]
forse ch'a me questo cognome[10] mette».
Con tali opinion dal ver remote[11]
usando fraude a se medesmo,[12] stette
ne la speranza[13] il mal contento[14] Orlando
che si seppe a se stesso ir procacciando.[15]

105
Ma sempre più raccende e più rinuova,[16]
quanto spenger[17] più cerca, il rio[18] sospetto:
come l'incauto augel[19] che si ritrova
in ragna o in visco[20] aver dato di petto,[21]
quanto più batte l'ale[22] e più si prova
di disbrigar,[23] più vi si lega stretto.[24]
Orlando viene ove s'incurva[25] il monte
a guisa[26] d'arco in su la chiara fonte.[27]

1. Angelica e Medor ... legati insieme: i nomi di Angelica e Medoro intrecciati insieme.
2. lochi: luoghi.
3. punge e fiede: trafigge e ferisce.
4. al suo dispetto: suo malgrado.
5. scorza: corteccia.
6. pur: eppure.
7. note: caratteri, grafia.
8. Finger: inventare.
9. puote: può.
10. cognome: soprannome.
11. dal ver remote: lontane dalla verità.
12. usando ... medesmo: autoingannandosi.
13. stette ne la speranza: rimase nella speranza.
14. mal contento: poco soddisfatto (delle sue stesse spiegazioni).
15. che ... procacciando: che seppe procurare a se stesso.
16. più rinuova: più lo riaccende e più lo rinnova.
17. spenger: metterlo a tacere.
18. rio: crudele.
19. l'incauto augel: l'uccello inavveduto.
20. in ragna o in visco: in una rete o in una trappola vischiosa.
21. aver dato di petto: a essere andato a sbattere.
22. l'ale: le ali.
23. si prova di disbrigar: tenta di liberarsi.
24. vi si lega stretto: vi resta impigliato.
25. s'incurva: forma una grotta.
26. a guisa: in forma.
27. in su la chiara fonte: sulla limpida sorgente.

106
Aveano in su l'entrata il luogo adorno[28]
coi piedi storti[29] edere e viti erranti.[30]
Quivi soleano[31] al più cocente giorno[32]
stare abbracciati i duo felici amanti.[33]
V'aveano i nomi lor dentro e d'intorno,
più che in altro dei luoghi circonstanti,
scritti, qual con carbone e qual con gesso,
e qual con punte di coltelli impresso.[34]

107
Il mesto conte[35] a piè quivi discese;[36]
e vide in su l'entrata de la grotta
parole assai, che di sua man distese[37]
Medoro avea, che parean scritte allotta.[38]
Del gran piacer che ne la grotta prese,
questa sentenzia in versi avea ridotta.[39]
Che fosse culta[40] in suo linguaggio[41] io penso;
et era ne la nostra[42] tale il senso:

108
«Liete piante, verdi erbe, limpide acque,
spelunca opaca e di fredde ombre grata,[43]
dove la bella Angelica che nacque
di Galafron,[44] da molti invano amata,
spesso ne le mie braccia nuda giacque;
de la commodità[45] che qui m'è data,
io povero Medor ricompensarvi
d'altro[46] non posso, che d'ognior[47] lodarvi:

109
e di pregare ogni signore amante,[48]
e cavallieri e damigelle, e ognuna
persona, o paesana o viandante,[49]
che qui sua volontà meni o Fortuna;[50]
ch'all'erbe, all'ombre, all'antro, al rio,[51] alle piante
dica: benigno abbiate[52] e sole e luna,
e de le ninfe il coro,[53] che proveggia[54]
che non conduca a voi pastor mai greggia».[55]

110
Era scritto in arabico, che 'l conte
intendea[56] così ben come latino:[57]
fra molte lingue e molte ch'avea pronte,[58]
prontissima avea quella il paladino;
e gli schivò più volte e danni et onte,[59]
che si trovò tra il popul saracino:[60]

28. Aveano ... adorno: avevano adornato.
29. coi piedi storti: con le loro radici contorte.
30. erranti: rampicanti.
31. soleano: erano soliti.
32. al più cocente giorno: nelle ore più calde della giornata.
33. i duo felici amanti: i due felici innamorati (Angelica e Medoro).
34. impresso: inciso.
35. Il mesto conte: il conte, Orlando, affranto.
36. a piè quivi discese: qui scese a piedi da cavallo.
37. distese: tracciato, scritto.
38. allotta: proprio allora, da poco.
39. questa ... ridotta: aveva tradotto in versi questa riflessione.
40. culta: elegantemente elaborata.
41. in suo linguaggio: nella sua lingua, l'arabo.
42. ne la nostra: nella nostra lingua.
43. spelunca ... grata: grotta ombrosa e piacevole per la sua frescura.
44. Galafron: re del Catai.
45. commodità: piacere.
46. d'altro: in altro modo.
47. d'ognior: sempre.
48. signore amante: nobile innamorato.
49. ognuna ... viandante: qualsiasi persona, del luogo o forestiera.
50. che ... Fortuna: che conducano qui la sua volontà o il caso.
51. all'antro, al rio: alla grotta, al ruscello.
52. benigno abbiate: vi siano favorevoli.
53. il coro: la schiera.
54. proveggia: provveda, faccia in modo.
55. non conduca ... greggia: il pastore non porti il gregge da voi (a pascolare, danneggiandovi).
56. intendea: capiva.
57. latino: la propria lingua.
58. ch'avea pronte: che conosceva bene.
59. e gli schivò ... onte: e gli evitò sia pericoli sia offese più volte.
60. tra il popul saracino: tra i Saraceni.

ma non si vanti, se già n'ebbe frutto;[61]
ch'un danno or n'ha, che può scontargli il tutto.[62]

111
Tre volte e quattro e sei lesse lo scritto
quello infelice, e pur[63] cercando invano
che non vi fosse quel che v'era scritto;
e sempre lo vedea più chiaro e piano:[64]
et ogni volta in mezzo il petto afflitto
stringersi il cor sentia[65] con fredda mano.
Rimase al fin con gli occhi e con la mente
fissi nel sasso, al sasso indifferente.[66]

[Dapprima il paladino resta immobile e come fuori di sé; quindi trova un'altra giustificazione (che qualcuno abbia voluto infamare Angelica) e si rimette a cavallo. Giunge così alla casa del pastore che ha ospitato Angelica e Medoro e si ferma da lui; qui riceve la conferma dei suoi peggiori sospetti].

129
Pel bosco errò tutta la notte il conte;
e allo spuntar della diurna fiamma[67]
lo tornò il suo destin[68] sopra la fonte
dove Medoro insculse l'epigramma.[69]
Veder l'ingiuria sua scritta nel monte[70]
l'accese sì, ch'in lui non restò dramma[71]
che non fosse odio, rabbia, ira e furore;
né più indugiò, che trasse il brando fuore.[72]

130
Tagliò lo scritto e 'l sasso[73] e sin al cielo
a volo alzar fe' le minute schegge.[74]
Infelice quell'antro, ed ogni stelo
in cui Medoro e Angelica si legge![75]
Così restar quel dì,[76] ch'ombra né gielo
a pastor mai non daran più, né a gregge:[77]
e quella fonte, già sì chiara e pura,
da cotanta ira fu poco sicura;[78]

131
che rami e ceppi e tronchi e sassi e zolle
non cessò di gittar ne le bell'onde,[79]
fin che da sommo ad imo sì turbolle[80]
che non furo mai più chiare né monde.[81]
E stanco al fin, e al fin di sudor molle,[82]
poi che la lena vinta non risponde[83]
allo sdegno, al grave odio, all'ardente ira,
cade sul prato, e verso il ciel sospira.

61. se ... frutto: se in passato ne trasse utilità.
62. che ... tutto: che può fargli pagare caro ogni vantaggio precedente.
63. pur: sempre.
64. lo vedea ... piano: lo vedeva più chiaro ed esplicito.
65. sentia: sentiva.
66. al sasso indifferente: non diverso dal sasso, come impietrito.
67. diurna fiamma: la luce del giorno, il sole.
68. lo tornò ... destin: il suo destino lo riportò.
69. dove ... epigramma: dove Medoro aveva inciso l'iscrizione, la scritta.
70. Veder ... monte: vedere ciò che l'offendeva scritto sulle pareti della grotta.
71. dramma: neppure una minima parte. La dramma era una misura di peso (un ottavo di oncia, quindi pochissimi grammi).
72. né più ... fuore: e non indugiò più a trarre fuori la spada.
73. Tagliò ... sasso: tagliò via l'iscrizione con tutta la pietra dov'era incisa.
74. a volo ... schegge: fece volare in aria le schegge più minute.
75. Infelice ... legge: infelice quella caverna e ogni tronco dove si leggono i nomi di Angelica e Medoro.
76. Così ... dì: quel giorno furono ridotti in modo tale.
77. ch'ombra ... gregge: che non potranno offrire mai più ombra né frescura ai pastori e alle greggi.
78. e quella fonte ... sicura: e quella sorgente, prima così chiara e limpida, non poté salvarsi da un'ira così grande.
79. non cessò ... onde: non smise di gettare nelle belle acque.
80. fin che ... turbolle: finché le intorbidò dal fondo alla superficie in modo tale.
81. che non ... monde: che non furono mai più chiare né limpide.
82. molle: bagnato fradicio.
83. poi che ... risponde: poiché le forze spossate non corrispondono più.

132
Afflitto e stanco al fin cade ne l'erba,
e ficca gli occhi al cielo, e non fa motto.[84]
Senza cibo e dormir così si serba,[85]
che 'l sole esce tre volte e torna sotto.[86]
Di crescer non cessò la pena acerba,[87]
che[88] fuor del senno al fin l'ebbe condotto,
il quarto dì, da gran furor commosso,[89]
e maglie e piastre[90] si stracciò di dosso.

133
Qui riman l'elmo, e là riman lo scudo,
lontan gli arnesi,[91] e più lontan l'usbergo:[92]
l'arme sue tutte, in somma vi concludo,
avean pel bosco differente albergo.[93]
E poi si squarciò i panni, e mostrò ignudo
l'ispido[94] ventre e tutto 'l petto e 'l tergo;[95]
e cominciò la gran follia, sì orrenda,
che de la più non sarà mai ch'intenda.[96]

134
In tanta rabbia, in tanto furor venne,
che rimase offuscato in ogni senso.[97]
Di tor la spada in man non gli sovvenne;[98]
che fatte avria mirabil cose[99] penso.
Ma né quella, né scure, né bipenne[100]
era bisogno[101] al suo vigore immenso.
Quivi fe' ben de le sue prove eccelse,[102]
ch'un alto pino al primo crollo svelse.[103]

135
E svelse dopo il primo altri parecchi,
come fosser finocchi, ebuli o aneti;[104]
e fe' il simil[105] di querce e d'olmi vecchi,
di faggi e d'orni e d'illici[106] e d'abeti.
Quel ch'un ucellator che s'apparecchi
il campo mondo, fa, per por le reti,[107]
dei giunchi e de le stoppie e de l'urtiche,[108]
facea[109] de cerri[110] e d'altre piante antiche.

da Ludovico Ariosto, *Orlando Furioso*, Mondadori, Milano 2006

84. non fa motto: non pronuncia parola.
85. si serba: rimane.
86. esce ... sotto: sorge e tramonta per tre volte.
87. Di crescer ... acerba: il suo aspro dolore non smise di aumentare.
88. che: fino a che.
89. commosso: sconvolto.
90. e maglie e piastre: la maglia di ferro che si indossava sotto l'armatura e che era ricoperta di lamine (piastre).
91. arnesi: le varie parti dell'armatura.
92. usbergo: corazza.
93. avean ... albergo: avevano sede, si trovavano in un posto differente del bosco.
94. ispido: peloso.
95. tergo: schiena.
96. che de la più ... intenda: che non ci sarà mai chi senta (parlare) di una più (grande).
97. che ... senso: che tutte le sue facoltà rimasero offuscate.
98. Di tor ... sovvenne: non gli venne in mente di prendere in mano la spada.
99. che fatte ... cose: che avrebbe fatto imprese stupefacenti.
100. bipenne: ascia a due lame.
101. era bisogno: erano necessarie.
102. Quivi ... eccelse: allora fece alcune delle sue prove più eccelse.
103. ch'un alto ... svelse: perché sradicò un alto pino alla prima scossa.
104. ebuli o aneti: sorta di sambuchi e di finocchi, per indicare pianticelle deboli.
105. fe' il simil: fece la stessa cosa.
106. e d'orni e d'illici: di frassini e di lecci.
107. Quel ... reti: quello che fa un cacciatore di uccelli che si prepari il campo sgombro per porvi le reti.
108. urtiche: ortiche.
109. facea: faceva.
110. cerri: sorta di querce selvatiche.

STRUMENTI DI LETTURA

Le parole chiave

Follia: le gesta smisurate dell'eroe, carattere canonico dei protagonisti dell'epica, in questo episodio assumono una valenza ironica che trasforma il tradizionale motivo dell'amore in qualcosa di completamente nuovo: la follia.

Il sentimento dell'amore, che nella tradizione aveva un connotato spirituale, è qui reso completamente terreno, e viene talmente umanizzato che, anziché nobilitare e arricchire la vita interiore e spirituale del cavaliere, giunge a imbestialirlo, degradarlo e distruggerlo, privandolo, in questo modo, del bene maggiore: il senno.

Il tramonto dei vecchi valori

L'esasperazione paradossale degli effetti dell'amore serve ad Ariosto per scardinare il tradizionale motivo dell'amore e spogliarlo di tutto l'ammanto di nobiltà che lo caratterizzava. È il segno della consapevolezza del tramonto dei vecchi ideali cavallereschi, che rappresentano un'illusione ormai perduta.

Anche la distruzione dell'ambiente circostante, cioè il boschetto ameno nel quale tipicamente si consumavano gli amori della tradizione, contribuisce a costruire l'immagine della demolizione di quegli ideali.

Il personaggio denudato

Anche la descrizione dello spogliarsi dell'eroe delle sue armi rappresenta quasi una "vestizione alla rovescia" del cavaliere tradizionale, con lo smarrimento di quell'identità dell'eroe della tradizione tanto solida in passato. Impazzito, abbrutito, il paladino rinuncia alla sua divisa di cavaliere, che gli dava una fisionomia riconoscibile, per essere trasformato in una figura che tutto è, fuorché un nobile cavaliere, piuttosto un pazzoide fuori controllo che vaga mezzo nudo, ormai senza identità.

Il distacco del narratore

La pazzia del protagonista non provoca identificazione nel lettore, ma effetti comici e distacco critico. Il narratore guarda infatti la vicenda e il personaggio con totale disincanto: non partecipa al dolore di Orlando, cui non vuol dare spessore né epico né realistico. La descrizione dei gesti vani di Orlando contro le piante, le rocce e quanto lo circonda, è fatta con toni epici, sottolineati dalle elaborate figure retoriche. In questo modo emerge con ironia il contrasto tra l'ideale guerresco e la realtà in cui quei valori non hanno più rilevanza.

L'ironia risiede anche nel fatto che la vicenda di questo amore infelice non ha nulla di tragico: il furore nasce dal tradimento di una fedeltà che in realtà non è mai stata promessa, e Angelica è sposata, ignara e lontana, con un emerito sconosciuto, che non è neppure un vero e proprio rivale del protagonista.

Augustin-Alphonse Gaudar de la Verdine (1780-1804), *Orlando furioso*, 1804.

Laboratorio

LABORATORIO

Comprensione

difficoltà

1 Che cosa vede Orlando nel bosco, che gli trafigge il cuore?

2 Quale prima supposizione fa?

3 Quale altra ipotesi avanza dopo aver riconosciuto la scrittura?

4 Dove giunge poi?

5 Da chi è scritta, e in che lingua, l'iscrizione che legge qui?

6 Che cosa fa Orlando tutta la notte?

7 Che cosa fa Orlando con la spada quando è di nuovo di fronte all'iscrizione?

Analisi

difficoltà

Il personaggio Vedi a p. 8

8 Trova e sottolinea il passaggio che maggiormente esprime il cambiamento della fisionomia dell'eroe.

Il narratore Vedi a p. 6

9 Spiega in che cosa consiste l'ironia nell'ottava 110.

10 Riporta sul tuo quaderno i versi in cui la furia di Orlando è descritta con toni epici, e accanto scrivi da che cosa tali toni sono smentiti.

La lingua e lo stile Vedi a p. 13 e 14

11 All'interno dell'ottava 131 si trova un *climax*: riportalo sul tuo quaderno.

12 Sottolinea tutte le iperboli.

13 Trova le similitudini e riassumile.

14 A tuo parere iperboli e similitudini sottolineano la dimensione eroica del personaggio o introducono una nota comica abbassando il tono?

Laboratorio

LESSICO

15 **Inserisci nella tabella la spiegazione delle seguenti parole cercandole sul vocabolario; quando il significato nell'italiano attuale non corrisponde al significato nel testo, annota le due diverse spiegazioni.**

	Verso	Parola	Signifiato nel testo	Significato nell'italiano attuale
1	9	note	....	....
2	42	opaca	....	....
3	51	paesana	....	....
4	55	coro	....	....
5	72	indifferente	....	....
6	76	epigramma	....	....
7	83	stelo	....	....
8	91	imo	....	....
9	98	motto	....	....
10	101	acerba	....	....
11	103	commosso	....	....
12	108	albergo	....	....
13	110	tergo	....	....
14	115	sovvenne	....	....
15	125	s'apparecchi	....	....

Produzione

difficoltà

16 **Impazzire d'amore: racconta una vicenda immaginaria oppure reale, attinta alla tua esperienza personale o di cui hai avuto indirettamente notizia, su questo tema.**

Il poema e la Controriforma

LA CONTRORIFORMA

La parola **Controriforma** indica la reazione, sancita col Concilio di Trento (1545-1563), della Chiesa cattolica al movimento della **Riforma protestante**, avviato dal monaco agostiniano tedesco Martin Lutero nel 1517, che divise l'Europa in due schieramenti di Stati, l'uno fedele alla Chiesa romana, l'altro aderente alla Riforma. Questo periodo di tensioni e di lotte che insanguinarono l'Europa si concluse con lo **scisma** (cioè con la separazione) di alcune Chiese (che vennero definite protestanti) dalla Chiesa di Roma, che dunque perse il ruolo di unica depositaria della verità rivelata del cristianesimo.

SCISMA
dal verbo greco *skhizo*, che significa "dividere".

La reazione della Chiesa cattolica romana allo scisma delle Chiese protestanti ebbe **una forte ripercussione anche a livello culturale**: la Chiesa infatti esercitò un pesante controllo sulla cultura, istituendo l'*Indice dei libri proibiti*, in cui erano inseriti i titoli degli scritti considerati pericolosi per la morale e per la fede, e imponendo il "visto" ecclesiastico per la pubblicazione delle opere. Infine, mise nuovamente in funzione presso il Sant'Uffizio il terribile Tribunale della Santa Inquisizione per combattere le **eresie** (cioè tutte le dottrine che non si ponevano in linea con quanto stabilito dalla Chiesa di Roma); il Tribunale adoperò i metodi più duri, come la tortura e il rogo, contro ogni comportamento, affermazione, teoria che contrastassero con l'**ortodossia** cattolica.

ERESIA
dal greco *haíresis* che significa "scelta" nel senso di "presa di posizione".

ORTODOSSIA
dal greco *orthós* che significa "retto", "diritto" e *doxa* che significa "opinione".

Pertanto l'affermarsi della Controriforma determina **un controllo sempre più rigido sulle manifestazioni del pensiero**, arrivando a influenzare **anche il clima culturale delle corti italiane**, il cui ruolo politico diventa peraltro sempre più subalterno rispetto agli **Stati nazionali** che si stanno affermando in Europa.
Anche la produzione letteraria risente di quanto sta avvenendo a livello politico e religioso, attenendosi a **una rigida codificazione dei generi letterari** che si va definendo nel corso del Cinquecento.

LA CODIFICAZIONE DEL POEMA EROICO DI TASSO

Alla corte estense, a poco più di quarant'anni dalla terza edizione del *Furioso*, **Torquato Tasso** (vedi a p. 291) metterà a punto le regole del nuovo poema epico, in linea con le esigenze della Controriforma: nascerà il **poema eroico** della ***Gerusalemme liberata***, **unitario nell'intreccio, solenne nello stile, moralmente impegnato e ispirato a sentimenti elevati**, la cui trama si fonda su **un nucleo di fatti storicamente accaduti**, abbelliti dalla fantasia dell'autore.

Il poema narra la conquista di Gerusalemme, da parte dell'esercito cristiano guidato da Goffredo di Buglione, del Santo Sepolcro di Cristo in mano ai musulmani, durante la prima crociata del 1096-99.
L'argomento è **un evento storico del passato di grande impatto ideologico** in un momento in cui gli Stati europei, lacerati dalla recente divisione della cristianità a seguito della Riforma protestante, dovevano fronteggiare la minaccia turca all'esterno e gli avversari del cattolicesimo all'interno. La scelta cadde dunque sulla **prima crociata**, che favoriva una facile identificazione del nemico con lo schieramento musulmano e del campione della Chiesa nel pio Goffredo di Buglione che aveva sottratto agli "infedeli" il Sepolcro di Cristo.

FONDAMENTO STORICO DELLA *GERUSALEMME LIBERATA*

Le vicende narrate dal poema, dunque, hanno **un solido fondamento storico** e Tasso si documentò scrupolosamente sulle **fonti** a sua disposizione. Egli però, seguendo i principi della sua poetica, **intrecciò ai fatti storici personaggi ed episodi di fantasia**, alterando anche in parte gli eventi, come la durata della guerra, da lui portata da tre a sei anni. I Turchi Selgiuchidi, convertitisi all'islam, verso la metà del secolo XI avevano conquistato la Siria e la Palestina ed erano entrati in Gerusalemme nel 1070, sconfiggendo gli Arabi Fatimidi stanziati ormai da secoli sul territorio. A differenza degli Arabi, i Turchi si dimostrarono intolleranti verso i cristiani e impedirono loro l'accesso al Santo Sepolcro di Cristo. La crociata per la sua liberazione fu bandita dal papa Urbano II nel 1095 e combattuta tra il 1096 e il 1099 sotto la guida di **Goffredo di Buglione**, duca della Bassa Lorena. Accorsero vari altri principi cristiani, tra cui Raimondo di Tolosa, Boemondo di Taranto e il nipote Tancredi. Goffredo fu eletto capo supremo e, partito nell'estate del 1096 per la Palestina, occupò Gerusalemme il 15 luglio 1099, dopo un assedio di oltre un mese. Eletto re di Gerusalemme, morì nel 1100 e venne seppellito nella chiesa del Santo Sepolcro.

Goffredo di Buglione in una miniatura dell'XI secolo.

La struttura e l'ideologia del poema

Il poema di Tasso è diviso in **venti canti**, strutturati in **ottave di endecasillabi**. Composta **tra il 1564 e il 1575** e pubblicata la prima volta nel 1580 in un'edizione parziale in sedici canti non autorizzata dall'autore, l'opera uscì in altre edizioni finché, nel **1593**, Tasso autorizzò la pubblicazione di una versione profondamente modificata, in **24 canti** e con il titolo di ***Gerusalemme conquistata***.
L'argomento del poema concerne **la fase finale della prima crociata**: si svolge tra Tortosa (Libano) e Gerusalemme e abbraccia un periodo di 37 giorni, dal 19 giugno al 15 luglio 1099.

Il poema si basa su una **fondamentale impostazione ideologica** che implica una rigida classificazione dei personaggi in **due schieramenti**: i cristiani e i pagani:

- **i cristiani** sono favoriti da Dio e dai suoi angeli; **altruisti** e sempre preoccupati degli **interessi della collettività**, **alieni dalla violenza**, subordinano tutto a un principio superiore, alla militanza per i propri ideali, in vista di **un premio che non è di questa terra** e mostrano, salvo occasionali devianze, **spirito di sacrificio e umiltà, disciplina e obbedienza all'autorità**;
- **i pagani** sono favoriti da Satana e dai suoi demoni; **individualisti** e **ignari delle leggi della cortesia**, vivono **esperienze varie e sregolate** e cercano solo **la soddisfazione del proprio bisogno di piacere e di gloria terrena**.

Ciò nonostante la *Gerusalemme* risente del **fascino**, esercitato sul suo autore, **dal mondo laico e sensuale della cultura rinascimentale** e risulta molto meno monolitica di quanto si proponga nelle intenzioni enunciate: infatti si presta a **molteplici interpretazioni**, non semplicemente riducibili allo schematismo che oppone la bontà dei valori cristiani alla negatività di quelli pagani.

Caratteristiche del conflitto

Se nel poema cristiani e pagani sono i due termini di un profondo conflitto, questo si apre ad accogliere entro sé una rete di significati legati ai due schieramenti:

- laddove i cristiani sono guidati da un **unico principio ordinatore e uniformante**, coincidente con la regola del cristianesimo, i pagani sono invece i portatori del valore della **diversità** e della **multiformità** nei quali si realizza l'individuo;
- se i cristiani affidano la propria coesione all'**autorità unica** di un condottiero che si fa garante di quei principi, incarnato nella persona di Goffredo, i pagani sono invece soggetti alla **devianza del singolo individuo** rispetto a un principio ordinatore unico;
- per i cristiani un tale principio ordinatore provoca la permanenza di un **centro di gravità**, rappresentato dal campo che assedia Gerusalemme, mentre nei pagani l'assenza di tale principio è all'origine di un **movimento centrifugo**;
- se al centro delle preoccupazioni dello schieramento cristiano è il proprio **compito storico**, cui si addice una condotta severa, narrata attraverso un tono solenne, tra i pagani è invece molto forte la componente del **meraviglioso**, cui è legato tutto l'apparato di **magia occulta** presente nel poema;
- così alla devota preghiera cristiana, che esprime il rapporto spirituale con Dio, si oppone il **sensuale amore pagano**, incarnato da figure di grande femminilità come Clorinda, Erminia e Armida.

Giambattista Tiepolo (1696-1770), *Rinaldo lascia Armida*, 1757, particolare.
L'opera si trova nella stanza della Villa Valmarana di Vicenza affrescata dal Tiepolo con episodi della *Gerusalemme liberata* di Torquato Tasso.

Centrale, in questo panorama, è il concetto di "**erranza**". Rispetto ai cavalieri erranti della tradizione arturiana, che potevano conciliare il loro vagare con la difesa della fede, nel poema di Tasso "errante" è una parola che assume **un valore morale**: "errare" significa "vagare", ma anche "sbagliare", perciò sono chiamati "erranti" dal poeta quelli tra i crociati che si **allontanano fisicamente** dal campo cristiano, che coincidono con coloro che commettono l'**errore morale di deviare** dai santi principi.

I personaggi

I personaggi dell'opera sono costruiti attraverso **un'indagine interiore della loro personalità**, che appare sempre **tormentata**. Si tratta di personaggi dalla sofferta vita interiore e dalla consapevolezza dell'illusoria precarietà del reale e proprio per questo condannati a una **terribile solitudine**.
Tormentati da **amori impossibili**, angosciati di fronte alla **responsabilità delle scelte**, consapevoli del loro **destino di sconfitta e di morte**, isolati nella loro **fierezza**, questi personaggi hanno **uno spessore tragico** che li accomuna tutti, cristiani e pagani, **nell'identica sorte di desolazione**.
Anche tra i cristiani appaiono devianze ed errori, così come non tutti i pagani appartengono a una tipologia negativa. In particolare proprio alcuni tra i pagani, come Solimano e Clorinda, appaiono di una statura epica impressionante, grandiosamente fieri anche in punto di morte. Ma **la loro grandezza non è quella della guerra**, ma quella più intima e tragica della loro **solitudine**.
A queste figure, che si stagliano sullo scenario con la stessa forza dei protagonisti cristiani, creando dei veri e propri **eroi tragici**, Tasso dedica i suoi migliori versi e i più profondi accenti poetici, allestendo per loro gli scenari della **poesia dei grandi sconfitti**.
Lo stesso orizzonte di illusorietà e desolazione si riflette nelle **ambientazioni** che fanno da sfondo all'azione. **I paesaggi**, che si trasformano con il cambiare degli avvenimenti e degli stati d'animo dei personaggi, sono spesso **desertici**, piagati da siccità o tempestosa pioggia, spazi disabitati e vuoti, dove l'assenza umana immerge i personaggi in **una natura sconfinata che non dà possibilità di rifugio**, offrendo all'uomo solo **sabbia, terreno bruciato, rovine, simboli di caducità**.

Il Cid, guerriero della Spagna medievale, in una miniatura del 1344. *Il Cantar del mio Cid* è un poema epico (composto forse fra il 1140 e il 1147) che narra alcuni momenti drammatici della vita e delle imprese di un eroe popolare spagnolo realmente esistito: Rodrigo Díaz de Vivar, detto El Cid Campeador.

IL DECLINO DELL'EPICA

Per tutti i motivi che abbiamo detto, si può dire che la *Gerusalemme liberata* segni **la fine del mondo cavalleresco** e il declino di una forma letteraria di lunga fortuna, l'epica, per aprire la strada ad un'altra, di non minore fortuna, che prenderà il posto di quella precedente nella funzione di genere di intrattenimento ed aperto alla fruizione di un vasto pubblico: **il romanzo**, la cui nascita non tarderà molto e che in qualche modo l'opera di Tasso prepara per molti aspetti, come la maggior cura nella caratterizzazione dei personaggi, psicologicamente indagati con una nuova sensibilità introspettiva, la semplificazione dell'intreccio, l'abbandono delle iperboliche esuberanze e delle imprese mirabolanti dei paladini per una maggiore adesione al reale.
Già si presentava all'orizzonte un'opera, il *Don Chisciotte* (1605-1615) di Cervantes, che avrebbe assestato il colpo di grazia alla concezione epica del mondo e dato origine al moderno romanzo.

Torquato Tasso
Il *Proemio*

genere
poema eroico

tratto da
Gerusalemme liberata
(libro I, ottave 1-5)

anno
1593

luogo
corte di Ferrara

L'OPERA

L'elezione di Goffredo e l'arrivo a Gerusalemme (I-III)
Mentre gli altri condottieri cristiani perseguono interessi personali, Goffredo è tutto volto alla riconquista del Santo Sepolcro; Dio gli manda l'arcangelo Gabriele che lo esorta a completare l'impresa, predicendogli l'elezione a capo supremo. Goffredo infatti, radunati i principi cristiani, ne ottiene la carica e passa in rassegna l'esercito. Esercito e flotta muovono verso Gerusalemme, mentre qui il re Aladino prepara la difesa. Intanto al campo cristiano arrivano due messi del re d'Egitto, Alete e Argante, per indurre Goffredo a desistere dalla guerra; Goffredo rifiuta e Alete dichiara la guerra da parte dell'Egitto. I crociati avanzano verso Gerusalemme e si accampano intorno alle mura; dall'alto di esse li elenca ad Aladino Erminia, figlia del re di Antiochia, che è stata prigioniera, innamorandosene, del cristiano Tancredi di Altavilla; ma questi ama segretamente Clorinda. Tra gli altri cavalieri è Rinaldo, destinato a essere capostipite della casa estense. Avvengono sortite e duelli, tra cui uno tra Clorinda e Tancredi, il quale, riconosciutala, si limita a difendersi.

L'intervento delle forze infernali e gli incanti della selva di Saron (IV-XIII)
I demoni suggeriscono al mago Idraote, signore di Damasco, di mandare al campo dei cristiani la nipote Armida per gettarvi lo scompiglio; ella vi giunge e racconta a Goffredo una falsa storia chiedendone l'aiuto. L'eroe dapprima rifiuta, ma poi cede alle proteste dei compagni sedotti dal fascino della ragazza e le promette una scorta di dieci cavalieri. Mentre i saraceni attendono l'arrivo del sultano Solimano per cominciare la battaglia, Argante lancia ai campioni cristiani una sfida a duello a cui risponde Tancredi; questi però resta abbagliato alla vista di Clorinda e al suo posto subentra Ottone Visconti, che viene vinto e fatto prigioniero. Tancredi si riscuote, affronta il duello e rimane ferito; lo scontro è interrotto dal sopraggiungere dell'oscurità. Erminia, per curarlo, nella notte esce dalla città indossando l'armatura di Clorinda ma è sorpresa dalle sentinelle cristiane e fugge, inseguita da Tancredi che la crede Clorinda. Erminia nella sua fuga finisce in una selva, si addormenta e al risveglio è ospitata da pastori, mentre Tancredi, inseguendola, giunge nel castello incantato dove Armida tiene in sua balia i guerrieri cristiani e ne rimane prigioniero. Una furiosa mischia e una bufera scatenate dai diavoli costringono i cristiani a ritirarsi nell'accampamento: qui giunge una notizia, er-

Torquato Tasso nacque nel 1544 a Sorrento da Bernardo, nobile bergamasco al servizio del principe Ferrante di Sanseverino. Studiò dapprima a Napoli; nel 1554 raggiunse il padre a Roma, seguendolo poi nei suoi trasferimenti prima a Urbino (1557) e quindi (1559) a Venezia. Tra il 1560 e il 1565 frequentò le università di Padova e di Bologna e iniziò l'attività letteraria (un abbozzo di poema epico sulla prima crociata, *Rime* petrarchesche e un poema cavalleresco, il *Rinaldo*). Nel 1565 si trasferì a Ferrara, prima al servizio del cardinale Luigi d'Este e poi del duca Alfonso II, dove visse gli anni più felici fino al 1575: compose i *Discorsi dell'arte poetica*, la favola pastorale *Aminta*, la *Gerusalemme liberata* e fu circondato di onori, ottenendo il titolo di storiografo di corte. Nel 1575 si manifestarono i primi segni dello squilibrio mentale; rinchiuso nel convento di S. Francesco, riuscì ad evaderne e peregrinò in varie città (Bologna, Sorrento, Roma, Urbino, Mantova, Torino). Riammesso nel 1579 alla corte estense, in seguito a violente liti con il duca fu rinchiuso nell'Ospedale di S. Anna, dove rimase per sette anni, scrivendo liriche, dialoghi e lettere. Nel 1586 fu liberato e affidato alla custodia di Vincenzo Gonzaga, duca di Mantova, ma dalla città fuggì improvvisamente nel 1587, vagando tra diverse città (a Napoli compose il poemetto *Il monte Oliveto*). Infine si fermò a Roma, protetto dal papa Clemente VIII, dove attese a nuove opere (*Le lagrime di Maria Vergine*, *Le lagrime di Gesù Cristo*, *Le sette giornate del mondo creato*) e al rifacimento della *Liberata*, pubblicato nel 1593 col nome di *Gerusalemme conquistata*. A Roma, nel monastero di S. Onofrio sul Gianicolo, morì nel 1595.

roneamente riportata, che fa ritenere che Rinaldo sia morto. Solimano attacca i cristiani in una battaglia in cui intervengono i demoni e l'arcangelo Michele; giungono in aiuto dei crociati 50 cavalieri, tra cui Tancredi, riusciti a sfuggire ad Armida. Solimano è condotto, avvolto in una nube, dal mago Ismeno a Gerusalemme. Nel campo cristiano, Pier l'Eremita, ispirato da Dio, annuncia che Rinaldo è vivo e ne predice il glorioso futuro. Dopo una solenne processione sul monte Oliveto per ottenere l'aiuto divino, i cristiani all'alba del giorno successivo attaccano le mura di Gerusalemme e vi accostano una torre. Nella battaglia Goffredo, ferito, è risanato per intervento divino, mentre Tancredi ferisce Argante. Con la notte si interrompono le ostilità. Argante e Clorinda, che ha saputo dal vecchio Arsete di essere figlia di cristiani non battezzata, escono nella notte per incendiare la torre e la distruggono, ma sono inseguiti; Argante rientra in città, mentre la ragazza resta chiusa fuori. Raggiunta da Tancredi che non l'ha riconosciuta, in un terribile duello è da lui mortalmente ferita e in punto di morte chiede e ottiene il battesimo. Tancredi, riconosciuta la donna amata, si dispera e medita il suicidio; solo Clorinda apparsagli in sogno riesce a consolarlo. I cristiani devono procurarsi la legna per riparare le macchine belliche nella selva di Saron, ma essa è stregata dal mago Ismeno.

Il ritorno di Rinaldo e la conclusione dell'impresa (XIV-XX)
Goffredo apprende che solo Rinaldo può rompere l'incantesimo della selva e che si trova nelle isole Fortunate, nel giardino incantato di Armida che se ne è innamorata. Manda Carlo e Ubaldo a cercarlo. Costoro, ricevuti dal mago istruzioni e mezzi magici per riuscire nell'impresa, viaggiano nel Mediterraneo e, oltrepassate a volo le colonne d'Ercole, giungono alle isole Fortunate; qui con la verga magica allontanano i mostri di guardia ed entrano nel palazzo di Armida. Oltrepassato il labirinto del palazzo, entrano nel giardino delle delizie dove Rinaldo giace ozioso e dimentico di sé; ma, specchiatosi nello scudo adamantino, l'eroe si ravvede e decide di abbandonare Armida. La donna per vendicarsi si reca a Gaza presso le truppe egizie e si offre in premio a chi uccida Rinaldo. Intanto l'eroe giunge in Palestina e dal mago di Ascalona riceve nuove armi e la predizione delle glorie della casa estense; quindi prosegue per il campo crociato. Riconciliatosi con Goffredo, si raccoglie in preghiera sul monte Oliveto e, purificato, vince gli incantesimi della selva, consentendo ai cristiani la ricostruzione delle macchine da guerra. Essi così danno la scalata alle mura, aiutati dalle forze celesti, e vi alzano il vessillo della croce. Fuori dalle mura avviene un duello tra Tancredi e Argante, che vi perde la vita, mentre Tancredi resta ferito. Una congiura contro Goffredo, istigata da Armida, viene sventata da Erminia che, trovato Tancredi svenuto, lo cura. Argante viene seppellito con onore. Sopraggiungono le forze egiziane e si accende la battaglia, in cui muoiono anche Aladino e Solimano. Armida, raggiunta da Rinaldo, si pente e si converte. Sgominati i nemici, Goffredo entra nel Santo Sepolcro e vi fa dono votivo delle proprie armi, sciogliendo il voto.

IL BRANO

Le cinque ottave iniziali della *Gerusalemme Liberata* costituiscono un *Proemio* che sembra ricalcare sia quelli degli antichi poemi classici sia il più vicino antecedente cinquecentesco di Ariosto. Mostra però notevoli differenze con entrambi, da rapportare al particolare contesto storico in cui l'opera nasce.
Il signore a cui è dedicato il poema è il duca di Ferrara Alfonso II d'Este, a cui il poeta si presenta in veste di naufrago, esprimendogli la sua gratitudine e augurandogli che possa un giorno comandare una nuova crociata contro gli infedeli.

1

Canto l'arme pietose[1] e 'l capitano[2]
che 'l gran sepolcro liberò di Cristo.[3]
Molto egli oprò co 'l senno e con la mano,[4]
molto soffrì nel glorioso acquisto;[5]
e in van l'Inferno vi s'oppose,[6] e in vano

1. l'arme pietose: l'esercito pio, cioè le imprese guerresche al servizio di Dio.
2. 'l capitano: Goffredo di Buglione, personaggio storico (ca. 1060-1100), condusse la prima crociata bandita nel 1099 da papa Urbano II per la riconquista del Santo Sepolcro.
3. che 'l ... Cristo: che liberò Gerusalemme e il Santo Sepolcro di Cristo.
4. Molto ... mano: molte imprese compì con la sua saggezza e con il suo valore bellico.
5. molto ... acquisto: molte difficoltà superò e molti disagi sopportò nella gloriosa conquista.
6. e in van ... oppose: inutilmente Satana e i suoi diavoli tentarono di impedirglielo.

s'armò d'Asia e di Libia il popol misto.[7]
Il Ciel gli diè favore,[8] e sotto a i santi
segni ridusse i suoi compagni erranti.[9]

2
O Musa[10] tu che di caduchi allori
non circondi la fronte[11] in Elicona,[12]
ma su nel cielo infra i beati cori[13]
hai di stelle immortali aurea corona,[14]
tu spira al petto mio celesti ardori,[15]
tu rischiara[16] il mio canto, e tu perdona
s'intesso fregi al ver,[17] s'adorno in parte
d'altri diletti, che de' tuoi, le carte.[18]

3
Sai che là corre il mondo[19] ove più versi
di sue dolcezze[20] il lusinghier Parnaso,[21]
e che 'l vero, condito in molli versi,[22]
i più schivi allettando ha persuaso.[23]
Così a l'egro[24] fanciul porgiamo aspersi
di soavi licor[25] gli orli del vaso:[26]
succhi amari ingannato intanto ei beve,[27]
e da l'inganno suo vita riceve.[28]

4
Tu, magnanimo Alfonso,[29] il qual ritogli[30]
al furor di fortuna[31] e guidi in porto
me peregrino errante, e fra gli scogli
e fra l'onde agitato e quasi absorto,[32]
queste mie carte in lieta fronte accogli,[33]
che quasi in voto a te sacrate i' porto.[34]
Forse un dì fia[35] che la presaga penna[36]
osi scriver di te quel ch'or n'accenna.[37]

5
È ben ragion,[38] s'egli averrà ch'in pace
il buon popol di Cristo unqua si veda,[39]
e con navi e cavalli al fero Trace
cerchi ritòr la grande ingiusta preda,[40]
ch'a te lo scettro in terra o, se ti piace,
l'alto imperio de' mari a te conceda.[41]
Emulo di Goffredo,[42] i nostri carmi[43]
intanto ascolta, e t'apparecchia a l'armi.[44]

da Torquato Tasso, *Gerusalemme liberata*, Garzanti, Milano 1982

7. e in vano ... misto: i popoli di diversa nazionalità d'Asia e d'Africa. I musulmani di Siria, Persia, Asia Minore ed Egitto che vennero in soccorso di Aladino, re di Gerusalemme.
8. Il Ciel ... favore: Dio lo sostenne e protesse.
9. e sotto ... erranti: e ricondusse i compagni dispersi e fuorviati moralmente sotto i santi vessilli dei crociati (recanti una croce rossa in campo bianco).
10. Musa: forse Urania, musa classica della poesia epica, qui considerata non come musa pagana, ma come un'intelligenza angelica ispiratrice della poesia cristiana; altri hanno pensato alla Sapienza o alla Vergine.
11. di caduchi ... fronte: non cingi la fronte di glorie (poetiche) effimere.
12. Elicona: il monte della Beozia abitato dalle Muse.
13. i beati cori: i cori angelici.
14. hai ... corona: hai una corona d'oro di stelle immortali.
15. spira ... ardori: infondi nel mio animo un'ispirazione nutrita della religione cristiana.
16. rischiara: illumina.
17. s'intesso fregi al ver: se aggiungo ornamenti (i *fregi*), consistenti in episodi di fantasia e abbellimenti stilistici, alla verità storica (il *ver*).
18. s'adorno ... carte: se adorno in parte la mia opera con piaceri diversi da quelli che nascono da te, cioè dalla religione.
19. corre il mondo: gli uomini sono attratti.
20. ove... dolcezze: diffonda in maggior abbondanza le sue dolcezze.
21. il lusinghier Parnaso: il Parnaso, monte della Focide, era sacro ad Apollo, dio della poesia. Lusinghiero perché la poesia è seducente.
22. 'l vero ... versi: la verità espressa in versi piacevoli.
23. i più schivi ... persuaso: ha convinto anche i più restii con l'attrattiva del diletto.
24. egro: malato.
25. aspersi ... licor: cosparsi di un liquido dolce.
26. vaso: bicchiere.
27. succhi ... beve: ingannato dalla dolcezza dei liquori dolci sul bordo del bicchiere, egli intanto beve le medicine amare.
28. e da l'inganno ... riceve: e grazie all'inganno riceve la salute, e quindi la vita.
29. magnanimo Alfonso: Alfonso II d'Este (1533-1597), duca di Ferrara, generoso ("magnanimo") protettore del poeta.
30. ritogli: sottrai.
31. al furor di fortuna: alla violenza della tempesta.
32. fra gli scogli ... absorto: sbattuto fra gli scogli e le onde e quasi sommerso.
33. queste ... accogli: accogli benignamente questo mio poema.
34. che ... porto: che io offro a te in dedica, come per adempiere un voto.
35. un dì fia: un giorno accadrà.
36. la presaga penna: la mia penna profetica (perché presagisce la tua gloria futura).
37. quel ch'or n'accenna: quello che ora solo suggerisce (cioè che Alfonso, emulando Goffredo, si metta a capo di una nuova crociata).
38. È ben ragion: è veramente giusto (da legare con "ch'a te lo scettro..." del v. 37).
39. s'egli averrà ... veda: se accadrà che il buon popolo dei cristiani sia unito in pace (allusione allo scisma protestante).
40. e con navi ... preda: con forze terrestri e navali riprenda (*ritòr*) ai feroci Turchi (*fero Trace*) il sacro Sepolcro di Cristo ingiustamente in loro dominio (*la grande ingiusta preda*).
Il soggetto è il popolo dei cristiani.
41. ch'a te ... conceda: da legare a *È ben ragion* (sarebbe giusto) che il comando delle truppe terrestri o, se lo desideri, il supremo potere sui mari, fosse dato a te.
42. Emulo di Goffredo: come Goffredo di Buglione.
43. i nostri carmi: i miei versi, quelli della *Liberata*.
44. t'apparecchia a l'armi: preparati alla guerra.

STRUMENTI DI LETTURA

La struttura

Il *Proemio* è scandito in modo abbastanza netto, in tre parti fondamentali: contiene una protasi, un'invocazione e una dedica. La protasi occupa solo la prima ottava, tutta dedicata a presentare il personaggio principale, Goffredo di Buglione, e lo scenario ideologico in cui si colloca la sua vicenda, cioè la lotta tra il Cielo e l'Inferno.

Nella seconda ottava si trova invece l'invocazione alla Musa: in questo modo Tasso richiama esplicitamente l'illustre tradizione secolare dei modelli classici. Si tratta però di una figura di incerta identificazione che, in ogni caso, assume caratteri inequivocabilmente cristiani. Essa infatti non ha sede in Elicona, monte sacro solo per le religioni pagane, bensì in cielo.

La dedica ad Alfonso d'Este nella quarta ottava è completata dall'augurio, rivolto al duca, di ottenere le stesse glorie di Goffredo. Un'analogia di ruoli accomuna in questa ottava la figura di Goffredo di Buglione e quella di Alfonso d'Este: così come il primo costituisce il principio ordinatore nel campo dei crociati, il secondo costituisce l'asse portante della corte ferrarese e il suo principio ordinatore. È proprio su questa funzione che trova la propria legittimità il potere politico.

Il narratore

La *Gerusalemme liberata* inizia con una parola, la prima in assoluto di tutto il poema: *Canto*. La preminenza della prima persona è il segno della soggettività di Tasso che, nel corso del poema, farà sentire fortemente la sua voce. Tutta l'ispirazione tassesca si può definire infatti lirica, cioè espressione di un "io" attraverso i versi.

La dichiarazione di poetica

La terza ottava di questo *Proemio* contiene una dichiarazione di poetica: Tasso chiede infatti alla Musa di perdonarlo se, per educare ai valori del cristianesimo attraverso il suo poema, deve mescolare ai veri fatti storici e alla verità religiosa anche delle vicende inventate per dilettare il pubblico.

La preoccupazione di ricondurre l'aspetto dilettevole della poesia all'unico fine morale sembra risentire del clima controriformistico.

Sembra che Tasso, consapevole dell'ambiguità di un lavoro in cui tanta considerazione e tanta partecipazione saranno dedicate a raccontare proprio quell'"erranza" che si prefigge di condannare, si senta in dovere di fare un'attenta giustificazione di questa scelta, come per occultare i contenuti che gli stanno a cuore, ma che non corrispondono ai principi ideologici della Controriforma, e che potrebbero farlo incorrere in censure e accuse.

Le parole chiave

Fin dai primi versi alcuni elementi forniscono un segnale preciso del clima in cui si muoverà il poema, sottolineandone la connotazione religiosa e in particolare l'impostazione di contrapposizione tra bene e male. Compaiono da subito i vertici di questo conflitto: *Inferno* e *Ciel*. Si tratta di una prima incursione nel meraviglioso cristiano, che ci proietta in una concezione del mondo molto lontana dalle ambientazioni ariostesche. Un'altra parola fondamentale del poema si affaccia già nel *Proemio*: *erranti*. L'errore e l'errare sono nel poema ricondotti allo stesso ordine morale: i compagni che si sono allontanati dal campo cristiano vengono ricondotti da Goffredo, il principio ordinatore, alla fede e alla virtù.

Un'altra coppia di termini, oltre al binomio Inferno e Cielo, chiarisce un ulteriore orizzonte poetico del poema: si tratta dei due aggettivi della seconda ottava, *caduchi* e *immortali*. Sono i due poli esistenziali entro cui si muove tutta la sensibilità dell'autore, che riconosce la caducità di ogni illusione umana, e insieme aspira all'immortalità dei versi.

La lingua e lo stile

L'impostazione seria e solenne dell'opera comporta anche un'attenta elaborazione retorica, con la presenza di numerose figure. Anche l'aggettivazione e la scelta lessicale riflettono questa esigenza: laddove Tasso compie la dichiarazione delle sue intenzioni, cioè il progetto di rappresentare un'umanità virtuosa e nobile, lo stile tende al solenne e all'enfatico (il *gran sepolcro*, il *glorioso acquisto*, ecc.), quando l'autore, cedendo alla sua più autentica vena, rappresenta un'umanità complessa e tormentata, lo stile si avvicina maggiormente al tragico.

Laboratorio

LABORATORIO

Comprensione

difficoltà

1 Chi è il capitano di cui si parla al primo verso?

2 Che cosa fece?

3 Chi lo favorì e chi lo avversò?

4 Chi invoca il poeta?

5 Di che cosa chiede perdono?

6 A chi è dedicato il poema?

7 Quale evento è auspicato nell'ultima ottava?

Analisi

difficoltà

La struttura Vedi a p. 6

8 Ti forniamo il contenuto delle cinque ottave in ordine sparso; riordina i titoli facendoli corrispondere all'ottava corrispondente.

Ottava	Contenuto
	Dedica al mecenate
	Dichiarazione di poetica
	Indicazione dell'argomento e del protagonista
	Augurio al mecenate di condurre una nuova crociata
	Invocazione alla Musa

Il narratore Vedi a p. 6

9 Da che cosa emerge l'impostazione "lirica" di Tasso?

10 Con quale immagine il poeta presenta se stesso ai versi 3 e 4 della quarta ottava?

Le parole chiave Vedi a p. 14

11 La lotta tra cristiani e musulmani ha un corrispettivo nella realtà soprannaturale: quale?

12 Elenca sul tuo quaderno tutte le espressioni che individuano i temi centrali del poema e indica, accanto a ognuno di essi, il tema.

Laboratorio

La lingua e lo stile Vedi a p. 11 e 14

13 L'espressione *arme pietose* del primo verso è ....

14 Nella prima ottava si trova un chiasmo; scrivi qui sotto i termini che lo compongono:

....

....

15 Nella terza ottava c'è un'ampia similitudine. Individuala e completa la seguente frase per spiegarne il senso:

Come gli uomini sono attratti .... e la verità ha persuaso molti, se ...., così al bambino malato ....

16 Cerca nel testo la presenza di *enjambements*, annotando tra quali versi li riscontri.

Produzione

difficoltà

17 Fa' un riassunto dei contenuti di queste prime cinque ottave del poema.

Giambattista Tiepolo (1696-1770), *Rinaldo nel giardino di Armida*, 1745.

Torquato Tasso
Un eroe tragico

genere
poema eroico

tratto da
Gerusalemme liberata
(canto IX, ottave 22-26; 81-88; 93-99)

anno
1593

luogo
corte di Ferrara

IL BRANO

Ci troviamo nel mezzo di una sanguinosa battaglia tra cristiani e pagani in prossimità delle mura di Gerusalemme. Nelle fila degli Arabi, a difendere le mura c'è un grande guerriero, Solimano, che, dopo aver perso il regno di Nicea di cui era re, è animato da un'ansia di vendetta verso i cristiani che l'hanno cacciato. Combatte ora, con il suo ingente esercito, per Aladino, accanto a grandi guerrieri come Argante e Clorinda. Insieme a lui è anche il giovane Lesbino, un ragazzo della sua corte. Tra i suoi nemici, oltre a Tancredi e Rinaldo, che qui non compaiono, si trovano Guelfo e Argillano, sotto l'unica guida del pio Goffredo. Un grosso peso è dato, all'interno del poema, al personaggio di Solimano, centrale in questo e altri canti.

22
Corre inanzi il Soldano,[1] e giunge a quella
confusa ancora e inordinata guarda[2]
rapido sì che torbida procella
da' cavernosi monti esce più tarda.[3]
Fiume ch'arbori insieme a case svella,
folgore che le torri abbatta ed arda,
terremoto che 'l mondo empia d'orrore,
son picciole sembianze al suo furore.[4]

23
Non cala il ferro mai ch'a pien non colga,[5]
né coglie a pien che piaga anco non faccia,[6]
né piaga fa che l'alma altrui non tolga;[7]
e più direi, ma il ver di falso ha faccia.[8]
E par ch'egli o s'infinga o non se 'n dolga
o non senta il ferir de l'altrui braccia,[9]
se ben l'elmo percosso in suon di squilla
rimbomba e orribilmente arde e sfavilla.[10]

24
Or quando ei solo ha quasi in fuga vòlto

1. Soldano: Solimano, ex re di Nicea, che ha perduto il suo regno per mano dei cristiani. Le due battaglie, di Nicea e di Antiochia, sono un fatto storico, a cui Tasso fa riferimento.
2. e giunge ... guarda: Solimano giunge presso la confusa e disordinata guardia (*guarda*) che difende le mura di Gerusalemme.
3. rapido sì ... tarda: così rapidamente (si riferisce a Solimano che giunge sulle mura) che una tempesta esce dalle grotte (probabilmente *i cavernosi monti* si riferiscono alle grotte in cui Eolo tiene i venti che danno origine alle tempeste) più lentamente di lui (*esce più tarda*).
4. Fiume ... furore: in confronto al suo furore (di Solimano), un fiume che divelle alberi e case, un fulmine che abbatte e brucia le torri, un terremoto che riempia il mondo di orrore, sono piccole cose.
5. Non cala ... colga: la spada (*il ferro*) non si abbassa mai senza andare a segno.
6. né coglie ... faccia: né (sottinteso: la spada) va a segno senza procurare una ferita (*piaga*).
7. né piaga ... tolga: né procura ferita che non sia mortale (*che l'alma*, cioè l'anima, *altrui non tolga*).
8. e più ... faccia: e direi di più, ma la verità sembrerebbe falsa.
9. E par ... braccia: e sembra che Solimano faccia finta di non sentire, oppure non patisca, oppure non senta, le ferite che gli altri (*l'altrui braccia*) gli procurano.
10. se ben ... sfavilla: sebbene l'elmo percosso rimbombi con suono di campana (*squilla*) fiammeggiando e sfavillando orribilmente.

quel primo stuol de le francesche genti,[11]
giungono in guisa d'un diluvio accolto
di mille rivi gli Arabi correnti.[12]
Fuggono i Franchi allora a freno sciolto,[13]
e misto il vincitor va tra' fuggenti,[14]
e con lor entra né ripari, e 'l tutto
di ruine e d'orror s'empie e di lutto.[15]

25
Porta il Soldan su l'elmo orrido e grande
serpe che si dilunga e il collo snoda,
su le zampe s'inalza e l'ali spande
e piega in arco la forcuta coda.[16]
Par che tre lingue vibri e che fuor mande
livida spuma, e che 'l suo fischio s'oda.[17]
Ed or ch'arde la pugna, anch'ei s'infiamma
nel moto, e fumo versa insieme e fiamma.[18]

26
E si mostra in quel lume a i riguardanti
formidabil così l'empio Soldano,
come veggion ne l'ombra i naviganti
fra mille lampi il torbido oceano.[19]
Altri danno a la fuga i piè tremanti,
danno altri al ferro intrepida la mano;[20]
e la notte i tumulti ognor più mesce,[21]
ed occultando i rischi, i rischi accresce.[22]
[...]

81
Un paggio[23] del Soldan misto era in quella
turba di sagittari e lanciatori,[24]
a cui non anco la stagion novella
il bel mento spargea de' primi fiori.[25]
Paion perle e rugiade in su la bella
guancia irrigando i tepidi sudori,[26]

---

11. Or quando ... genti: appena lui da solo (il soggetto è sempre Solimano) ha quasi messo in fuga le prime schiere dei crociati (*francesche genti*).
12. giungono ... correnti: giungono correndo gli Arabi come un diluvio fatto di molti (*mille*) rivi.
13. Fuggono ... sciolto: i Franchi fuggono senza controllo.
14. e misto ... fuggenti: e il vincitore si mischia ai fuggitivi.
15. e con lor ... lutto: penetra (sottinteso: il vincitore) fino alle difese dei fuggitivi, e tutto si riempie di rovine, orrore e lutto.
16. Porta ... coda: Solimano porta un elmo con l'immagine di un grande e spaventoso drago (*serpe*) che si allunga, protende il collo, si alza sulle zampe, apre le ali e curva la coda biforcuta.
17. Par che ... s'oda: sembra che faccia sibilare tre lingue, buttando fuori una schiuma scura, e sembra di udirlo emettere un fischio.
18. Ed or ... fiamma: E mentre la battaglia (*la pugna*) infuria, anch'esso (sottinteso: il drago) si accende nel movimento emettendo fumo e fuoco.
19. E si mostra ... oceano: e in quella luce (quella del drago sull'elmo) il malvagio Solimano appare così temibile a coloro che guardano, come appare ai naviganti nell'oscurità l'oceano fosco tra i lampi.
20. Altri ... la mano: alcuni si mettono in fuga tremando (*danno alla fuga i piè tremanti*), altri mettono coraggiosamente mano alla spada (*ferro*).
21. e la notte ... mesce: e la notte mescola ogni ora di più le battaglie.
22. ed occultando ... accresce: e nascondendo (con l'oscurità) i pericoli, li aumenta.
23. Un paggio: è Lesbino, della corte di Solimano quando egli era re di Nicea.
24. misto ... lanciatori: era (sottinteso: Lesbino) mescolato a quella folla di arcieri e tiratori.
25. a cui ... fiori: a cui (riferito a Lesbino) la nuova stagione non aveva ancora messo i primi peli di barba.
26. Paion ... sudori: le tiepide gocce di sudore sembrano perle e rugiada mentre rigano il bel volto di Lesbino.

giunge grazia la polve al crine incolto
e sdegnoso rigor dolce è in quel volto.[27]

82
Sotto ha un destrier che di candore agguaglia
pur or ne l'Apennin caduta neve;[28]
turbo o fiamma non è che roti o saglia
rapido sì come è quel pronto e leve.[29]
Vibra ei, presa nel mezzo, una zagaglia,[30]
la spada al fianco tien ritorta e breve,[31]
e con barbara pompa in un lavoro
di porpora risplende intesta e d'oro.[32]

83
Mentre il fanciullo, a cui novel piacere
di gloria il petto giovenil lusinga,[33]
di qua turba e di là tutte le schiere,
e lui non è chi tanto o quanto stringa,[34]
cauto osserva Argillan[35] tra le leggiere
sue rote il tempo in che l'asta sospinga;[36]
e, colto il punto, il suo destrier di furto
gli uccide e sovra gli è, ch'a pena è surto,[37]

84
ed al supplice volto, il qual in vano
con l'arme di pietà fea sue difese,[38]
drizzò, crudel!, l'inessorabil mano,
e di natura il più bel pregio offese.[39]
Senso aver parve e fu de l'uom più umano
il ferro, che si volse e piatto scese.[40]
Ma che pro, se doppiando il colpo fero
di punta colse ove egli errò primiero?[41]

85
Soliman, che di là non molto lunge
da Goffredo in battaglia è trattenuto,
lascia la zuffa,[42] e 'l destrier volve e punge
tosto che 'l rischio ha del garzon veduto;[43]

I crociati di fronte alle mura di Gerusalemme, miniatura dall'*Histoire de Guillaume de Tyr*, XI secolo.

27. giunge ... volto: dona bellezza la polvere sui capelli lunghi e sul suo volto il severo sdegno è dolce.
28. Sotto ... neve: sotto di sé ha un cavallo che per candore è paragonabile alla neve appena caduta sull'Appennino.
29. turbo ... leve: non vi è tempesta che turbini o fiamma che salga così velocemente com'è quel (cavallo) svelto e leggero.
30. Vibra ... zagaglia: Lesbino lancia (*Vibra*) un'asta (*zagaglia*), impugnata nel mezzo.
31. la spada ... breve: tiene al fianco una spada ricurva e corta.
32. barbara ... d'oro: e risplende in un fastoso ornamento barbaro intessuto (*intesta*) di porpora e di oro.
33. a cui ... lusinga: il giovane cuore (di Lesbino) è allettato dal nuovo piacere della gloria.
34. di qua ... stringa: mentre non c'è nessuno che lo incalzi tra la folla di qua e le schiere di là.
35. Argillan: uno dei crociati.
36. tra le ... sospinga: Argillano sta osservando cautamente Lesbino facendo roteare leggermente la spada (*tra le leggiere sue rote*) e aspettando il momento giusto (*il tempo*) per trafiggerlo (*in che l'asta sospinga*).
37. colto ... surto: trovato il momento, furtivamente Argillano uccide il cavallo di Lesbino e, appena questi si è rialzato, gli è sopra.
38. supplice ... difese: il supplice volto di Lesbino che inutilmente si difende con l'arma della pietà.
39. drizzò ... offese: e sopra di lui alzò, crudele, la mano inesorabile, colpendo la più bella virtù della natura (la bellezza di Lesbino).
40. Senso ... scese: la spada (*il ferro*) sembrò avere sentimento (*Senso*), fu più umana dell'uomo e si girò calando di piatto.
41. Ma che pro ... primiero?: ma a cosa servì, se replicando il feroce colpo, la spada colpì dove aveva sbagliato al primo colpo?
42. Soliman ... zuffa: Solimano, che è trattenuto in battaglia poco lontano da Goffredo, lascia la mischia.
43. destrier ... veduto: dirige e sprona il cavallo appena ha visto Lesbino (*garzon*) in pericolo.

e i chiusi passi apre co 'l ferro, e giunge
a la vendetta sì, non a l'aiuto,[44]
perché vede, ahi, dolor!, giacerne ucciso
il suo Lesbin, quasi bel fior succiso.[45]

86
E in atto sì gentil languir tremanti
gli occhi e cader su 'l tergo il collo mira;
così vago è il pallore, e da' sembianti
di morte una pietà sì dolce spira,
ch'ammollì il cor che fu dur marmo inanti,[46]
e il pianto scaturì di mezzo a l'ira.[47]
Tu piangi, Soliman? tu, che destrutto
mirasti il regno tuo co 'l ciglio asciutto?[48]

87
Ma come vede il ferro ostil che molle
fuma del sangue ancor del giovenetto,[49]
la pietà, cede, e l'ira avampa e bolle,
e le lagrime sue stagna nel petto.[50]
Corre sovra Argillano e 'l ferro estolle,
parte lo scudo opposto, indi l'elmetto,
indi il capo e la gola,[51] e de lo sdegno
di Soliman ben quel gran colpo è degno.[52]

88
Né di ciò ben contento, al corpo morto
smontato del destriero anco fa guerra,[53]
quasi mastin che 'l sasso, ond'a lui porto
fu duro colpo, infellonito afferra.[54]
Oh d'immenso dolor vano conforto
incrudelir ne l'insensibil terra![55]
[...]

93
L'orror, la crudeltà, la tema, il lutto,
van d'intorno scorrendo,[56] e in varia imago
vincitrice la Morte errar per tutto
vedresti ed ondeggiar di sangue un lago.[57]

44. e i chiusi ... l'aiuto: con la spada si apre varchi nei passaggi chiusi e giunge alla vendetta, ma non all'aiuto, cioè a tempo per vendicare il ragazzo, ma non per salvarlo.
45. succiso: reciso.
46. E in atto ... inanti: Solimano vede spegnersi gli occhi tremanti di Lesbino e cadergli la testa sul petto in un gesto così tenero; così bello è il pallore e l'aspetto della morte infonde una pietà così dolce che ammorbidì il cuore (di Solimano) che era stato duro come il marmo poco prima.
47. pianto ... ira: e nel mezzo dell'ira nacque il pianto.
48. Tu ... asciutto?: il poeta si rivolge direttamente al personaggio: tu piangi Solimano? tu che guardasti senza piangere la distruzione del tuo regno? Si riferisce al regno di Nicea.
49. Ma come ... giovenetto: ma appena Solimano vede ancora fumare la spada del nemico nel sangue del giovane.
50. la pietà ... petto: la pietà si dissolve e l'ira si incendia e ribolle, e Solimano ricaccia in petto le lacrime.
51. Corre ... gola: corre contro Argillano, lancia la spada e rompe (*parte*) lo scudo del nemico, il suo elmo, la testa e il collo.
52. de lo sdegno ... degno: quel grandioso colpo è degno della rabbia di Solimano.
53. Né ... guerra: Solimano, non placato, smontato da cavallo si accanisce ancora sul corpo morto di Argillano.
54. quasi ... afferra: come un cane che, colpito da un duro colpo di un sasso, lo afferra inferocito.
55. Oh ... terra!: vano è il conforto del ritorno alla terra insensibile per un dolore così grande.
56. L'orror ... scorrendo: l'orrore, la crudeltà, la paura, il lutto scorrono tutto intorno.
57. in varia imago ... lago: si potrebbero vedere (*vedresti*) la morte vittoriosa vagare in diverse forme dappertutto e un lago di sangue ondeggiare.

Già con parte de' suoi s'era condutto
fuor d'una porta il re,[58] quasi presago
di fortunoso evento,[59] e quindi d'alto
mirava il pian soggetto e 'l dubbio assalto.[60]

94
Ma come prima egli ha veduto in piega
l'essercito maggior, suona a raccolta,
e con messi iterati instando prega
ed Argante e Clorinda a dar di volta.[61]
La fera coppia d'essequir ciò nega,
ebra di sangue e cieca d'ira e stolta;
pur cede al fine, e unite almen raccòrre
tenta le turbe e freno a i passi imporre.[62]

95
Ma chi dà legge al vulgo ed ammaestra
la viltade e 'l timor? La fuga è presa.[63]
Altri gitta lo scudo, altri la destra
disarma; impaccio è il ferro, e non difesa.[64]
Valle è tra il piano e la città, ch'alpestra
da l'occidente al mezzogiorno è stesa;[65]
qui fuggon essi, e si rivolge oscura
caligne di polve invèr le mura.[66]

96
Mentre ne van precipitosi al chino,
strage d'essi i cristiani orribil fanno;[67]
ma poscia che salendo omai vicino
l'aiuto avean del barbaro tiranno,
non vuol Guelfo d'alpestro erto camino
con tanto suo svantaggio esporsi al danno.[68]
Ferma le genti; e 'l re le sue riserra,
non poco avanzo d'infelice guerra.[69]

97
Fatto intanto ha il Soldan ciò che è concesso
fare a terrena forza, or più non pote;[70]
tutto è sangue e sudore, e un grave e spesso

La cavalleria cristiana combatte contro quella musulmana all'epoca delle crociate, miniatura da un manoscritto francese del XV secolo.

58. Già ... il re: il re Aladino (re degli Arabi) si era già portato fuori.
59. quasi ... evento: come se presagisse una sciagura (*fortunoso evento*).
60. d'alto ... assalto: Aladino guardava dall'alto la pianura assoggettata e la battaglia dall'esito incerto.
61. Ma come ... volta: ma appena ha visto in difficoltà l'esercito più grosso tra i suoi (quello di Solimano), chiama la ritirata, e mandando più volte dei messaggeri, prega insistendo Clorinda e Argante, suoi soldati, di battere in ritirata.
62. La fera ... imporre: la feroce coppia (Clorinda e Argante) si rifiuta di ubbidire, ebbra del sangue e accecata e offuscata dall'ira; alla fine si piega e tenta di raccogliere le schiere frenando loro il passo.
63. Ma chi ... presa: ma chi sa dare regola alla massa e domarne la vigliaccheria e la paura? La fuga è iniziata.
64. Altri ... difesa: alcuni gettano lo scudo, altri si disarmano (la destra è la mano che tiene la spada), la spada diventa un impaccio e non una difesa.
65. Valle ... stesa: tra la pianura e la città vi è una valle scoscesa (*alpestra*) che si stende da ovest a sud.
66. si rivolge ... mura: una scura caligine polverosa si rivolge verso (*invèr*) le mura della città.
67. Mentre ... fanno: mentre gli Arabi fuggono in giù (*al chino*) precipitosamente, i cristiani ne fanno una terribile strage.
68. ma poscia ... danno: ma dopo che, risalendo, giungono vicini all'aiuto di Aladino (barbaro tiranno), Guelfo (condottiero cristiano, personaggio storico) non vuole esporsi al rischio di risalire l'irta salita che lo vedrebbe in svantaggio.
69. Ferma ... guerra: Guelfo ferma i soldati; il re (Aladino) richiude dentro le mura i suoi non pochi superstiti della sfortunata battaglia.
70. Fatto ... pote: Solimano ha fatto tutto ciò che è concesso fare a una forza umana e non può fare di più.

anelar gli ange il petto e i fianchi scote.[71]
Langue sotto lo scudo il braccio oppresso,
gira la destra il ferro in pigre rote:[72]
spezza, e non taglia; e divenendo ottuso
perduto il brando omai di brando ha l'uso.[73]

98
Come sentissi tal, ristette in atto
d'uom che fra due sia dubbio,[74] e in sé discorre
se morir debba, e di sì illustre fatto
con le sue mani altrui la gloria tòrre,
o pur, sopravanzando al suo disfatto
campo, la vita in securezza porre.[75]
«Vinca» al fin disse «il fato, e questa mia
fuga il trofeo di sua vittoria sia.[76]

99
Veggia il nemico le mie spalle, e scherna
di novo ancora il nostro essiglio indegno,[77]
pur che di novo armato indi mi scerna
turbar sua pace e 'l non mai stabil regno.[78]
Non cedo io, no; fia con memoria eterna
de le mie offese eterno anco il mio sdegno.[79]
Risorgerò nemico ognor più crudo,
cenere anco sepolto e spirto ignudo».[80]

da Torquato Tasso, *Gerusalemme liberata*, Garzanti, Milano 1982

71. tutto ... scote: Solimano è pieno di sangue e sudore e in petto il respiro gli si fa pesante scuotendolo.
72. Langue ... rote: il braccio appesantito sotto lo scudo è indebolito, e la mano destra rotea la spada debolmente.
73. divenendo ... uso: ottenebrato dalla stanchezza, perduta la spada, continua a fare come se ce l'avesse.
74. Come ... dubbio: Sentendosi così (ottuso), Solimano indugiò come in dubbio tra due ipotesi.
75. in sé discorre ... porre: tra sé riflette se debba morire (ributtandosi nella battaglia), e togliere ad altri con le sue mani la gloria di un'impresa così illustre, oppure se mettere in salvo la vita passando sopra il suo campo disfatto.
76. Vinca ... sia: Solimano si arrende al fato, che è quello della sua sconfitta, dicendo: "Abbia il fato, come trofeo della sua vittoria, la mia fuga".
77. Veggia ... indegno: che il nemico mi veda pure fuggire (*le mie spalle*), e schernisca pure ancora una volta il nostro esilio ingiusto. Di nuovo il riferimento è al regno di Nicea perduto.
78. pur che ... regno: purché il nemico mi riveda (*scerna*) nuovamente armato a turbare la sua pace e il suo regno che non sarà mai stabile.
79. Non cedo ... sdegno: non cedo. Insieme alla memoria eterna delle offese che ho subito, sia eterna anche la mia rabbia.
80. Risorgerò ... ignudo: mi risolleverò come nemico sempre più crudele, anche quando sarò cenere sepolto e spirito senza carne (*ignudo*).

STRUMENTI DI LETTURA

L'ex re Solimano

Solimano è forse il personaggio che maggiormente dimostra quanto Tasso, pur attribuendo ai pagani quelle caratteristiche e quei valori che si propone di respingere, ne resti inconsciamente attratto e affascinato, facendone dei veri e propri eroi. E di eroe si può certamente parlare per Solimano, ex re di Nicea, ora al servizio del re d'Egitto con un suo esercito di mercenari. La sua fisionomia fondamentale è quella di re scalzato, estromesso dal suo regno per mano cristiana. È questo elemento a determinare la sua terribile furia. Nel brano ci è presentato innanzitutto come indomito guerriero, terrificante, fortissimo, sostenuto da una rabbia tragica e dolente che trova fondamento nella nobile origine di Solimano, la cui regalità negata, in quanto esiliato dal suo regno, ne fa una figura piena di rimpianto verso il passato e al tempo stesso colma di desiderio di vendetta. Ma Solimano non si esaurisce qui. La sua poesia si regge anche sull'ombra del destino che costantemente incombe su di lui. Egli appare consapevole della propria sorte, cioè quella di morire sconfitto e invendicato e sovente è diviso tra l'abbandono a questo fato e la propria indole di guerriero mai rassegnato. Particolarmente patetica quest'immagine è nella terzultima e nella penultima ottava, che lo vedono, al limite del crollo, continuare a roteare il braccio come se ancora avesse la sua spada, sempre guidato da una inestinguibile vendetta. L'uomo si trova solo di fronte a se stesso e al suo destino: è indeciso, non sa se debba rassegnarsi a fuggire o ancora combattere. È nell'ultima ottava che si delinea con precisione la fisionomia di Solimano, che infine si risolve a fuggire, ma solo per risollevarsi e tornare come immortale eroe della vendetta, indomito e ostinato e insieme come eterna vittima del fato. È questa la grandezza di Solimano, molto chiara e intensa nelle sue parole, che mostrano proprio questa fisionomia di grande sconfitto.

I paesaggi interiori di Solimano

Le caratteristiche del Solimano guerriero sono evocate attraverso immagini terribili e fosche di tempeste, mare notturno, terremoti, paesaggi che vengono richiamati per dare una grandiosità al burrascoso temperamento di Solimano. Ma altri paesaggi, quelli in cui la vicenda si muove, illustrano meglio il personaggio: egli è immerso su uno sfondo guerresco, i luoghi che lo fanno vivere, o che è lui a far vivere, sono quelli delle rovine, dei regni perduti, dei campi distrutti. Gli orizzonti in cui si muove lo vedono sempre solo, egli svetta fin dall'inizio isolato dagli altri (*Corre innanzi il Soldano*, v. 1; *ei solo ha quasi in fuga vòlto / quel primo stuol*, vv. 17-18), e anche gli ultimi versi, in cui si augura che il nemico possa vederlo un giorno ritornare a vendicarsi (*Veggia il nemico le mie spalle*, v. 151), lo dipingono nuovamente come figura che si staglia (*mi scerna*, v. 153), completamente isolata, contro un orizzonte di distruzione. La solitudine che abita in tutti i personaggi della *Gerusalemme liberata* diventa in Solimano, lontano dal suo regno, esule (*essiglio indegno*, v. 152), una solitudine epica, oltre che simbolica della condizione umana.

Solimano e Lesbino

Nel brano è centrale un episodio che mostra un ulteriore aspetto di Solimano: la morte del giovane paggio Lesbino, di fronte alla quale l'eroe cede al pianto, un pianto illuminato anche dal contrasto con l'immagine dell'uomo che, guardando la distruzione del suo regno, non versò una lacrima. Ritorna, ancora una volta, la figura del re esiliato. L'episodio infatti non esprime in realtà una poesia dell'amicizia; si tratta più che altro della poesia delle cose caduche che, così come il regno, sono perdute per sempre, impossibili da recuperare: ciò che resta è la frustrazione e un totalizzante desiderio di vendetta, come ci dicono i versi 77-78 *e giunge / alla vendetta sì, non a l'aiuto*. Anche in Lesbino vibra la poesia della solitudine di Tasso: lo vediamo infatti in battaglia osservato da lontano dal nemico, mentre nessuno si avvicina troppo al fanciullo, solo e indifeso.

Personaggi e voce narrante

Colpisce qui l'apostrofe, nella quale Tasso si rivolge direttamente a Solimano e che presuppone quindi la presenza di un io narrante partecipe al suo dolore. L'apostrofe nel poema è riservata solo ad altri due personaggi: due volte è apostrofato Tancredi (la prima volta quando non riconosce l'amata Clorinda con cui è in duello, la seconda nell'atto d'ucciderla), e una volta è apostrofata Armida, innamorata di Rinaldo e da lui abbandonata. Come possiamo notare, sono i personaggi più complessi, anche se portatori dei valori pagani, a commuovere Tasso fino a volersi mettere poeticamente, liricamente, in relazione con loro.

Lo schieramento ideologico

Per leggere in filigrana la prospettiva ideologica dei due schieramenti è molto utile fare attenzione ad alcuni termini. Nell'ottava 22 (v. 2) compare, ad esempio, l'immagine della «*confusa ancora e inordinata guarda*»: qui è evidente la caratterizzazione dello schieramento pagano, caotico e senza ordine (proprio perché mancante di quel principio ordinatore che è invece la forza dei cristiani), immagine approfondita, qualche ottava (v. 20) più in là, da quella dei *mille rivi* in cui gli Arabi si dispongono e si disperdono, forti solo dell'esuberanza di alcuni individui isolati. Ma molto più esplicita ritorna questa caratterizzazione nelle ottave 94 e 95, nelle quali è chiaramente detto con quanta fatica il re degli Arabi riesca a radunare i suoi per la fuga, e quanta resistenza egli trovi nei suoi guerrieri Argante e Clorinda (v. 115: *La fera coppia d'essequir ciò nega*; v. 119: *Ma chi dà legge al vulgo...?*).

Lo scenario della guerra

Va detto però che sullo sfondo di questi schieramenti si pone, protagonista, la ferocia della guerra, che in Tasso si manifesta sempre come terrore, morte e dolore. Ogni glorioso gesto compiuto in battaglia, descritto anche con il gusto del combattimento e la meraviglia per il valore e l'ardore guerriero, non è mai libero dal peso della violenza e del dolore. Vediamo che è la morte a dominare, come unica vincitrice. La morte di Lesbino, le stragi in entrambi gli schieramenti, e i paesaggi di battaglia, passano tutti attraverso il senso tragico della guerra portatrice di dolore (v. 102: *incrudelir ne l'insensibil terra*; v. 105: *vincitrice la Morte*; v. 106: *ondeggiar di sangue un lago*; v. 126: *caligne di polve invèr le mura*; vv. 147-148: *disfatto campo*).

Laboratorio

LABORATORIO

Comprensione

difficoltà

1 Che cosa riesce a fare da solo Solimano?

2 Che cosa è raffigurato sull'elmo di Solimano?

3 Chi è Lesbino?

4 Da chi è trattenuto in battaglia Solimano quando si accorge che Lesbino è in pericolo?

5 Chi è a colpire Lesbino?

6 Solimano giunge in tempo per salvare Lesbino?

7 Qual è la prima reazione di Solimano?

8 Perché Argante e Clorinda fanno resistenza all'ordine del re Aladino di organizzare la ritirata?

Analisi

difficoltà

I personaggi Vedi a p. 8

9 Trova e riporta qui sotto tutti i termini, espressioni o versi nei quali emergono le seguenti caratteristiche di Solimano:

Furia	
Regalità negata	
Solitudine	

10 In quale ottava si mostra il destino che incombe sul personaggio?

11 In quale emerge appieno la figura di "grande sconfitto" di Solimano?

12 In quale verso si nota in particolare la solitudine di Lesbino?

Le parole chiave Vedi a p. 14

13 Trascrivi qui sotto tutti i passaggi in cui si trova l'eco della divisione ideologica dei due schieramenti.

14 Sottolinea i versi che descrivono l'orrore della guerra.

Laboratorio

La lingua e lo stile Vedi a pp. 10-14

15 Rintraccia le similitudini e completa la tabella.

Testo	Versi
rapido sì che torbida procella / da' cavernosi monti esce più tarda	22, 4-5
....	22, ...
....	24, ...
....	26, ...
....	82, ...
....	....
....	85, ...

16 Nell'ottava 81 si trova una metafora, qual è? Riportala qui sotto e spiegala.

17 Ne trovi altre?

18 Quale figura retorica costituiscono i primi tre versi dell'ottava 23?
☐ Ridondanza ☐ Climax ☐ Perifrasi

19 Ce ne sono altre dello stesso tipo?

20 Trova e sottolinea tutte le iperboli.

Produzione

difficoltà

21 Fa' la parafrasi delle ottave 85, 86 e dell'ultimo monologo di Solimano.

Verifica

VERIFICA FINALE

genere
poema cavalleresco

autore
Ludovico Ariosto

tratto da
Orlando Furioso
(XVIII, 165-172; XIX, 6-15)

anno
1532

luogo
corte di Ferrara

Nell'episodio, che si divide tra due canti diversi, si narra un luminoso esempio di fedeltà al proprio signore, di sprezzo del pericolo per acquistare la gloria e, soprattutto, di amicizia eroica fino alla morte. Si tratta della storia di Cloridano e Medoro, due giovani saraceni che attraversano di notte il campo cristiano per rendere gli onori funebri al loro signore Dardinello, morto in battaglia e rimasto insepolto. Quando sono scoperti dai nemici, Cloridano si mette in salvo credendo che Medoro lo segua; scopertosi solo, torna indietro per non abbandonare l'amico e trova così la morte.

Un'amicizia eroica

165
Duo Mori[1] ivi[2] fra gli altri si trovaro,[3]
d'oscura stirpe[4] nati in Tolomitta;[5]
de' quai l'istoria,[6] per[7] esempio raro
di vero amore, è degna esser descritta.[8]
Cloridano e Medor si nominaro,[9]
ch'alla fortuna prospera e alla afflitta[10]
aveano[11] sempre amato Dardinello,[12]
et or passato in Francia il mar con quello.[13]

166
Cloridan, cacciator tutta sua vita,
di robusta persona era et isnella;[14]
Medoro avea la guancia colorita[15]
e bianca e grata[16] ne la età novella,[17]
e fra la gente a quella impresa uscita[18]
non era faccia più gioconda[19] e bella:
occhi avea neri, e chioma crespa d'oro:
angel parea di quei del sommo coro.[20]

1. **Duo Mori**: due Saraceni.
2. **ivi**: lì, al campo sotto le mura di Parigi.
3. **si trovaro**: si trovavano.
4. **d'oscura stirpe**: da famiglia umile.
5. **Tolomitta**: città della Cirenaica, l'antica Tolemaide.
6. **de' quai l'istoria**: la storia dei quali.
7. **per**: come.
8. **esser descritta**: di essere narrata.
9. **si nominaro**: si chiamavano.
10. **alla ... afflitta**: nella buona e nella cattiva sorte.
11. **aveano**: avevano.
12. **Dardinello**: principe africano loro sovrano, ucciso da Rinaldo nella battaglia del giorno precedente.
13. **et or ... con quello**: e ora attraversato il mare (dall'Africa) in Francia con lui.
14. **isnella**: snella.
15. **colorita**: di un colore delicato.
16. **grata**: gradevole.
17. **età novella**: adolescenza.
18. **tra la gente ... uscita**: tra i soldati che avevano intrapreso quella guerra.
19. **gioconda**: piacevole.
20. **angel ... coro**: sembrava un angelo di quelli della massima gerarchia celeste, quella dei Serafini.

167

Erano questi duo sopra i ripari[21]
con molti altri a guardar gli alloggiamenti,[22]
quando la Notte fra distanzie pari
mirava il ciel con gli occhi sonnolenti.[23]
Medoro quivi[24] in tutti i suoi parlari[25]
non può far che 'l signor suo non rammenti,[26]
Dardinello d'Almonte, e che non piagna
che resti senza onor ne la campagna.[27]

168

Vòlto al compagno, disse: - O Cloridano,
io non ti posso dir quanto m'increscа[28]
del mio signor, che sia rimaso al piano,[29]
per lupi e corbi,[30] ohimè! troppo degna esca.[31]
Pensando come sempre mi fu umano,[32]
mi par che quando ancor questa anima esca
in onor di sua fama,[33] io non compensi
né sciolga verso lui gli oblighi immensi.[34]

169

Io voglio andar, perché non stia insepulto
in mezzo alla campagna,[35] a ritrovarlo:
e forse Dio vorrà ch'io vada occulto[36]
là dove tace[37] il campo del re Carlo.
Tu rimarrai; che quando in ciel sia sculto[38]
ch'io vi debba morir, potrai narrarlo;
che se Fortuna vieta sì bell'opra,[39]
per fama almeno il mio buon cor si scuopra.[40] –

170

Stupisce Cloridan, che tanto core,[41]
tanto amor, tanta fede[42] abbia un fanciullo:
e cerca assai, perché gli porta amore,
di fargli quel pensiero irrito e nullo;[43]

21. sopra i ripari: sulle fortificazioni.
22. a guardar gli alloggiamenti: a sorvegliare l'accampamento.
23. fra distanzie ... sonnolenti: con gli occhi assonnati guardava il cielo a ugual distanza tra Occidente e Oriente (cioè a mezzanotte).
24. quivi: qui, a questo punto.
25. parlari: discorsi.
26. far ... rammenti: fare a meno di ricordare il suo signore.
27. e che non piagna ... campagna: e di addolorarsi che rimanga sul campo di battaglia senza l'onore della sepoltura.
28. m'incresca: mi rincresca.
29. che sia rimaso al piano: che sia rimasto sul campo di battaglia.
30. corbi: corvi.
31. troppo degna esca: pasto troppo nobile.
32. mi fu umano: fu benevolo nei miei confronti.
33. quando ... fama: quand'anche dovessi morire per onorarlo.
34. né sciolga ... immensi: e non assolva i miei grandissimi debiti verso di lui.
35. non stia ... campagna: non resti insepolto in aperta campagna.
36. occulto: di nascosto, senza farmi scoprire.
37. tace: è tranquillo perché tutti dormono.
38. sia sculto: sia stabilito.
39. vieta ... opra: impedisce un'impresa così nobile.
40. per fama ... scuopra: almeno il mio animo generoso sia conosciuto grazie alla fama.
41. core: coraggio.
42. fede: fedeltà.
43. di fargli ... nullo: di rendergli vano e senza effetto quel pensiero, di distoglierlo dal suo progetto.

ma non gli val,[44] perch'un sì gran dolore
non riceve conforto né trastullo.[45]
Medoro era disposto o di[46] morire,
o ne la tomba il suo signor coprire.[47]

171
Veduto che nol piega e che nol muove,[48]
Cloridan gli risponde: - E[49] verrò anch'io,
anch'io vuo' pormi a sì lodevol pruove,[50]
anch'io famosa morte amo e disio.[51]
Qual cosa sarà mai che più mi giove,[52]
s'io resto senza te, Medoro mio?
Morir teco con l'arme[53] è meglio molto,
che poi di duol, s'avvien che mi sii tolto.[54] –

172
Così disposti, messero in quel loco[55]
le successive guardie, e se ne vanno.
Lascian fosse e steccati, e dopo poco
tra' nostri son, che senza cura[56] stanno.
Il campo dorme, e tutto è spento il fuoco,
perché dei Saracin poca tema[57] hanno.
Tra l'arme e' carriaggi stan roversi[58]
nel vin, nel sonno insino[59] agli occhi immersi.

[I due, dopo aver fatto strage dei nemici, cercano il corpo di Dardinello ma non lo trovano a causa delle nuvole che coprono la luna; allora Medoro la prega di illuminare il campo e così lo scorgono e se lo caricano sulle spalle. Zerbino, condottiero degli Scozzesi, li vede; Cloridano si mette in salvo, ma l'amico resta indietro, gravato dal peso, ed è circondato dai nemici. La narrazione dell'episodio riprende nel canto successivo.]

6
Cento a cavallo, e gli son tutti intorno:
Zerbin commanda e grida che sia preso.
L'infelice s'aggira com'un torno,[60]
e quanto può si tien da lor difeso,
or dietro quercia, or olmo, or faggio, or orno,[61]
né si discosta mai dal caro peso.
L'ha riposato[62] al fin su l'erba, quando
regger nol puote,[63] e gli va intorno errando:

7
come orsa, che l'alpestre[64] cacciatore
ne la pietrosa tana assalita abbia,
sta sopra i figli con incerto core,
e freme in suono di pietà e di rabbia:[65]
ira la 'nvita e natural furore

44. val: serve a nulla.
45. trastullo: distrazione.
46. disposto o di: determinato o a.
47. coprire: seppellire.
48. nol muove: non lo smuove.
49. E: E allora.
50. vuo' ... pruove: voglio cimentarmi in prove così lodevoli.
51. famosa ... disio: amo e desidero una morte gloriosa.
52. mi giove: mi piaccia.
53. teco con l'arme: con te in battaglia.
54. di duol ... tolto: di dolore, se accade che tu mi sia tolto (dalla morte).
55. Così ... loco: fermi in tale decisione, misero in quella postazione le guardie del turno successivo.
56. senza cura: senza preoccupazioni.
57. tema: timore.
58. Tra ... roversi: (i cristiani) stanno riversi tra le armi e i carri da guerra.
59. insino: fino.
60. torno: tornio.
61. quercia ... orno: vari alberi di alto fusto.
62. riposato: adagiato.
63. nol puote: non lo può.
64. alpestre: montano.
65. freme ... rabbia: emette mugolii di affetto per i piccoli e rabbia contro il cacciatore.

a spiegar l'ugne e a insanguinar le labbia;[66]
amor la 'ntenerisce, e la ritira[67]
a riguardare ai[68] figli in mezzo l'ira.

8
Cloridan, che non sa come l'aiuti,
e ch'esser vuole a morir seco ancora,[69]
ma non ch'in morte prima il viver muti[70],
che via non truovi ove più d'un ne mora;[71]
mette su l'arco un de' suoi strali acuti,[72]
e nascoso[73] con quel sì ben lavora,
che fora ad uno Scotto[74] le cervella,
e senza vita il[75] fa cader di sella.

9
Volgonsi tutti gli altri a quella banda[76]
ond'era uscito il calamo[77] omicida.
Intanto un altro il Saracin ne manda,
perché 'l secondo a lato al primo uccida;
che[78] mentre in fretta a questo e a quel domanda
chi tirato abbia l'arco, e forte grida,
lo strale arriva e gli passa la gola,
e gli taglia pel mezzo la parola.

10
Or Zerbin, ch'era il capitano loro,
non poté a questo[79] aver più pazienza.
Con ira e con furor venne a Medoro,
dicendo: – Ne farai tu penitenza.[80] –
Stese la mano in[81] quella chioma d'oro,
e strascinollo[82] a sé con violenza:
ma come gli occhi a quel bel volto mise[83]
gli ne venne pietade,[84] e non l'uccise.

11
Il giovinetto si rivolse a' prieghi,[85]
e disse: – Cavallier, per lo tuo Dio,
non esser sì crudel, che tu mi nieghi[86]
ch'io sepelisca il corpo del re mio.
Non vo'[87] ch'altra pietà per me ti pieghi,[88]
né pensi che di vita abbi disio:[89]
ho tanta di mia vita, e non più, cura,
quanta ch'al mio signor dia sepultura.[90]

12
E se pur pascer vòi fiere et augelli,[91]
che 'n te il furor sia del teban Creonte,[92]

66. ira ... labbia: l'ira e il furore istintivo l'inducono a sfoderare gli artigli e a insanguinare il muso.
67. ritira: trattiene.
68. riguardare ai: vigilare sui.
69. a morir seco ancora: anche nella morte con lui.
70. ma non ... muti: ma non morire (trasformare la vita in morte) prima.
71. che via ... mora: di trovare il modo di uccidere (la via che muoia) più di un (nemico).
72. strali acuti: frecce appuntite.
73. nascoso: nascosto.
74. Scotto: Scozzese.
75. il: lo.
76. Volgonsi ... banda: si voltano tutti gli altri da quella parte.
77. ond'era uscito il calamo: da cui era uscita la freccia.
78. che: il quale (secondo cavaliere scozzese).
79. a questo: davanti a quest'azione.
80. Ne farai tu penitenza: pagherai tu per queste uccisioni.
81. Stese ... in: protese verso.
82. strascinollo: lo trascinò.
83. mise: rivolse.
84. gli ne venne pietade: gliene venne pietà.
85. si rivolse a' prieghi: fece ricorso alle preghiere.
86. non esser ... nieghi: non essere tanto crudele da impedirmi.
87. vo': voglio.
88. ti pieghi: ti commuova.
89. di vita abbi disio: abbia desiderio di vivere.
90. ho tanta ... sepultura: mi interessa vivere solo quanto mi basta (ho tanta preoccupazione per la mia vita, e non di più, quanta) per dare sepoltura al mio signore.
91. E se pur ... augelli: e se proprio vuoi nutrire belve e uccelli rapaci.
92. che 'n te ... Creonte: nel caso che sia in te la crudeltà del tebano Creonte (tiranno di Tebe che ordinò che restassero insepolti tutti i nemici che avevano attaccato la città, compreso il nipote Polinice).

fa lor convito di miei membri,[93] e quelli
sepelir lascia del figliuol d'Almonte. –
Così dicea Medor con modi belli,
e con parole atte a voltare[94] un monte;
e sì commosso già Zerbino avea,
che d'amor tutto e di pietade ardea.[95]

13
In questo mezzo[96] un cavallier villano,[97]
avendo al suo signor poco rispetto,
ferì con una lancia sopra mano[98]
al supplicante il delicato petto.
Spiacque a Zerbin l'atto crudele e strano;[99]
tanto più, che del[100] colpo il giovinetto
vide cader sì sbigottito e smorto,[101]
che 'n tutto[102] giudicò che fosse morto.

14
E se ne sdegnò in guisa e se ne dolse,
che[103] disse: – Invendicato già non fia![104] –
e pien di mal talento[105] si rivolse
al cavallier che fe'[106] l'impresa ria:[107]
ma quel prese vantaggio,[108] e se gli[109] tolse
dinanzi in un momento, e fuggì via.
Cloridan, che Medor vede per terra,
salta del[110] bosco a discoperta guerra.[111]

15
E getta l'arco, e tutto pien di rabbia
tra gli nimici[112] il ferro intorno gira,[113]
più per morir, che per pensier ch'egli abbia
di far vendetta che pareggi l'ira.[114]
Del proprio sangue rosseggiar[115] la sabbia
fra tante spade, e al fin venir si mira;[116]
e tolto che si sente ogni potere,[117]
si lascia a canto al suo Medor cadere.

Ludovico Ariosto, *Orlando furioso*, Mondadori, Milano 2006

93. fa lor convito di miei membri: offri loro in pasto il mio corpo.
94. atte a voltare: capaci di capovolgere, di smuovere.
95. dicea ... avea ... ardea: diceva, aveva, ardeva.
96. In questo mezzo: a questo punto.
97. villano: ignaro delle regole della cavalleria.
98. sopra mano: impugnata al di sopra della spalla.
99. strano: inaspettato perché contrario alle usanze.
100. del: per il.
101. sì sbigottito e smorto: così tramortito e pallido.
102. 'n tutto: senz'altro.
103. in guisa ... che: in modo che.
104. Invendicato ... fia: non resti certo senza vendetta.
105. mal talento: ira, malanimo.
106. fe': fece.
107. ria: malvagia.
108. prese vantaggio: prevenne la sua reazione.
109. se gli: gli si.
110. salta del: esce precipitosamente dal.
111. a discoperta guerra: a combattere in battaglia aperta.
112. gli nimici: i nemici.
113. il ferro intorno gira: fa roteare la spada.
114. per pensier ... l'ira: per la speranza di poter fare una vendetta che dia soddisfazione (sia pari) alla sua ira.
115. rosseggiar: diventare rossa (dipende da "si mira").
116. e al fin venir si mira: e vede che è giunto alla fine della vita.
117. tolto ... potere: quando si sente venir meno ogni forza.

Comprensione

difficoltà

1 A quale schieramento appartengono Cloridano e Medoro?

2 Qual è l'impresa che Medoro vuole compiere?

3 Che cosa ne pensa Cloridano?

4 Quale decisione prende alla fine Cloridano e perché?

5 Di che cosa Medoro prega Zerbino?

6 Chi interviene a questo punto, e quale azione compie?

7 Perché Cloridano esce allo scoperto?

8 Come si conclude il suo intervento?

Analisi

difficoltà

La storia Vedi a p. 9

9 Abbiamo diviso la prima parte del brano in 4 sequenze che ti proponiamo. A fianco di ciascuna tu indica i versi a cui si riferisce.

1	Presentazione di Cloridano e Medoro	vv. ....
2	Medoro manifesta a Cloridano l'intenzione di dare sepoltura a Dardinello	vv. ....
3	Cloridano decide di accompagnare l'amico	vv. ....
4	I due lasciano il campo dei Saraceni e s'inoltrano in quello cristiano	vv. ....

10 Il secondo brano si può dividere in sei sequenze che ti indichiamo in ordine sparso. Riordinale ponendo nella casella accanto i numeri della loro successione.

☐ Medoro è colpito da un soldato nemico
☐ Cloridano esce allo scoperto
☐ Medoro è circondato dai nemici
☐ Cloridano cade ferito a morte
☐ Medoro impietosisce Zerbino
☐ Cloridano uccide due nemici

I personaggi Vedi a p. 9

11 I personaggi sono presentati:

☐ da un narratore esterno ☐ da un altro personaggio ☐ da se stessi

12 I due personaggi hanno alcuni caratteri comuni e altri diversi. Ti indicheremo alcune caratteristiche e tu preciserai quali sono comuni e quali appartengono a uno solo dei due.
Bellezza delicata; coraggio; desiderio di gloria; fedeltà al signore; generosità; idealismo; prudenza; razionalità; rispetto del codice cavalleresco; senso pratico; valore preminente dato all'amicizia; vigore fisico.

13 Quale dei due personaggi ti appare più "statico" e quale più "dinamico"?

La lingua e lo stile Vedi a p. 10-13

14 Riporta dieci parole che appartengano a un registro colto ed elevato.

15 Trova e sottolinea tutte le similitudini.

Indice analitico